28,–

10973

CHRISTIANE BUCHHOLTZ

Das Lernen bei Tieren

W0362232

Grundbegriffe der modernen Biologie

Band 11

Bisher erschienen:

Band 1 · P. H. KLOPFER · Ökologie und Verhalten
Band 2 · G. L. STEBBINS · Evolutionsprozesse
Band 3 · G. TEMBROCK · Grundriß der Verhaltenswissenschaften
Band 4 · E. GÜNTHER · Grundriß der Genetik
Band 5 · J. W. HARMS · A. LIEBER · Zoobiologie
Band 6 · F. ANKEL · Einführung in die Primatenkunde
Band 7 · J. KIMBALL · Biologie der Zelle
Band 8 · G. STARKE · P. HLINAK · Grundriß der allgemeinen Virologie
Band 9 · HANKE · Wirkstoffphysiologie
Band 10 · L. RENSING · Biologische Rhythmen und Regulation

In Vorbereitung:

Band 12 · B. WALLACE · Die genetische Bürde

Das Lernen bei Tieren

Verhaltensänderungen durch Erfahrung

Von

CHRISTIANE BUCHHOLTZ

Fachbereich Biologie
der Philippsuniversität Marburg

Mit 78 Abbildungen

LEHRSTUHL FÜR ANTHROPOLOGIE
DER GEORG-AUGUST-UNIVERSITÄT
34 GÖTTINGEN
BÜSGENWEG 3

Inv. Nr. 316

Georg-August-Universität
Göttingen
AUSGESCHIEDEN

SEMPER BONIS ARTIBUS

GUSTAV FISCHER VERLAG · STUTTGART
1973

Anschrift der Verfasserin:
Professor Dr. Christiane Buchholtz
3550 Marburg/Lahn, Ketzerbach 63

ISBN 3-437-20116-6

© Gustav Fischer Verlag · Stuttgart · 1973
Alle Rechte vorbehalten
Satz und Druck: Bücherdruck Wenzlaff, Kempten
Einband: Sigloch KG, Stuttgart
Printed in Germany

Inhalt

Vorwort

Eine Vielzahl von Publikationen befaßt sich mit Lernvorgängen. Einen wesentlichen Beitrag leistete die humanpsychologische Forschung. Ihre Ergebnisse und Interpretationen basieren nicht allein auf Beobachtungen und Untersuchungen am Menschen, sondern auch auf tierexperimentellen Befunden. Der Anteil zoologischer, speziell ethologischer Arbeiten stellt sich demgegenüber gering dar. Hier standen bisher lediglich Prägungsphaenomene im Vordergrund des Interesses. Ziel dieses Buches ist es eine Übersicht zu dem Umfang erfahrungsbedingten Verhaltens bei Tieren zu vermitteln. Die von Tieren bekannten Lernprozesse und deren gefundene Prinzipien gelten zweifellos auch für eine Reihe von Verhaltensänderungen beim Menschen. In der Darstellung unterschiedlicher Lernformen wird diese Annahme jeweils zu begründen versucht. Selbstverständlich verfügt der Mensch außerdem über weitaus differenziertere Möglichkeiten der Informationsaufnahme und ihrer Verwertung.

Mit dem Buch soll Studierenden der Zoologie, Ethologie und Psychologie sowie allen Interessenten benachbarter Disziplinen eine Einführung zu dem Fragenkomplex erfahrungsbedingten Verhaltens angeboten werden.

Ich danke allen Kolleginnen und Kollegen unserer verhaltensphysiologischen Arbeitsgruppe für zahlreiche Diskussionen, Fräulein G. Wahl für ihre Mitarbeit sowie Herrn P.-D. Götzky für die Anfertigung der Fotos zu den Abbildungen 16 bis 18. Mein Dank gilt ebenfalls der Deutschen Forschungsgemeinschaft, welche die im Rahmen der operanten Konditionierung aufgenommenen eigenen Untersuchungen unterstützte.

Marburg, im August 1973 CHRISTIANE BUCHHOLTZ

I. Einleitung

Jedes Lebewesen wird mit einem spezifischen Informationsgehalt in seine Umwelt hineingeboren. Nur wenn das im Erbgut niedergelegte Programm auf den jeweiligen Lebensraum abgestimmt ist, kann ein Organismus seine Entwicklung vollziehen. Das bildet die Voraussetzung für die Individual- und Arterhaltung.

Das Zusammenwirken von Entwicklung und Umwelt unterliegt komplexen Gesetzmäßigkeiten. Es wird dann für ein Lebewesen erfolgreich verlaufen, wenn dieses aufgrund seiner Erbinformation über *Möglichkeiten der Anpassung* verfügt. Solche Anpassungsformen sind vielfältiger Art und basieren auf sehr unterschiedlichen Funktionssystemen. Sie sind einerseits artspezifisch und bei allen höher entwickelten Formen auch individualspezifisch.

Eine der notwendigen Anpassungsleistungen liegt darin begründet, daß ein Organismus fähig ist, sich gegenüber der Umwelt als *offenes System* zu erhalten. Jedes Lebewesen existiert, in welchem Entwicklungsstadium auch immer, auf der Grundlage zyklischer Kommunikationsmechanismen. Diese Regelkreissysteme bedürfen einer Fülle von Außenfaktoren, um funktionstüchtig zu bleiben. Damit verbunden ist die Wirksamkeit der Rezeptoren, die als Fühler die Umwelt «abtasten», unerläßlich. Bei jeder Veränderung der Reizsituation, die für das jeweilige Lebewesen von Bedeutung ist, werden neue Sollwerte für zukünftige Regelungsvorgänge zugrunde gelegt. Das geschieht praktisch in jedem Moment eines Lebenszustandes. Nur durch das dynamische Sollwertgefüge kann die Homöostasie für den Organismus aufrecht erhalten werden, die die Lebensfähigkeit gewährleistet. Beschränkung oder vollkommene Ausschaltung des sensorischen Inputs führt bei Tieren und Menschen zu Fehlentwicklungen und Fehlverhalten (Digeser-Knoll 1956, Riesen 1960). Amerikanische Untersuchungen an der Princeton-University befaßten sich mit dem Einfluß der zeitweisen Eliminierung von Sinneseindrücken beim Menschen. Die Versuchspersonen wurden bis zu vier Tagen in dunklen und schalldichten Kammern untergebracht. Um zusätzlich den Tastsinn zu reduzieren, trugen sie außerdem Handschuhe. Tests während und nach der Einzelunterbringung führten zu dem Ergebnis, daß sich das Wahrnehmungsvermögen unter derartigen Bedingungen außerordentlich verändert. Während des Versuches vergeht die Zeit schneller und mit Zunahme der Versuchsdauer steigern sich Halluzinationen und Schmerzempfindlichkeit. Kurz nach Beendigung der Wahrnehmungsreduktion stellen sich die Gegenstände und Gestalten der Umwelt verzerrt dar und orientierende Einstellbewegungen sind gestört.

Eine zusätzliche Form der Anpassungsmöglichkeit biologischer Systeme beinhaltet der *hierarchische Aufbau* der Regelungsmechanismen. Ihre Arbeitsweise verfügt jeweils über eine bestimmte Regelungspotenz; d. h., ihre anpassende Leistungsfähigkeit gegenüber Variationen von Umweltreizen ist mehr oder weniger eingeengt. Beim Erreichen eines bestimmten Grenzwertes eines Einzelsystems tritt an dessen Stelle ein anderes in Funktion. Die Auswahl erfolgt nach Gesetzmäßigkeiten, die auf eine hierarchische Struktur schließen lassen. Dafür sprechen ethologische und nervenphysiologische Befunde (u. a. Weiss 1941a, b, c, Tinbergen 1951 und v. Holst u. v. St. Paul 1960). Die Auswahlmöglichkeit aufgrund einer zentralnervösen Hierarchie wird die Aufrechterhaltung der Homöostasie anstreben. Bietet man einem Einzeller der Gattung Stentor, der sich mit seinem Hinterende am Untergrund festheftet, vorsichtig einige Karminkörnchen an, werden sie durch den zum Mundfeld gerichteten Wimpernschlag in das Protoplasma aufgenommen. Können schließlich weitere Körnchen nicht mehr aufgenommen werden und setzt man die Karminzugabe fort, reagiert das Trompetentierchen mit Ausweichbewegungen. Es versucht, dem störenden Einfluß zu entgehen. Hält die Karminzugabe dennoch weiter an und sind die Möglichkeiten der Ausweichbewegungen erschöpft, wird es sich durch von dem Mundfeld wegstrudelnden Wimpernschlag der Einwirkung zu entziehen versuchen. Führt die Funktion dieses Systems auch nicht zum Erfolg, nämlich zu einem angestrebten Zustand der Homöostasie, beobachtet man Kontraktionen und im äußersten Fall Wegschwimmen. Die Tiere lösen sich schließlich von dem Untergrund. Dieses Verhalten wird entscheidend dazu beitragen, sich dem störenden Einfluß der Karminpartikel endlich zu entziehen (Jennings 1906).

Das Gesamtmuster homöostatisch arbeitender Mechanismen unterliegt während der ontogenetischen Entwicklung einer ständigen Veränderung. Diese beruht auf der genetisch vorprogrammierten Selbstdifferenzierung von Organsystemen, die allerdings jeweils wiederum milieuabhängig verläuft. In diesem Zusammenhang wird das Prinzip einer weiteren Anpassungsmöglichkeit wirksam, die die Fähigkeiten der genannten adaptiven Vorgänge überschreitet. Sie beinhaltet die Einspeicherung und Verwertung von Information für das zukünftige Geschehen. Das nennen wir *Lernen.*

II. Definition des Lernens

Tiere erleben mit Hilfe ihrer Sinnesorgane und datenverarbeitenden Mechanismen die Umwelt. Dem Resultat dieser Funktionskomplexe entspricht das sichtbar werdende Verhalten. Die zugrundeliegenden Systeme, auf deren Basis die Verwertung von Informationen erfolgt, sind artspezifisch und bei stammesgeschichtlich höher entwickelten Organismen auch individualspezifisch.

Jedes Lebewesen unterliegt einem Wechsel wahrnehmbarer exogener Faktoren. Es beantwortet diese zu verschiedenen Zeiten in unterschiedlicher Weise. Differierende Verhaltensweisen gegenüber gleichen Reizkonstellationen erweisen sich als abhängig von dem jeweiligen physiologischen Zustand. Er wird durch vorausliegende innere und äußere Einflüsse bestimmt. Hieraus resultierende Handlungsbereitschaftswerte definieren das entsprechende Verhalten. Abhängig davon wird ein Tier im Rahmen einer gegebenen Umweltsituation z. B. jagen, flüchten, balzen oder auch inaktiv bleiben.

Nach häufig wiederholter Darbietung eines Reizes oder einer Reizkombination innerhalb einer relativ kurzen Zeit beobachten wir in der Regel eine Abnahme und schließlich das Einstellen eines spezifischen Verhaltensmusters. Den Vorgang nennen wir Ermüdung. Ihm liegen Funktionsumstellungen beteiligter nervöser Systeme zugrunde. Andererseits kann der Beginn wiederholter Reizwahrnehmung, vor Einsetzen der Ermüdung, zu einer Intensitätssteigerung des Verhaltens führen. Eine solche vorauslaufende Sensibilisierung basiert auf einem Umstimmungsvorgang infolge eines neu hinzutretenden sensorischen Inputs.

Eine wiederholte Reizsituation, die einem Tier bisher unbekannt war, kann jedoch auch einen andersartigen Verhaltensprozeß induzieren. Die Grundlage hierfür ist dann möglicherweise eine Erfahrung. Dieser Vorgang beinhaltet nicht allein eine Informationsaufnahme mit einer damit verbundenen Reaktion, sondern gleichzeitig eine Einspeicherung der aufgenommenen Umweltdaten. Es kommt also zur *Aufbewahrung erfahrener Information*, die die Programmierung zukünftigen Verhaltens unterstützt. Diese Fähigkeit zu lernen nimmt im allgemeinen mit stammesgeschichtlicher Entwicklung zu. Infolge phylogenetischer Anpassungen differiert die strukturelle und damit funktionelle Veränderlichkeit des Zentralnervensystems außerordentlich. Außerdem sind die Möglichkeiten der Informationsspeicherung bei höher entwickelten Tieren individuell verschieden, da Prozesse der Differenzierung des nervenphysiologischen Substrats, in Abhängigkeit von Genkombinationen der Vorfahren, unterschiedlich vorprogrammiert sind.

Biologisch-kybernetische Bemühungen um eine allgemeine Definition von Lernvorgängen führen zu einer arbeitshypothetisch zweckmäßigen *Aufgliederung in vier Phasen*. Zweifellos umfassen sie jeweils außerordentlich komplizierte Mechanismen (Steinbuch 1961, 1965, McGaugh 1968). Dabei sollte man voraussetzen, daß diese Phasen nicht allein für unterschiedliche Lernformen spezifisch sind; auch bei gleichen Lernphänomenen zentralnervös unterschiedlich ausgebildeter Arten können Verschiedenheiten vorliegen.

Unter Berücksichtigung dieser Aspekte kann man für jeden Lernvorgang vier Teilmechanismen fordern:

1. Aufnahme von Information.
2. Einspeichern von Information.
3. Aufbewahren von Information.
4. Abrufen von Information.

Die Aufnahme von Information kann nur über Rezeptoren, Extero- oder Propriozeptoren, erfolgen, die in einer Reizsituation, entsprechend ihrer jeweiligen Modalität, ein spezifisches Erregungsmuster ausbilden. Dieses Muster wird durch eine Vielzahl von Faktoren bedingt und entspricht der sensorischen Erregungsleitung. Das Einspeichern setzt die Fähigkeit zentralnervöser Strukturen zur Aufnahme dieser spezifischen Erregungsmuster voraus. Das für das Aufbewahren von Information verantwortliche Substrat wird die betreffenden Erregungen, mehr oder weniger vollständig, in einen einzuspeichernden Zustand transformieren. Danach bedarf es eines zusätzlichen Mechanismus, um die aufbewahrten Nachrichten zu einem bestimmten Zeitpunkt abzurufen, damit sie eine zweckmäßige Verwendung finden. Hierzu muß der Speicherinhalt wiederum transformiert werden, zur Ausbildung der neuromotorischen Erregung. Die bezeichneten 4 Schritte sind notwendig, um das Verhaltensphänomen des Lernens garantieren zu können. Das muß sowohl für Tiere als auch für den Menschen gelten.

III. Die genetisch bedingte Lerndisposition

Auf der Basis genetischer Gegebenheiten vollzieht sich die Differenzierung der für das Lernen verantwortlichen Systemkomplexe. Sie bestimmt die funktionelle Potenz der Informationsaufnahme und ihrer Verwertung. D. h., die genetisch bedingte Lerndisposition ist für jedes Individuum vorbestimmt. Hierdurch sind sämtlichen Lernmöglichkeiten eindeutige und nicht überschreitbare Grenzen gesetzt.

Tatsächlich erfahren die durch die Erbanlagen der Vorfahren mitgegebenen Chancen insofern eine Einschränkung, als die funktionelle Differenzierung während der Individualentwicklung von Einflüssen der Umwelt abhängig ist. Die definitive Lernpotenz wird vor allem in der Kindheits- und Jugendentwicklung angelegt. Insgesamt gesehen trifft also die Integration von Erbinformation *und* Umwelteinflüssen eine Entscheidung über die jeweilige Lernfähigkeit. Die Bedeutung der Beziehungen beider Komponenten, die die Programmierung des Verhaltens bedingen, kann nicht genügend betont werden. Extreme Stellungnahmen für die endogene oder exogene Komponente führen bis heute zu heftigen Auseinandersetzungen. Sie verlaufen dann ergebnislos, wenn im Einzelfall nicht erkannt wird, daß ein Lebewesen weder allein das Ergebnis seiner Umwelt ist, noch ausschließlich das Produkt seiner Erbanlagen. Das gilt in besonderem Maße für eine Vielzahl kausaler Interpretationen menschlichen Verhaltens. Der Versuch einer Abschätzung jeweils beteiligter Faktoren, unter Zuhilfenahme vorliegender Kenntnisse, kann allein eine sinnvolle arbeitshypothetische Grundlage bilden.

Zweifellos ist der Realisierungsprozeß individuellen Informationserwerbs auf der Basis genetischer Informationsprogramme außerordentlich kompliziert. Daraus resultieren von vornherein größte methodische Schwierigkeiten für weitreichende Analysen von Lernvorgängen. Das gilt besonders dann, wenn man bei der Betrachtung eines Lernprozesses verschiedene beteiligte Funktionssysteme gleichzeitig zu berücksichtigen versucht.

Infolgedessen stellt sich zunächst die Frage nach unserem derzeitigen Wissen über grundsätzliche Möglichkeiten der Programmierung von Verhaltensweisen während der Aktualgenese. Sieht man von dem relativ einfachen Verhaltenstyp eines unbedingten Reflexes ab, betrachtet man also einen differenzierteren Handlungsablauf, muß man funktionell sehr unterschiedliche Mechanismen zur Diskussion stellen (Abb. 1).

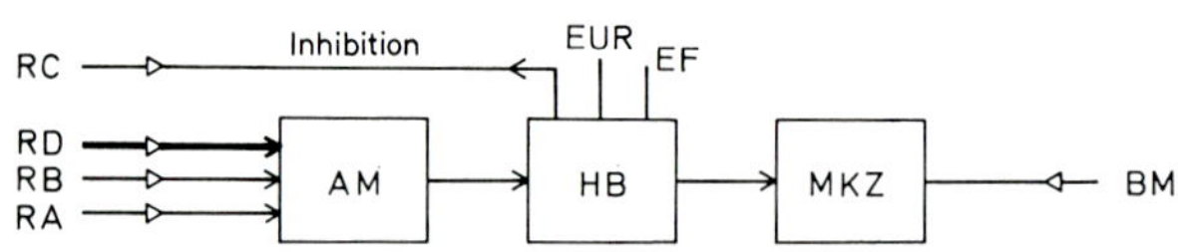

Abb 1: *Funktionsschema zur Programmierung des Verhaltens.* RA und RB = spezif. Reize. RC = Reiz, dessen Wahrnehmung abgeblockt ist. RD = erlernter Reiz. AM = Auslösemechanismus, verantwortlich für die Datenverarbeitung im afferenten Bereich, einschließl. Rezeptoren. Der AM kann gleichzeitig Speicheraufgaben übernehmen (EAM bzw. EAAM). EUR = exogene unspezif. Reize. EF = endogene Faktoren. HB = Zentrum für Handlungsbereitschaft. MKZ = motorisches Koordinationszentrum. BM = Bewegungsmuster. ▷ = Rezeptor. <| = Effektor.

Die anhand des Diagramms geforderten verantwortlichen Systeme basieren auf ethologischen Untersuchungen, die in den Mittelpunkt ihres Interesses *Erbkoordinationen* stellten. Lorenz (1961, 1965) versteht Erbkoordinationen als Ergebnis phylogenetischer Anpassung. Die betreffenden Koordinationen erweisen sich nach der klassischen Definition als artspezifisch und formkonstant. Ihr Intensitätsgrad entspricht dem jeweiligen Verrechnungsergebnis neuraler Erregungen, das wir als Handlungsbereitschaft bezeichnen. Ergebnisse nervenphysiologischer Untersuchungen bestätigen die ethologischen Vorstellungen (u.a. v. Holst 1935, 1936, 1939, Roeder 1968). Danach stellt sich die Frage nach den entscheidenden Instanzen für die Programmierung erlernten Verhaltens. Wir dürfen annehmen, daß die für die Erbkoordinationen maßgeblichen Mechanismen grundsätzlich auch an erlernten Verhaltensphänomenen beteiligt sind; allerdings mit einem Unterschied, nämlich der Forderung eines Speichers für solche Informationen, die während des individuellen Lebens aufgenommen werden. Derartige Informationen können ebenfalls die Auslösung und das Zustandekommen spezifischer Koordinationen bedingen.

Entsprechend der Leistung der Sinnesorgane wird ein Lebewesen aus seiner Umwelt grundsätzlich nur bestimmte Reize bzw. Reizkonstellationen wahrnehmen können. Tatsächlich gibt es jedoch keinen Lebenszustand, der der *potentiellen Fähigkeit der Sinne* adäquat ist. D. h., die durch die Leistung der Sinnesorgane gegenüber der Umwelt vorgegebene Filterwirkung wird in keiner Situation voll ausgeschöpft. Sie wird jeweils eine zusätzliche Einschränkung erfahren, die für einzelne Funktionskreise spezifisch ist. Es tritt also ein zweites Filtern in Aktion, das durch die *Handlungsbereitschaft des Organismus* bestimmt wird.

Die für einen bestimmten Verhaltensablauf unbedeutenden Reize können von der Wahrnehmung ausgeschlossen werden. Hernandez-Peon und Mitarbeiter (1956) haben mit Hilfe der elektrophysiologischen Methode einen solchen Vorgang nachgewiesen. Sie stellten durch Ableitungen fest, daß eine ein Metronom hörende Katze dann, wenn sie in den Funktionskreis des Beutefangs eintritt, also eine Maus zujagen beginnt, vorübergehend taub ist. Da die Ableitung aus einem nahe hinter dem Ohr gelegenen Nervenzentrum erfolgte, kann das Ergebnis dieser Untersuchungen durch eine vom Handlungsbereitschaftszentrum verursachte hemmende Wirkung erklärt werden. Inwieweit die zahlreichen von ethologischer Seite beschriebenen Fälle reaktionsspezifischer Blindheit und Taubheit (u. a. Eibl-Eibesfeldt 1967) entsprechend zu interpretieren sind, muß die Einzelanalyse entscheiden.

Diese Reaktionsspezifität im Rahmen der Umwelt veranlaßte Ethologen frühzeitig, ein entsprechendes nervöses datenverarbeitendes System zu fordern (u. a. Lorenz 1935, Tinbergen 1948). Schleidt (1962) hat sich bemüht, den für das postulierte Korrelat gebräuchlichen Begriff des *Auslösemechanismus* näher zu definieren. Versucht man die für den Mechanismus zu fordernden Funktionen zusammenzufassen, müssen 4 wesentliche Kriterien genannt werden.

1. Der Auslösemechanismus stellt eine Verknüpfung zwischen spezifischen Umweltreizen und der Reaktion dar. Dabei sorgt er für eine *Aktivierung* des zugeordneten motorischen Koordinationszentrums. Wir müssen annehmen, daß diese Aktivierung, die auf einem erhöhten Erregungszustand basiert, nur durch eine vorausgehende Erregungserhöhung in einem adäquaten Handlungsbereitschaftszentrum möglich ist.

2. Der Auslösemechanismus muß gleichzeitig die von ethologischer Seite geforderte *Filterwirkung* beinhalten, die der Selektivität zugrunde liegt.

3. Der Auslösemechanismus ist für die *Verrechnung* der an der Auslösung jeweils beteiligten Reize, die sogar vielfach unterschiedlichen Modalitätsbereichen zugeordnet sind, verantwortlich. Dieses kommt in der Reizsummenregel zum Ausdruck (Seitz 1940, Leong 1969). Es wäre grundsätzlich denkbar, daß dieser integrierende Prozeß auch nach andersartigen Verrechnungsmodi stattfinden könnte.

4. Merkmale der Selektivität des Auslösemechanismus und die damit verbundenen Verrechnungsfunktionen können im Laufe des Lebens, vor allem in der ontogenetischen Entwicklung, *durch Lernvorgänge verändert* werden.

Dieses Kriterium führte zu einer Klassifizierung unterschiedlicher Formen: a) Angeborener Auslösemechanismus (AAM). b) Durch Erfahrung erweiterter Angeborener Auslösemechanismus (EAAM). c) Erworbener Auslösemechanismus (EAM).

Inzwischen haben sich verschiedene Autoren mit Hilfe elektrophysiologischer Experimente um die Aufklärung der für den Auslösemechanismus verantwortlichen nervösen Strukturen bemüht. Am meisten wissen wir zur Zeit über die optische Datenverarbeitung bei Anuren (Lettvin, Maturana, McCulloch u. Pitts 1959, 1961, Grüsser u. Grüsser-Cornehls 1970) und bei der Katze (Hubel u. Wiesel 1962, 1965).

Das Ergebnis des datenverarbeitenden afferenten Systems überlagert als spezifisches Erregungsmuster dasjenige der Handlungsbereitschaft. Das in diesem System jeweils herrschende Erregungsniveau wird durch unspezifische Reize der Umwelt und außerdem durch endogene Faktoren bestimmt. Resultiert hieraus eine fortgeleitete Erregungsbildung zu dem dazugehörigen motorischen Koordinationszentrum, wird über efferente Bahnen die Aktion am Effektor verursacht. Da Verhalten in unterschiedlicher Intensität beobachtet wird, sollte man fordern, daß das Ausmaß der Erregungsbildung im Zentrum der Handlungsbereitschaft in unterschiedlichen Intensitätsgraden des Verhaltens zur Abbildung kommt.

Der der Handlungsbereitschaft entsprechende endogene Zustand beinhaltet das einer bestimmten motorischen Aktivität zugrunde liegende zentralnervöse Verrechnungsergebnis des neuralen Systems. Es unterliegt einer ständigen Dynamik, d. h. einem ständigen Wechsel, infolge einer Vielzahl spezifischer Erregungsvorgänge. Diese sind unterschiedlichen Funktionskreisen zugeordnet. Ethologisch meßbar kann die Handlungsbereitschaft dann werden, wenn sie in Form einer motorischen Aktivität sichtbar wird (Abb. 2). Dann nämlich bietet sich die Möglichkeit, aufgrund einzelner Parameter der Handlung etwas über die Bereitschaft auszusagen. Wählbare Parameter sind Latenzzeit, intensitätsabhängige Formvariable, Dauer, Frequenz und Geschwindigkeit der dargestellten Aktivität. Außerdem gestatten Attrappenexperimente, in denen man spezifische Reize zur Auslösung eines bestimmten Verhaltens verwendet, eine zusätzliche Aussage über die jeweilige Handlungsbereitschaft anhand des Schwellenwertes. Dabei entspricht eine höhere Handlungsbereitschaft einer niedrigeren Schwelle für die Auslösung der Handlung.

Wir wissen heute, daß die Handlungsbereitschaft für fast alle Lernformen den entscheidenden Motor für die Lerneffektivität darstellt. Das betrifft ganz besonders Lernvorgänge des Menschen. Im Rahmen der Verhaltensphysiologie setzt man eine Reihe unterschiedlicher Handlungsbereitschaften, die spezifische arterhaltende Funktionskreise betreffen, als angeboren voraus. Dementsprechend wäre z. B. für die Funktionskreise des Nahrungserwerbs und der Fortpflanzung nicht nur eine Anzahl von dazugehörigen Verhaltenselementen als angeboren zu bezeichnen, sondern auch die jeweils dazugehörige Bereitschaft.

Die quantitativen Veränderlichkeiten solcher Handlungsbereitschaften, die während der Ontogenese und Aktualgenese zum Ausdruck kommen, werden neben einer Vielzahl von endogenen und exogenen Einflüssen teilweise ebenfalls durch Informationsspeicherung bedingt. Ein solcher Wirkungsmechanismus wird wahrscheinlich einen größeren Einfluß im Rahmen von Lernvorgängen beinhalten, als man es zur Zeit zu beweisen vermag.

Das Phänomen des Verhaltens in seiner raumzeitlichen Struktur entspricht den spezifischen efferenten Erregungsmustern, die über Effektoren die motorische Aktion in Gang setzen. Lorenz und Tinbergen (1938) konnten bei der Eirollbewegung der Graugans zwei Komponenten gegeneinander abgrenzen; nämlich die Bewegungs- und die Orientierungskomponente. In diesem Fall handelte es sich bei der Bewegungskomponente um eine Erbkoordination.

Diese beiden Komponenten können sukzessiv oder aber simultan in Erscheinung treten. Sie werden jeweils durch spezifische Außenreize bedingt, was besonders ein-

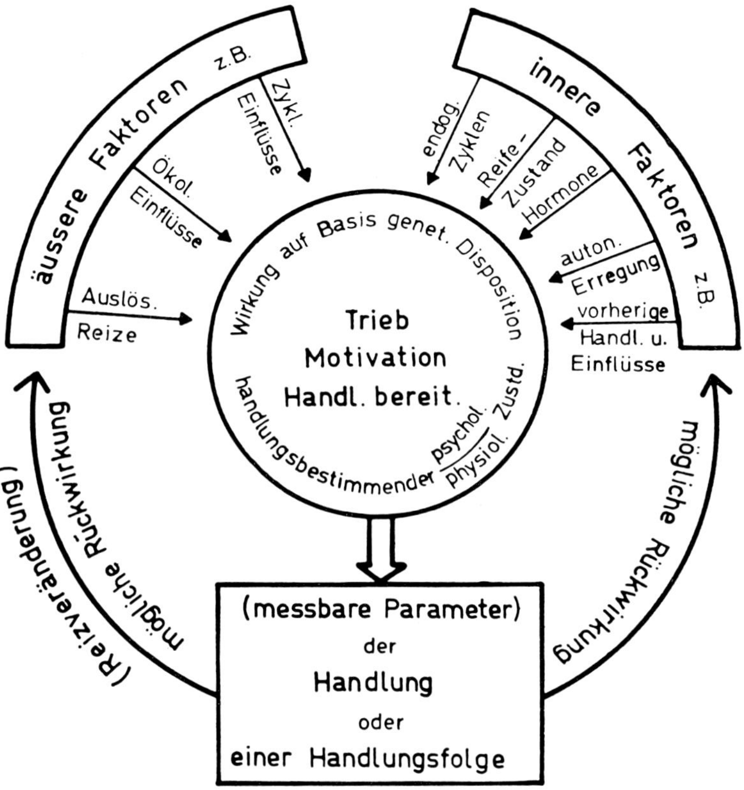

Abb. 2: *Schemadiagramm zur Handlungsbereitschaft bzw. «Trieb» oder «Motivation».* Die Begriffe umschreiben pauschal den physiologischen Zustand eines Organismus, der als hypothetisches Konstrukt aus der Handlung erschlossen wird. Innere und äußere Faktoren bestimmen die Größe des Zustandes. Parameter der Handlung oder einer Handlungsfolge ermöglichen eine Definition des Zustandes (aus Becker-Carus u. a., 1972).

drucksvoll an der Sperrbewegung von Amselnestlingen, aufgrund unterschiedlicher Reifungsprozesse der verantwortlichen AAMs, nachgewiesen werden konnte (Tinbergen u. Kuenen 1939). Inzwischen wissen wir, daß ein Hinzulernen spezifischer Reize sowohl die Erbkoordination als auch die Orientierungskomponente betrifft.

Als ethologische Merkmale für eine Erbkoordination gelten zwei die Formkonstanz kennzeichnende Kriterien:

1. Die *Reihenfolge* der an einer Bewegung beteiligten Elemente bleibt erhalten.
2. Die *zeitliche relative Phasenbeziehung* der an der Bewegung beteiligten Glieder unterliegt bestimmten Gesetzmäßigkeiten (v. Holst 1935, 1936, 1939, Buchholtz 1970, 1971).

Inwieweit diese für Instinkthandlungen aufgestellten Kriterien gleichzeitig für diejenigen Koordinationsmuster zutreffen, die aufgrund von Lernvorgängen eine Veränderung erfahren, wissen wir bisher nicht (S. 46).

Stellt man sich nach dem gekennzeichneten Funktionsschema (Abb. 1) die Frage nach den das Verhalten programmierenden Systemen, so ist der zentralnervöse Bereich verantwortlich zu machen. Elektrophysiologische Induktionsversuche haben eine solche Annahme bestätigt (u. a. v. Holst u. v. St. Paul 1960). Andererseits zeigten Jacobson und Baker (1969, 1970), aufgrund von Transplantationsversuchen von Hautarealen beim Frosch, Möglichkeiten einer peripheren Programmierung auf. Das Verhaltensmuster der Kratzbewegungen wird jeweils durch die Herkunft und damit durch die Struktur des gereizten Hautareals bestimmt. Derartige Untersuchungsergebnisse erschweren die Vorstellungen über die im Einzelfall entscheidenden Informationsträger für das Verhalten außerordentlich.

Betrachtet man insgesamt die für die Programmierung des Verhaltens verantwortlichen Funktionsmechanismen (Abb. 1), bereitet die Differenzierung zwischen ererbten und erlernten Grundlagen für den Einzelfall große Schwierigkeiten. Die Problematik kommt in der Heftigkeit der Auseinandersetzungen über die Begriffe «angeboren» und «erworben» zum Ausdruck. Lorenz'sche Auffassungen stehen denjenigen anderer Ethologen (u. a. Lehrmann 1953, Schneirla 1956 und Hinde 1966) gegenüber. Diese lehnen die Verwendung der Begriffe ab, da sie eine methodische Möglichkeit für eine entsprechende Kausalanalyse nicht erkennen. Die wiederholte Streitfrage läßt sich mit Sicherheit nicht grundsätzlich beantworten. Zweifellos muß die Möglichkeit einer Analyse zunächst fraglich erscheinen. Eine weitreichende Beurteilung der Kodierungsgrundlagen des Verhaltens erfordert die Berücksichtigung sämtlicher Informationsinstanzen. Erstrebenswert wäre, die Begriffe «angeboren» und «erworben» nur dann zu verwenden, wenn durch Einzelanalyse sowohl die beteiligten Mechanismen als auch gleichzeitig die Integrationsstufe im Rahmen des hierarchischen Prinzips bekannt sind (Tinbergen 1951, v. Holst u. v. St. Paul 1960). Das gilt für den afferenten, zentralnervösen und efferenten Bereich.

In diesem Zusammenhang wurden oftmals Kaspar-Hauser-Versuche diskutiert. Die *Methode der isolierten Aufzucht* erweist sich als zweckmäßig, wenn allein die Datenverarbeitung, nämlich der Auslösemechanismus, untersucht werden soll. Es läßt sich dabei prüfen, ob bestimmte Reize angeborenermaßen ein Verhalten auslösen oder ob sie hinzugelernt werden müssen. Wenn man einem Lebewesen nach seiner Geburt während der Ontogenese spezifische Reize vorenthält und es dennoch nach dieser Phase bei erstmaliger Darbietung darauf reagiert, weist das auf eine genetisch bereitgestellte Datenverarbeitung hin. Allerdings muß man bei Tieren, wie z. B. Vögeln, pränatale Einflüsse während der Embryonalentwicklung im Ei zusätzlich berücksichtigen (Gottlieb 1971).

Cullen (1960) testete adulte Stichlingsmännchen nach isolierter Aufzucht mit Rivalen- und Weibchenattrappen. Die Reaktionen entsprachen denjenigen normal aufgewachsener Tiere. Der Befund spricht für maßgebliche AAMs. Die isolierte Aufzucht erfolgt in einem solchen Experiment unter Ausschluß der zu prüfenden Reizparameter. Infolgedessen werden andersartige Wechselbeziehungen mit der Umwelt nicht eliminiert, die eventuell für die Entwicklung zugrunde liegender Funktionen notwendig sind. Zu weitreichende Isolationsbedingungen können irreversible Störungen verursachen. Digeser-Knoll (1956) hat gezeigt, daß die Rezeptoren der Retinae von Kaulquappen sich nur dann funktionstüchtig ausbilden, wenn sie dem Licht ausgesetzt werden. Die Forderung, bei Kaspar-Hauser-Versuchen auch unspezifische Reize auszuschließen, ist infolgedessen irrelevant. Sie scheint nicht gerechtfertigt, wenn es allein um die Beurteilung einer spezifischen afferenten Leistung und deren Verwertbarkeit geht.

Besonders schwierig erweist sich eine Einschätzung der Kodierungsgrundlage der

Handlungsbereitschaft. Die Methode des Kaspar-Hauser-Versuchs allein genügt zur Klärung gewiß nicht. Exogene und endogene, spezifische und unspezifische Informationseingänge, die das Handlungsbereitschaftssystem maßgeblich beeinflussen (Abb. 2), entziehen sich weitgehend der experimentellen Kontrolle. Über die eben-

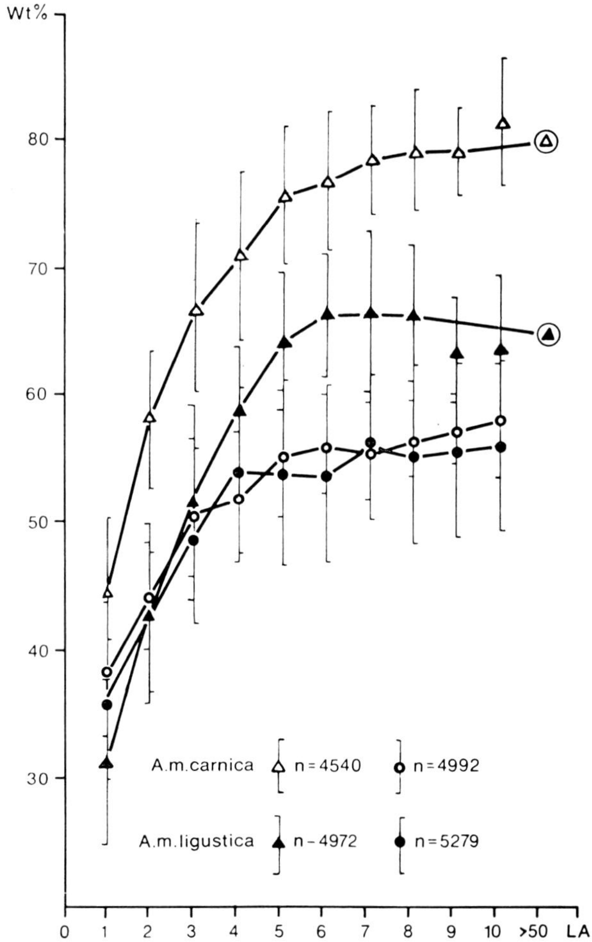

Abb. 3: *Lernkurven zweier Bienenrassen innerhalb verschiedener Versuchsgelände.* Abszisse: Lernakte. Ordinate: positive Wahltendenz in %. △▲ = mit Orientierungsmarke in der Nähe des Futterplatzes. ○● = ohne auffallende Orientierungsmarke in der Nähe des Futterplatzes (aus Lauer und Lindauer 1971).

falls in Betracht zu ziehende Bedeutung von Reafferenzen wissen wir bis heute nichts. Völlig ausgeschlossen bleibt, selbst nach einfallsreichen und differenzierten Versuchsanordnungen (Heiligenberg 1963, 1964, 1965) die Beurteilung über das Ausmaß der genetisch vorprogrammierten Lerndisposition für die Handlungsbereitschaft. Es ist denkbar, daß ein solches Ausmaß in verschiedenen Funktionskreisen recht unterschiedlich angelegt ist.

Schließlich stellt sich die Frage nach der Programmierung von Bewegungsmustern. Beobachtet man bei Tieren nach dem Schlüpfen aus dem Ei bzw. nach der Geburt

Abb. 4: *Testsituation zur Untersuchung der Lerndisposition bei A. m. carnica und A. m. ligustica.* Gegliederter Turm als nahe Orientierungsmarke auf dem Versuchstisch. Die Lage des Futterzieles befand sich an einer Spitze der Sternfigur (aus Lauer und Lindauer 1971).

artspezifische Bewegungsmuster, darf man vermuten, daß sie in der vorliegenden Form genetisch fixiert sind. Eine sichere Aussage allerdings gestatten allein Untersuchungen über die Ausbildung und Funktion der das Verhalten betreffenden Systeme an Foeten (Hamburger 1963, 1966, Oppenheim 1966). Weitaus schwieriger fällt die Definition von Verhaltensweisen, die erst zu einem späteren Zeitpunkt während der ontogenetischen Entwicklung sichtbar werden. Es bedarf besonderer methodischer Einfälle, um den Ausdruck endogener Reifungsprozesse von Lernvorgängen zu unterscheiden. Grohmann (1939) gelang es, für die Ausbildung der Flugbewegungen bei Tauben, Hess (1956) für die zunehmend gezielteren Pickbewegungen bei Hühnerküken Reifungsprozesse verantwortlich zu machen. Analysen zur ontogenetischen Differenzierung nervöser Strukturen führen u. U. zu unmittelbaren Aussagen über die Ursachen des einsetzenden Verhaltens (Coghill 1929, Weiss 1941a, b c, Sperry 1959).

Verhaltensmuster, die auf einer genetischen Programmierung basieren, sind zweifellos oftmals spezifischen genetischen Lerndispositionen zugeordnet. Diese können das Koordinationsmuster wie auch Parameter der Umwelt betreffen. Dabei handelt es sich oftmals um Reize, die der orientierenden Einstellung angeborener Bewegungsmuster dienen.

Aufbauend auf den hervorragenden Befunden nach Dressurexperimenten an der Honigbiene von K. v. Frisch und seinen Mitarbeitern konnten Lauer und Lindauer (1971) erblich fixierte Lernfähigkeiten bei der Orientierung zu einem Futterziel bei zwei Rassen näher kennzeichnen. Vertreter von Apis mellifica carnica und Apis mellifica ligustica verwenden den Himmelskompaß, die relative Lage des Ortes zu umgebenden optischen Zeichen und die Form des Ortes für ihre Orientierung. Ohne besondere optische Orientierung in der Umgebung des Futterplatzes lernen beide Rassen gleich gut (Abb. 3). Befindet sich am Dressurplatz ein prägnantes Merkmal, wie z. B. ein Turm (Abb. 4) oder ein Baum, lernen Carnica-Bienen schneller und besser als Ligustica-Bienen (Abb. 3). Die klare figurale Anordnung, Plastizität oder Höhe eines in der Nähe der Futterquelle stehenden Gegenstandes sind für den Konditionierungserfolg beider Rassen von Bedeutung. Carnica-Bienen können jedoch gegenüber Ligustica-Bienen einen geringeren Reizwert besser verwerten und räumliche Beziehungen leichter erfassen. Die Befunde machen eine spezifische, genetisch vorprogrammierte Lerndisposition deutlich. Der Unterschied basiert auf einer verschiedenen Fähigkeit der Informationsaufnahme und ihrer Verwertung.

Bei dem Streit über die Beteiligung angeborener und erworbener Komponenten sollte die Frage nach der arbeitshypothetischen Rechtfertigung einer vertretenen Vorstellung entscheidend sein. Das Lorenz'sche Modell hat sich bereits im Rahmen stammesgeschichtlicher Forschung als wertvoll erwiesen (Wickler 1967) und bildet gleichzeitig die Grundlage zur analytischen Beurteilung von Lernprozessen. Diese Feststellung schließt nicht aus, daß bei einer Vielzahl von Verhaltenssystemen die genetisch vorgegebene potentielle Möglichkeit zu lernen derart eng begrenzt ist, daß eine Kausalanalyse ergebnislos bleiben muß. Betrachtet man andererseits Extreme der artlich und individuell variierenden genetischen Kodierungen, wird sich eine Unterscheidung von angeborenen und erworbenen Komponenten als sinnvoll erweisen.

IV. Lernvorgänge

1. Taxonomie der Lernvorgänge

Die im Rahmen phylogenetischer Anpassungen herausgebildeten Mechanismen zur Speicherung und Verwertung von Information erweisen sich als vielfältig. Infolgedessen weichen vorgeschlagene Klassifizierungen von Lernformen mehr oder weniger voneinander ab. Eine einheitliche Begriffsverwendung ist besonders schwer zu erreichen, wenn Definitionen fehlen. Die Schwierigkeit einer taxonomischen Behandlung hat im wesentlichen zwei Ursachen. Zahlreiche Lernprozesse lassen die gleichzeitige Beteiligung unterschiedlicher Mechanismen erkennen. Sie stellen sich im Verhaltensphänomen als Mischform dar. Hinzu kommt, daß unsere Kenntnisse über die nervenphysiologischen Vorgänge, die unterschiedlichen Lernformen zugrundeliegen, nicht ausreichen, um für eine Klassifizierung eine entscheidende Hilfestellung zu leisten.

Definitionsvorschläge zur Gegenüberstellung von Lerntypen sind fast ausschließlich auf die ethologische Analyse angewiesen. Die von Autoren vorgeschlagenen systematischen Aspekte sind arbeitshypothetisch unterschiedlich zu bewerten. Tembrock (1964, 1968) nennt unter dem Gesichtspunkt der Arterhaltung «obligatorisches» und «fakultatives» Lernen. Zu den obligatorischen Lernvorgängen gehören jene, die ein Lebewesen in seiner natürlichen Umwelt vollziehen muß, um sich und seine Art zu erhalten. Sie werden dementsprechend vor allem in der Kindheits- und Jugendentwicklung stattfinden, um notwendige Leistungen in einzelnen Funktionskreisen zu gewährleisten. In diesem Sinne wären Prägungen als typische obligatorische Lernvorgänge anzusprechen, die sich zusätzlich durch eine hohe Stabilität auszeichnen. Die durch individuelle Informationsverwertung bedingten Änderungen des Verhaltens können im sensorischen Bereich zum Ausdruck kommen, wie bei der Nachfolgeprägung oder aber zusätzlich auf der motorischen Seite, wie bei der Gesangsprägung. Auch die Größe spezifischer Handlungsbereitschaften kann durch Erfahrungsverwertung beeinflußt werden. Tembrock (1967) berichtet von Untersuchungen (Henderson) über die Bereitschaft zum Lernen von Meidereaktionen bei Labormäusen. Werden die Versuchstiere zwischen dem 23. und 30. Lebenstag wiederholt geschockt, lernen sie später im Vergleich zu Kontrolltieren schneller, negative Umweltreize zu vermeiden. Im Einzelfall erscheint die Möglichkeit der Differenzierung zwischen Verhaltenskomponenten, die auf obligatorischen Lernprozessen beruhen, und solchen, die angeborenermaßen zur Verfügung stehen, fraglich. Auch ist die Beurteilung fakultativer gegenüber obligatorischen Lernvorgängen in zahlreichen Fällen ausgeschlossen. Eibl-Eibesfeldt (1967) unterscheidet bei erwerbskoordinierten Verhaltensweisen «erbangepaßte» und «erwerbsangepaßte». Zur erbangepaßten Form gehören z. B. das Nestbauen der Ratte und der Gesang des Buchfinken, während erworbene Bettelbewegungen von Zootieren erwerbsangepaßt sind. Eine entsprechende, zufriedenstellende Analyse des Einzelfalles bereitet große Schwierigkeiten.

Lorenz (1961) vertritt unter dem Gesichtspunkt individueller adaptiver Modifikationen eine Einteilung in 6 kennzeichnende Vorgänge:

a) Reizspezifischer Schwund der Reaktion (Habituation, Gewöhnung)
b) Zunahme der Selektivität phylogenetisch angepaßter reizspezifischer Reaktionen (u. a. Prägung).

c) Eichung von Zielmechanismen, «Einstellung» von Verrechnungsapparaten und «Uhrenstellung» endogener Rhythmen.
d) Lernen von Anwendungsweisen von Instinktbewegungen.
e) Lernen von Wegen.
f) Motorisches Lernen.

Unter Berücksichtigung zugrunde liegender Mechanismen sind die von Lorenz als Gewöhnung und Prägung verstandenen Vorgänge deutlich voneinander abgesetzt. Zweifellos ist die unter c) eingereihte Eichung von Zielmechanismen in der jeweiligen Umwelt für zukünftige orientierende Leistungen von entscheidender Bedeutung. Ob allerdings die Einflußnahme exogener Reize als Zeitgeber für endogene Periodizitäten den Lernkriterien entspricht, erscheint zweifelhaft. Die nach Ausschaltung von Zeitgebern (Wechsel von Hell–Dunkel) beobachteten zeitgeberabhängigen Periodizitäten können als ausklingende Schwingungseffekte verstanden werden. Die unter d), e) und f) genannten Möglichkeiten können jeweils auf verschiedenen Formen des Lernens basieren. So kann motorisches Lernen das Ergebnis einer Prägung, einer Nachahmung oder operanten Konditionierung sein.

Thorpe (1963) stellt dem assoziativen Lernen die Gewöhnung, Prägung, das «Latent learning» und «Insight learning» gegenüber. Beim assoziativen Lernen unterscheidet er den konditionierten Reflex und das Lernen nach Versuch und Irrtum (instrumentelle oder operante Konditionierung). Das *«Latent learning»* wird als Assoziation von indifferenten Stimuli oder Situationen ohne erkennbare Belohnung definiert. Vor allem das Kennen des Lebensraumes basiert nach Thorpe auf dieser Lernform. Sie beinhaltet Prozesse, die oftmals als «Erkundungs-» oder aber als «Neugierverhalten» bezeichnet worden sind. *«Insight learning»* meint jene bei Tieren zu beobachtende anspruchsvollste Lernform, die im deutschen Sprachgebrauch mit «Einsicht» bezeichnet worden ist (S. 99).

Hassenstein verwendet 1969 folgendes Begriffssystem:

a) Prägung; Lernen im instinktiven Rahmen.
b) Bedingte Reaktionen.
c) Motorisches Lernen.
d) Bedingte Aktionen (operant conditioning).
e) Soziale Anregung und Nachahmung.
f) Zielbedingt neukombiniertes Verhalten.

Auch bei dieser Gliederung wird das motorische Lernen, wie bei Lorenz (1961), als eigene Lernform anderen gegenübergestellt. Wie bereits gesagt, trifft die Verwertung aufgenommener Information für Veränderungen von Verhaltensmustern auch für andersartige Lernformen zu. Das gilt für die bedingte Aktion (d) wie auch für die Nachahmung (e). Der von Hassenstein als «zielbedingt neukombiniertes Verhalten» gekennzeichnete Lerntyp entspricht dem «Insight learning» nach Thorpe bzw. dem «einsichtigen Verhalten».

Andererseits stellt Hassenstein (1972) in einer teleonomischen Betrachtung der Lernprozesse dem bedingten Reflex das Lernen aus Erfahrung gegenüber, worunter er Formen bedingter Appetenz, bedingter Aktion, bedingter Aversion und bedingter Hemmung zusammenfaßt. Die Art der Erfahrung in einer Reizsituation beinhaltet Belohnung oder Strafe im Sinne eines subjektiven Korrelats. Die dadurch bei wiederholt auftretender gleicher Reizsituation bedingte Appetenz führt zu einer bedingten Aktion, bzw. eine bedingte Aversion führt zu einer bedingten Hemmung. In diesem System findet die für die meisten Lernformen wichtige Bedeutung der Handlungsbereitschaft volle Beachtung. Um funktionelle Zusammenhänge besser verstehen zu können, werden mathematische Formulierungen verwandt, die die Ein- und Ausgangsbeziehungen darzustellen versuchen.

Die angeführten Beispiele mögen als Hinweis für taxonomische Varianten zoologischer Aspekte genügen. Anders fallen kybernetische Vorschläge zur Informationsverwertung aus, die vorerst nur mit Einschränkung für biologische Prozesse arbeitshypothetisch verwertbar erscheinen. Das gilt besonders für eine Beteiligung spezifischer Handlungsbereitschaften, die in Funktionsprinzipien lernender Automaten bisher nicht einbezogen wurden. Hinzu kommt die Organisation der Schaltung, die in anorganischen Nachrichten verarbeitenden Systemen andersartig gestaltet ist (Schaltenbrand 1956, Walter 1957, Steinbuch 1959, 1961).

Vielfältig in ihrer Gliederung stehen *humanpsychologische Lernsysteme* den Klassifizierungsvorschlägen von *zoologischer* Seite gegenüber. Unter dem Einfluß unterschiedlicher Lerntheorien, wie klassischer Konditionierungstheorien, S-R-Verstärkungstheorien oder der Skinner-Theorie, wurden manche Lernformen bevorzugt behandelt und andere vernachlässigt. Foppa (1968) gibt eine zusammenfassende Darstellung, in der er gegenüberstellt:

a) Das Lernen von Signalen: Die klassische Konditionierung,
b) Lernen am Erfolg: Erfahrungsbildung und Verhaltensformung und
c) Übung.

In dieser Gliederung und ihrer Interpretation steht der Mensch im Mittelpunkt der Betrachtung. Als zentralnervös höchst differenziertes Lebewesen und als Artgenosse ist er von experimenteller Einflußnahme weitgehend ausgeschlossen. Die systematische Beobachtung allein bleibt ein unzulängliches Mittel für jede Kausalanalyse. Das Erfassen von wirksamen Variablen erweist sich als außerordentlich begrenzt. Infolgedessen ist die humanpsychologische Erforschung von Lernmechanismen auf experimentell an Tieren gewonnene Befunde angewiesen. Foppa betont, daß es beim Menschen nicht um die «eigentliche» Betrachtung von Lernverläufen gehen kann, sondern um Leistungen und deren Veränderungen. In jedem Fall steht die Untersuchung von Leistungsmodifikationen im Vordergrund der Beurteilung.

In den vorliegenden Überlegungen wird versucht, bisher bekannte Lernformen anhand des Verhaltensphänomens noch einmal zu erörtern und miteinander zu vergleichen. Dabei sollen vorhandene nervenphysiologische Kenntnisse gleichzeitig in die interpretierende Beschreibung der zugrundeliegenden Mechanismen mit einbezogen werden. Lernprozesse bei Tieren stehen im Mittelpunkt der Betrachtung. Sie werden gleichzeitig für Anpassungsvorgänge beim Menschen auch von Bedeutung sein. Selbstverständlich verfügt der Mensch außerdem über weitere hervorragende Möglichkeiten der Informationsverwertung. Diese vertretene Auffassung ist nicht unbestritten. Bergius (1971) weist auf die von Brookshire (1970) erörterten quantitativen und *qualitativen Unterschiede zwischen Lernvorgängen bei Tieren und Menschen* hin. Nach seiner Vorstellung genügt «der Nachweis der Wahrscheinlichkeit prinzipieller Unterschiede beim Lernen verschiedener Arten von Lebewesen», «um Tierexperimente aus der Lernforschung auszuschließen, sofern man nur das Lernen beim Menschen erkennen will». Die aufgezeigten Differenzen beziehen sich auf die Lernfähigkeit, die verständlicherweise artspezifisch gekennzeichnet ist. Die mit fortschreitender Differenzierung des Zentralnervensystems zunehmenden Lernmöglichkeiten bleiben unumstritten. Entscheidend sind grundsätzliche Merkmale informationsverwertender Prozesse. Eine entsprechende Vorstellung bringen Dollard und Miller (1950) in folgender Form zum Ausdruck: «Alle allgemeinen Phänomene des Lernens, die man bei Ratten findet, werden auch beim Menschen anzutreffen sein, obwohl natürlich Menschen zusätzliche Phänomene aufweisen werden, die man bei

Ratten nicht findet.» Eine solche Auffassung entbindet allerdings nicht von einer äußerst kritischen Verwertung experimenteller Tierbefunde für die humanpsychologische Lernforschung.

Für die an dieser Stelle versuchte analytische Betrachtung wird folgendes Begriffssystem verwandt:

a) Klassische Konditionierung: Ausbildung einer bedingten Reaktion auf der Grundlage eines unbedingten Reflexes, einer Sekretionsleistung oder einer Erbkoordination.
b) Gewöhnung.
c) Operante Konditionierung: Ausbildung einer bedingten Aktion ohne und mit primären sensorischen Input und Übung.
d) Nachahmung (einschließlich «kinästhetischen» Lernens).
e) Prägung und prägungsähnliche Lernformen.
f) Primär neukombiniertes Verhalten (Einsicht).

Lernvorgänge auf vegetativer Ebene werden nur teilweise und allein im Rahmen der klassischen Konditionierung und der Gewöhnung berücksichtigt. Die entsprechenden endogenen Veränderungen entziehen sich weitgehend einer unmittelbaren Beobachtung. Di Cara und Miller (1968, 1969) haben in neuerer Zeit auf operante vegetative Konditionierungen aufmerksam gemacht. Zweifellos unterliegen vegetative Funktionen ebenfalls dem Einfluß prägungsähnlicher Vorgänge. Es muß betont werden, daß jede Lernform, in welcher Phase auch immer, Funktionsänderungen unterschiedlicher Systeme bewirken kann (Abb. 5). Bisher sind uns vorzugsweise nur diejenigen Lerneffekte bekannt, die unmittelbar in Erscheinung treten. Dieses mag ein Grund dafür sein, daß sich bisher vor allem Forschungsrichtungen mit Lernvorgängen befassen, bei denen das Verhalten von Organismen im Vordergrund des Interesses steht.

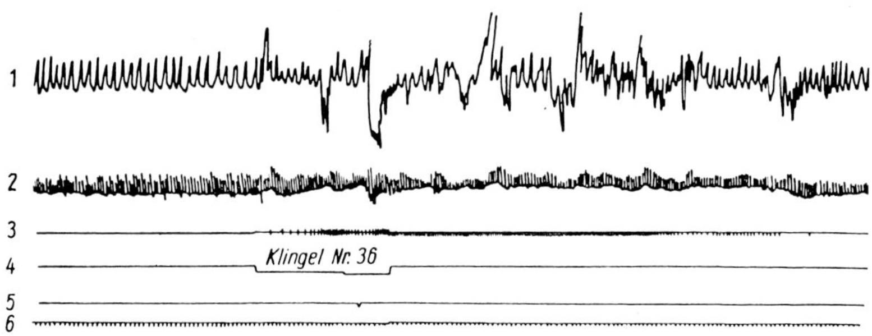

Abb. 5: *Veränderung der Atmung, der Herztätigkeit und der Speichelsekretion bei einem bedingten Nahrungsreiz (Klingel).* Veränderungen der Herztätigkeit (Frequenzsteigerung) und der Atmung werden vor dem Eintreten der bedingten Reaktion beobachtet. 1 = Atmung. 2 = Blutdruck. 3 = Speichelsekretion. 4 = bedingter Reiz. 5 = unbedingter Reiz. 6 = Zeitschreiber in sec (aus Pickenhain 1959 nach Anochin 1956).

2. Klassische Konditionierung

Im Bemühen, Formen regelhafter Wechselbeziehungen zwischen Lebewesen und ihrer Umwelt zu erfassen, widmete sich Pawlow (siehe 1953/54) individuell erworbenen Anpassungsvorgängen. Dabei richteten er und seine Schüler ihr Hauptinteresse auf die Lernform bedingter Reflexe bzw. bedingter Sekretionsleistungen.

Ein klassischer Modellversuch kennzeichnet die Prinzipien dieses Konditionierungstyps (Abb. 6). Als Grundlage für die Ausbildung einer *bedingten Reaktion* dient eine Sekretionsleistung, und zwar der Speichelfluß eines Hundes. Das Versuchstier wird in einem Geschirr am gleichen Ort gehalten. Seine Umgebung ist reizarm; jedoch muß ein Mindestmaß notwendiger Afferenzen geboten werden (Pawlow-Kammer). Die Reizung taktiler oder chemischer Rezeptoren nach Aufnahme von Futter erzeugt Speichelsekretion. Sie kann im Experiment gemessen werden, wenn man den Ohrspeicheldrüsengang nach außen verlegt. Die Absonderung erweist sich als abhängig von der Reizintensität. Zunächst wird dem Hund Futter angeboten und die Stärke der unbedingten Reaktion anhand der Sekretionsleistung bestimmt. Bei Verwendung eines akustischen oder optischen Reizes erfolgt bei dem Hund, der für das Experiment kontrolliert aufgezogen ist, ein Speichelfluß zunächst nicht (Nullphase). Bietet man jedoch wiederholt einen solchen indifferenten oder neutralen Reiz, z. B. ein Glockenzeichen, gleichzeitig mit dem unbedingten Reiz in Form von Nahrung in der Mundhöhle (Lernphase), wird der neutrale Reiz zu

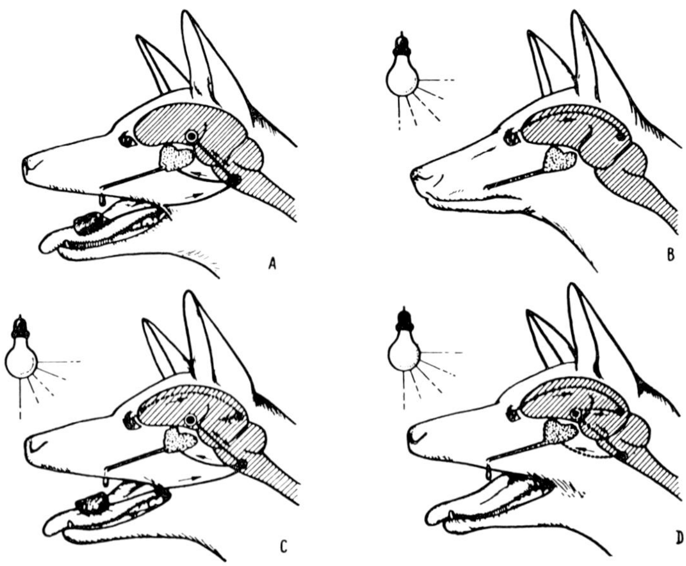

Abb. 6: *Schema der Ausbildung einer bedingten Reaktion* (Speichelsekretion beim Hund). A = unbedingte Sekretion bei Futterangebot. B = Einwirkung eines indifferenten optischen Reizes (Erregungsherd im cortikalen Ende des optischen Analysators, die in diesem Fall auftretende orientierende Einstellung ist nicht dargestellt). C = Lernphase (im Cortex befinden sich gleichzeitig zwei unterschiedlich stark erregte Areale). D = Kannphase (aus Pickenhain 1959).

einem bedingten und löst nun, allein dargeboten, die Sekretion aus (Kannphase). Der Konditionierungserfolg setzt in diesem Fall eine wiederholte Reizkombination mit dazwischenliegenden kurzen Pausen voraus. Eine geringe Vorzeitigkeit des neutralen vor dem unbedingten Reiz hat eine fördernde Wirkung (S. 19).

Demgegenüber kennen wir sogenannte «natürlich» bedingte Reaktionen, die aufgrund phylogenetischer Anpassungen eine besonders günstige Lerndisposition beinhalten. Es gibt für Vertreter jeder Art im natürlichen Lebensraum auslösende Reize, die primär als neutral angesehen werden müssen. Sie erreichen äußerst rasch die Wirksamkeit bedingter Reize. Zusätzlich zeichnet sich bei ihnen die Kannphase durch eine besondere Stabilität aus. Hunde, die allein mit Milchnahrung aufgezogen werden, zeigen beim Sehen von Fleisch keinen Speichelfluß. Nach einmaligem Fressen jedoch, also nach einer einmaligen Kombination mit dem unbedingten Reiz, ist bereits die Kannphase erreicht. Danach löst der Anblick von Futter sofort Speichelsekretion aus (Zitowitsch n. Pickenhain 1959). Wildenten sollen auf das Geräusch von plätscherndem Wasser sehr schnell bedingte Reaktionen ausbilden (Birjukow 1952). Derartige Möglichkeiten, aufgrund spezifischer Lerndispositionen, liegen offenbar dann vor, wenn eine phylogenetisch ausgeprägte Beziehung zu oekologischen Faktoren gegeben ist. Die Ausbildung solcher Funktionen ist für Organismen bedeutungsvoll.

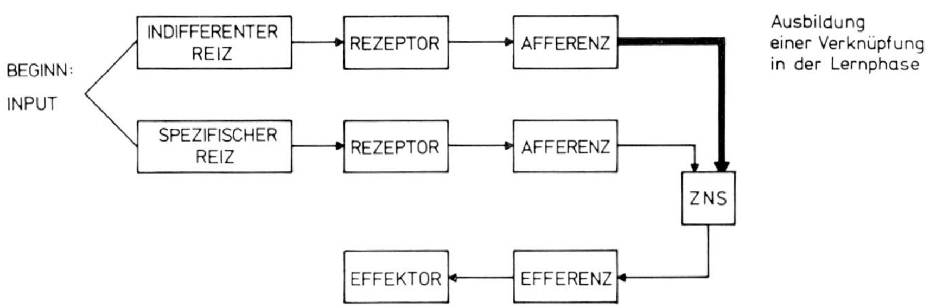

Abb. 7: *Funktionsdiagramm zur klassischen Konditionierung* (vgl. Abb. 15, operante Konditionierung). Die Aktion des Effektors bzw. der Effektoren bleibt während des Lernverlaufes grundsätzlich gleich. Die Ausbildung der bedingten Reaktion beruht auf der zeitlichen Nähe der Einwirkung des indifferenten und spezifischen Reizes. Der durch diese verursachte Input führt zur Ausbildung einer Verknüpfung in der Lernphase zwischen den den indifferenten Reiz betreffenden afferenten Bahnen und den die motorische Aktivität verursachenden zentralnervösen Instanzen.

Entsprechend sind für die Grundlage bedingter Reaktionen zunächst wenige Merkmale kennzeichnend. Eine *unbedingte Reaktion* (unkonditionierte Reaktion, *unconditioned reaction* = UCR) wird angeborenermaßen durch einen spezifischen Umweltreiz ausgelöst. Für diesen Reiz werden eine Reihe von Begriffen synonym verwandt, wie *unbedingter Reiz,* natürlicher Reiz, unkonditionierter Stimulus oder *unconditioned stimulus* (= UCS). Ein UCS kann unter bestimmten Bedingungen durch jeden anderen Reiz ersetzt werden, den ein Tier wahrzunehmen imstande ist. Das geschieht immer dann, wenn man einen neutralen Reiz in einen Konditionierungsprozeß einbezieht, und zwar in der Form, daß er wiederholt etwa gleichzeitig mit einem UCS verwandt wird (S. 19). Der ursprünglich für das spezifische Verhalten bedeutungslose Reiz erhält während des Lernphasenverlaufs zunehmenden Signalcharakter. Schließlich wird er zu einem *bedingten* oder konditionierten Stimulus (*conditioned stimulus* = CS), der in der Kannphase die betreffende Reaktion (bedingte Reaktion, *conditioned reaction* = CR) allein auslöst. Auch Reizbeziehungen oder -folgen können die Funktion eines CS übernehmen. Dem Vorgang liegt dementsprechend eine Assoziation zwischen verschiedenen wahrgenommenen Umweltreizen zugrunde. Er stellt eine wesentliche Form der Anpassungsmöglichkeit aufgrund einer Informationsspeicherung und -verwertung dar (Abb. 7). Der Grad der Konditionierbarkeit hängt nicht allein von der Reizkomplexität ab, sondern auch von der Gesamtsituation des Organismus. Versucht man die Vielzahl der Untersuchungsbefunde miteinander zu vergleichen, erkennt man zusätzlich die Bedeutung experimenteller Geschicklichkeit.

Bereits Pawlow prüfte, ob die Speichelsekretion beim Hund nach Konditionierung auch durch einen wahrgenommenen schmerzhaften Reiz, wie einen Elektroschock, ausgelöst werden kann. Mit zunehmendem Verlauf der Lernphase wurde die Reizintensität erhöht. Schließlich blieben bei dem Hund alle Anzeichen von Schmerz aus. Nicht einmal Atmung und Pulsfrequenz waren erhöht. Statt dessen beobachtete man Speichelsekretion und Schwanzwedeln. Offenbar befand sich das Versuchstier zu dieser Zeit der Konditionierung bereits in der Kannphase und empfand den Elektroschock nicht mehr als Schmerzreiz. Entsprechende Ergebnisse konnten nach Messerstichen in die Haut des Tieres erzielt werden. Segundo und Mitarbeiter (1961) konditionierten Katzen in der Weise, daß ein subkutaner Elektroschock einige Sekunden nach Einsetzen eines Tones abgebrochen wurde. Schließlich zeigten die Versuchstiere in der Kannphase bereits beim Beginn des akustischen Zeichens Verhaltenssymptome der Entspannung, obgleich der elektrische Strom noch nicht abgeschaltet war. Durch gleichzeitige EEG-Aufzeichnungen konnte gezeigt werden, daß auftretende Schmerzpotentiale mit dem Hören des Tones wegfallen. Sie bleiben in derselben Form aus wie bei einer unkonditionierten Katze nach Aufhören eines Elektroschocks. Die durch diese Befunde erwiesene Möglichkeit der *Abdressur von Schmerzreizen* ist verblüffend. Wahrscheinlich beruhen eine Reihe von Fakirleistungen auf der Grundlage klassischer Konditionierungsmechanismen.

Zahlreiche und teilweise recht komplexe Leistungen werden in dieser Weise konditioniert. Hierzu gehören unbedingte Reflexe, Sekretionsleistungen und Erbkoordinationen. Andere physiologische Zustandsänderungen im vegetativen Bereich können zusätzlich mit einbezogen werden (Abb. 5). Pulsfrequenz, Atmung oder der Spannungszustand der Blutgefäße sind oftmals als weitere beschreibende Parameter verwandt worden. Extero- und Propriozeptoren können dabei beteiligt sein.

Charakteristische Prinzipien für diese Lernform wurden vor allem bei der Nahrungsaufnahme anhand der Speichelsekretion und gastrointestinaler Reaktionen beschrieben. Auch reflektorischen Vorgängen, wie ersten frühkindlichen Saugbewegungen und dem Schlucken von Nahrung in späteren Stadien, galt das Interesse. Die Ausbildung anderer bedingter Reflexe gelingt z. B. mit der Pupillenkontraktion und -dilatation und mit dem Lidschluß. Erbkoordinationen sind unter diesem Aspekt bisher leider nur vereinzelt untersucht worden.

Die bisher gekennzeichneten Vorgänge entsprechen einer bedingten Reaktion I. Ordnung. Die Kannphase kann durch das Auftreten eines neuen CS zu einer bedingten Reaktion II. Ordnung führen usw. Beim Menschen gelingt es relativ leicht, eine bedingte Pupillenkontraktion zu erreichen, wenn man wiederholt vor einem erhöhten Lichteinfall ein Glockenzeichen gibt. 30 bis 40 Durchgänge genügen, um eine Assoziation zu erreichen. In diesem Stadium kann der Versuchsleiter beim Läuten der Glocke laut «Kontrahieren» sagen. Auch dieses Kommando wird nach genügender Wiederholung zum CS und führt damit zu einer bedingten Reaktion II. Ordnung. Sagt oder denkt die Versuchsperson in einem nächsten Schritt selbst «Kontrahieren», kommt es zu einer Reaktion III. Ordnung, in der sich die Anwesenheit des Versuchsleiters erübrigt.

Bei allen bedingten Reaktionen erweist sich nach Experimenten die *Wiederholung der Reizkombination* und das *Prinzip der Kontiguität* als entscheidend für den Lernerfolg. Die zeitliche Folge von neutralem und unbedingtem Reiz ist von Einfluß auf die Assoziationsbildung. Als unterschiedlich erfolgreich erweisen sich 6 Kombinationen (Abb. 8):

1. Die Darbietung von UCS und CS findet gleichzeitig statt. Beginn und Ende beider Reize fallen zusammen.
2. Beginn des CS kurz vor Beginn des UCS. Ende des CS zu Beginn des UCS oder kurz danach.
3. Beginn des CS kurz vor Beginn des UCS. Ende des CS fällt mit Ende des UCS zusammen.
4. Beginn des CS lange vor Beginn des UCS. Ende des CS zu Beginn des UCS oder kurz danach.
5. Beginn des CS lange vor Beginn des UCS. Ende des CS liegt vor Beginn des UCS.
6. Beginn des CS kurz vor Beginn des UCS. Ende des CS nach Ende des UCS.

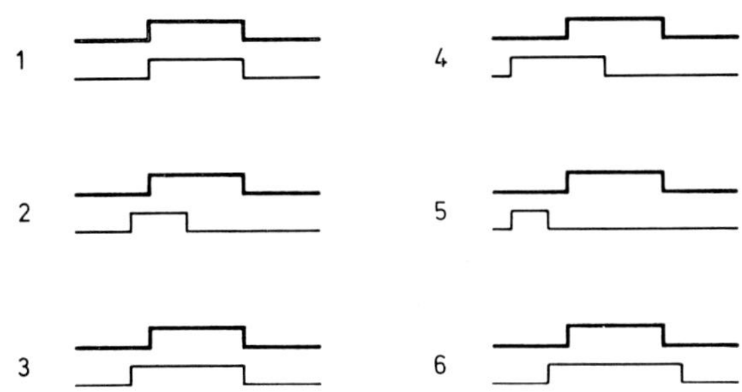

Abb. 8: *Möglichkeiten der zeitlichen Beziehungen zwischen einem unbedingten Reiz (UCS) und einem neutralen bzw. konditionierten oder bedingten Reiz (CS).* Dicke Linie = UCS. Dünne Linie = CS.

Eine experimentelle Darbietung nach der Bedingung 1 schließt eine Beobachtung des Lernphasenverlaufs weitgehend aus. Die Kombinationen 2 und 3 erweisen sich am erfolgreichsten. Die Verwendung der Kombinationen 4 und 5 wirken durch die starke Vorzeitigkeit des indifferenten Reizes erschwerend für eine Konditionierung. Angaben für eine besonders günstige zeitliche Zuordnung von CS und UCS differieren teilweise außerordentlich. Als Mindestintervall gilt nach Pickenhain (1959) eine Dauer von 0,2 sec. Im allgemeinen darf man annehmen, daß für Reaktionen mit einer relativ langen Latenzzeit längere zeitliche Abstände zwischen CS und UCS erforderlich sein werden. Nach vergleichenden Betrachtungen von Brookshire (1970) schwankt der Vorzugsabstand zwischen 0,45 und 8 sec. Die Bedingung 5 (Abb. 8), in der zwischen dem Ende des CS und dem Beginn des UCS ein reizfreies Intervall liegt, wird auch als Spurenreflex bezeichnet. Foppa (1968) vermutet, daß die gewonnenen unterschiedlichen Befunde, bei denen teilweise auch sehr lange Pausen zu erfolgreichen Konditionierungen geführt haben, auf unbewußt gesetzte Hinweisreize des Versuchsleiters vor Beginn des UCS zurückzuführen sind.

In diesem Zusammenhang sollte ebenfalls auf *Pseudokonditionierungen* hingewiesen werden, auf die bereits Grether (1938) aufmerksam machte. Untersuchungen haben gezeigt, daß klassische Konditionierungserfolge auch dann auftreten können, wenn eine unmittelbare Beziehung zwischen CS und UCS nicht mehr gegeben ist. Grant (1943) registrierte selbst bei einer eintägigen Vorzeitigkeit eines CS beim Lidschlagreflex einen Lernerfolg. Derartige Vorgänge scheinen erklärlich, wenn man bedenkt, daß die zeitlich weit voneinander getrennten Reize in derselben Umgebung, also in derselben Wahrnehmungssituation dargeboten werden (Foppa 1968). Solche Beispiele machen den Komplexitätsgrad aufgrund einer möglichen Beteiligung zahlreicher unkontrollierter Umwelteinflüsse deutlich. Diese können sich für eine experimentelle Untersuchung und die Beurteilung außerordentlich erschwerend auswirken. Es ist anzunehmen, daß gerade Reizkombinationen in ihrem jeweiligen spezifischen räumlichen und zeitlichen Muster unter natürlichen Bedingungen von entscheidender Bedeutung sind. Eine Analyse auslösender relationaler Merkmalskomponenten wird im Einzelfall erforderlich, um einen Konditionierungsverlauf nicht falsch zu interpretieren.

Im Zusammenhang mit dem Prinzip der Kontiguität sind entsprechende elektrophysiologische Studien aufschlußreich. Bei Induktionsversuchen an Katzen, Hunden und Affen wurden Elektroden gleichzeitig in ein sensorisches und motorisches Zentrum eingesetzt (Giurgea 1953, zit. nach Pickenhain 1959; Doty u. Giurgea 1961). Reizt man z. B. bei Katzen nach der Form 2 (Abb. 8) gleichzeitig in einem optischen, also sensorischen, und einem motorischen Gehirnareal, tritt nach Wiederholung das Phänomen einer bedingten Reaktion auch in Erscheinung. Nach insgesamt 18 bis 21 Wiederholungen im Abstand von 4–6 Minuten (täglich 5–6 elektrophysiologische Kombinationen) gelang erstmals die Auslösung der Antwort allein durch elektrische Reizung im sensorischen Zentrum. Nach 10 weiteren sensorischen und motorischen Induktionen ergab sich eine deutliche Kannphase. Das zunächst im motorischen Zentrum ausgelöste Verhaltensmuster, z. B. Wegstrecken des rechten Hinterbeines, konnte jetzt allein durch Reizung in einem optischen Areal hervorgerufen werden, welches mit dem motorischen Zentrum primär nicht assoziiert war. Das Zentralnervensystem antwortet also auch in diesen elektrophysiologischen Experimenten auf eine Kontiguität von Erregungen durch die Ausbildung funktioneller Beziehungen.

Steinbuch (1961) versucht, der klassischen Konditionierung analoge Mechanismen («Lernmatrix») vom technisch-kybernetischen Standpunkt her zu beschreiben. Danach handelt es sich um Assoziationen bzw. um Schaltungen, deren Verknüpfungsgesetz in Abhängigkeit von der Eingangsinformation Veränderungen erfährt. Dementsprechend liegt bei diesem Konditionierungstyp formal eine Informationsspeicherung vor. Derartige Ankoppelungsmechanismen beschränken sich bei Organismen nicht allein auf den kortikalen Bereich. Auch bei hirnlosen Fröschen (Franzisket 1955) und großhirnlosen Katzen (Hernandez-Peon u. Brust-Carmona 1961) gelang die experimentelle Ausbildung bedingter Reaktionen.

Eine weitere Frage stellt sich nach dem *Einfluß der Reizstärke* auf die bedingte Reaktion. Kupalow (1955), der sich ebenfalls mit der bedingten Speichelsekretion bei Hunden befaßte, stellte fest, daß die Intensität der bedingten Reaktion von der Stärke des verwendeten bedingten Reizes abhängig ist. Auch kann es bei einem

Wechsel von einem schwachen auf einen starken Reiz (Ton) zu einer größeren Sekretionsleistung kommen. Offenbar ist innerhalb eines Grenzbereiches das Ausmaß der Antwort durch die Reizstärke bedingt. Bei zu starker oder zu geringer Intensität beobachtet man eine Verringerung der Reaktion. Eine allgemeine Gültigkeit dieser Beziehung ist nicht gegeben (u. a. Grant u. Schneider 1948). Unterschiedlich starke Einflüsse müssen in diesem Zusammenhang ebenfalls Reizen verschiedener Modalität beigemessen werden.

Außerdem wird die Ausbildungsmöglichkeit und der Ausbildungsgrad einer bedingten Reaktion vom *endogenen Zustand* im Sinne einer Handlungsbereitschaft abhängig sein. Das gilt besonders dann, wenn die Konditionierung auf der Grundlage einer Erbkoordination im Rahmen eines spezifischen Funktionskreises erfolgt, wie z. B. bei der Werbung Japanischer Wachtelmännchen (Farris 1967, S. 26). Entsprechendes gilt auch für eine bedingte Sekretionsleistung, wie sie Pawlow an Hunden studierte. Selbst das Ausmaß einer bedingten Pupillenverengung bzw. -erweiterung wird nicht allein von der Stärke der Veränderung der Lichtentensität abhängig sein, sondern auch von endogenen Parametern. Denn Entsprechendes gilt für die unbedingte Pupillenreaktion. Dem Korrekturmechanismus für die zu regelnde Beleuchtungsstärke im Auge sind jeweils unterschiedliche Sollwerte vorgegeben. Infolgedessen ist die Kompensation gegenüber Veränderungen der Lichtintensität verschieden. Im Zustand des Erschreckens oder der Aufregung wird eine Tendenz zur Pupillenerweiterung deutlich.

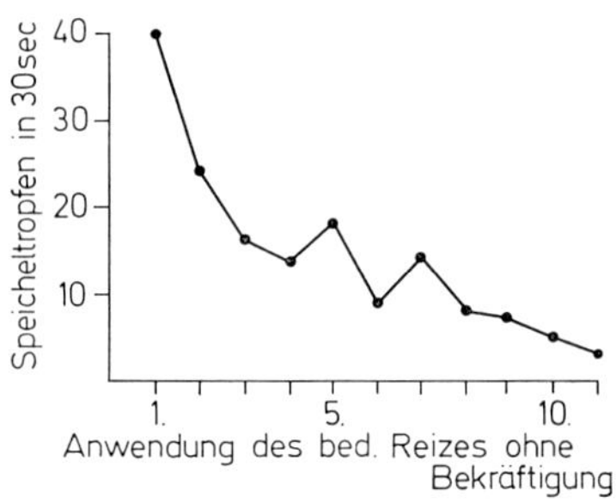

Abb. 9: *Intermittierendes Auslöschen des bedingten Nahrungsreflexes bei einem Hund.* Abszisse: Anzahl der Anwendungen des Reizes; Reizintervall 4 min. Ordinate: Anzahl der Speicheltropfen in den ersten 30 sec nach Anwendung des Reizes. Verwendeter CS ist ein Summton (aus Pickenhain 1959).

Pawlow und seine Schüler haben gleichfalls umfangreiche Untersuchungen der Frage nach dem zeitweisen oder dauerhaften *Ausbleiben bedingter Reaktionen* gewidmet. Das sogenannte «Erlöschen» der Wirksamkeit eines bedingten Reizes in Form einer scheinbaren Löschung kann in unterschiedlicher Weise erfolgen; nämlich «intermittierend» oder «kontinuierlich». Beide Verfahren differieren lediglich in der Dauer der Reizintervalle (Abb. 9 u. 10). Nach wiederholter Auslösung einer bedingten Reaktion durch den CS beobachtet man eine zunehmende Abschwächung bis zum Wert Null. Die Geschwindigkeit des Löschens ist von der Länge der Reizintervalle abhängig. Wird der CS auch noch nach Ausbleiben der Antwort dargeboten, intensiviert sich der Hemmungsprozeß. Eine danach notwendige Reizpause muß verlängert werden, um die Reaktion durch den CS erneut auslösen zu können. Hinzu kommt, daß sich die notwendige Anzahl der CS-Darbietungen für die Verursachung derartiger Hemmungsprozesse nach serienmäßigen Wiederholungen zunehmend verringert. Die Kriterien für diesen Löschungsprozeß entsprechen grundsätzlich denjenigen der Ausbildung bedingter Reaktionen; allerdings im reziproken Sinne. Infolgedessen fordert Pickenhain für beide Phänomene gleiche nervöse Mechanismen, die lediglich mit umgekehrten Vorzeichen arbeiten. Derartige Prozesse werden als vorübergehende «aktive» oder «bedingte» Hemmungen bezeichnet, da die dem Lernvorgang zugrunde liegende Assoziation nicht aufgehoben ist. Tests nach längerem Ruheintervall zeigen, daß die bedingte Reaktion selbst nicht erloschen ist. Auch kann eine solche Hemmung unter bestimmten Bedingungen durch Zusatzreize wieder aufgehoben werden.

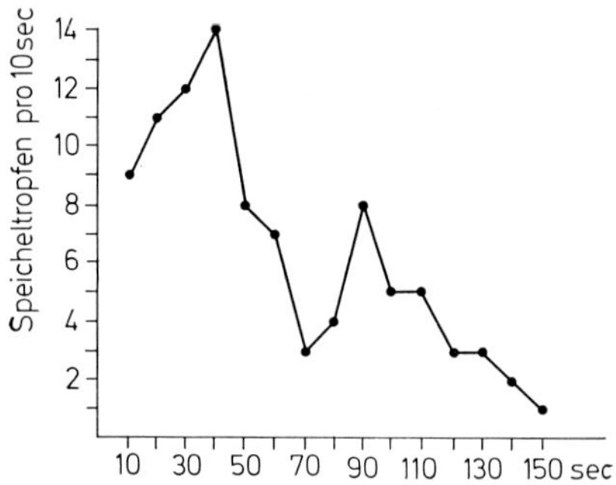

Abb. 10: *Kontinuierliches Auslöschen des bedingten Nahrungsreflexes bei einem Hund.* Verwendeter CS ist ein Ton von 500 Hz (aus Pickenhain 1959).

In diesem Zusammenhang ist das von Pawlow untersuchte Phänomen der *«Nachhemmung»* für Interpretationsversuche auf nervenphysiologischer Ebene von Interesse. Diese zusätzliche Erscheinung kommt besonders dann zum Ausdruck, wenn mehr als ein bedingter Reiz für eine bedingte Reaktion erarbeitet worden ist. Nach Erreichen des Löschungseffektes durch Verwendung eines CS vermag ein anderer konditionierter Reiz die Reaktion ebenfalls nur schwach oder gar nicht mehr auszulösen. Ein solcher Vorgang wird aus einem Versuchsprotokoll von B. P. Babkin (zit. n. Pickenhain 1959) besonders deutlich (Tab. 1).

Nach diesem Protokoll bleibt die bedingte Speichelsekretion nach wiederholter Auslösung durch ein Metronom aus. Der Löschungseffekt bewirkt gleichzeitig, daß der mechanische Hautreiz wirkungslos wird und das Klingelzeichen im Vergleich zum Vortag zu einer stark reduzierten Sekretion führt.

Aus diesen und entsprechenden Befunden geht hervor, daß es sich bei dem Phänomen der scheinbaren Löschung um eine afferente Adaptation nicht handeln kann (S. 30). Infolgedessen stellt sich die Frage nach verantwortlichen Adaptationsvorgängen im zentralnervösen Bereich, wie sie v. Holst und v. St. Paul (1960) aufgrund elektrophysiologischer Induktionen beschrieben haben. Pawlow erklärt derartige Vorgänge durch die Gleichzeitigkeit des Auftretens der jeweiligen bedingten Reize und der Gesamtheit der komplexen Reizsituation im Rahmen der Versuche. Konorski (1948) und Pickenhain (1959) weisen ebenfalls auf eine gleichzeitige Beteiligung der Situationsreize hin. Danach wird der Hemmungsprozeß durch die wiederholte Sekretionslösung durch das Metronom und die Versuchssituation gleichzeitig ausgebil-

Tab. 1: Protokoll eines Zustandes der Kannphase einer bedingten Speichelsekretion eines Hundes nach sukzessiver Anwendung bedingter Reize

Zeit	Bedingte Reize	Speichelsekretion (Tropfenanzahl)
3.24	Metronom	5
3.41	Klingel	8
4.05	Mechanischer Hautreiz	4
4.41	Metronom	12
4.51	Klingel	13

Am folgenden Tag wird die bedingte Speichelsekretion durch wiederholte Verwendung des Metronoms gelöscht und danach die Wirkung der andersartigen bedingten Reize getestet.

Zeit	Bedingte Reize	Speichelsekretion (Tropfenanzahl)
12.07	Metronom	13
12.10	Metronom	7
12.13	Metronom	5
12.16	Metronom	6
12.19	Metronom	3
12.22	Metronom	2,5
12.25	Metronom	0
12.28	Metronom	0
12.31	Mechanischer Hautreiz	0
12.34	Metronom	0
12.37	Klingel	2,5

det. Bei den anschließend verwendeten Reizen, dem mechanischen Hautreiz und dem Klingelzeichen arbeitet der zuvor erwirkte Hemmungseffekt der Versuchssituation der Auslösung der Speichelreaktion durch den jeweiligen CS entgegen. Das Phänomen der Sekretionsleistung entspricht dem Resultat der antagonistischen Funktionen.

Sicherlich kann die Komplexität der Erscheinungen nicht allein auf zentralnervöse Adaptationsvorgänge zurückgeführt werden. Dafür sprechen in besonderem Maße Möglichkeiten der Enthemmung während des Zustandes nach einer gerade erloschenen bedingten Reaktion durch die Darbietung eines Zusatzreizes. Inwieweit hierfür zugrundeliegende Mechanismen mit denjenigen der «Weckfunktion» (S. 30) gleichgesetzt werden können, bleibt zunächst ungeklärt.

Gleichzeitig ist eine zusätzliche Bedeutung von Reafferenzen nicht auszuschließen. Gutmann und Vrbová (1956) untersuchten den Fallreflex bei Ratten (zit. n. Pickenhain 1959). Die Reaktion wird durch Reizung der Rezeptoren des Vestibularapparates und der tiefen Halsmuskulatur ausgelöst. Sie wird auch dann ausgeführt, wenn die afferenten Bahnen (Hinterwurzeln) durchtrennt worden sind. Die gleichzeitige Darbietung akustischer und optischer Stimuli führte nach diesem Eingriff nur zu einem sehr geringen Konditionierungserfolg, der rasch auf Null reduziert wurde. Ohne Desafferentierung lag der Beginn der Kannphase am 2. Versuchstag nach etwa 12 Kombinationen. Ein hundertprozentiger Lernerfolg trat am 9. Versuchstag nach

72 Kombinationen auf. Das Ausbleiben reafferenter Signalisation wirkt demnach fördernd auf die Ausbildung eines Hemmungsprozesses.

Dem Phänomen der relativ kurzzeitigen scheinbaren Löschung stehen Löschungsvorgänge gegenüber, die auf einen tatsächlichen Informationsverlust zurückzuführen sind. Die Reversibilität kann durch zeitweise Darbietung des unbedingten Reizes verständlicherweise verzögert werden. In diesem Fall erfolgt eine Nachkonditionierung.

Nach den erörterten Grundprinzipien klassischer Konditionierungen erscheint die Betrachtung besonderer Aspekte aufgrund von Einzelbefunden von Interesse. Dabei werden Lernergebnisse auf der Basis eines unbedingten Reflexes, einer Sekretionsleistung und einer Erbkoordination getrennt voneinander dargestellt.

a) Bedingte Reflexe

Während sich eine Vielzahl von Autoren zum Themenkreis der klassischen Konditionierung bei Ratten mit den adulten Stadien befaßt, stellt Pantschenkowa (1956) den Aspekt der *ontogenetischen Entwicklung* in den Vordergrund ihrer Fragestellung. Als Grundlage diente die Schüttelreaktion des Kopfes und der Ohren, die durch einen UCS in Form elektrischen Stromes von Schwellenstärke auszulösen ist. Die Elektrode wird dabei an der Ohrmuschel befestigt. Als CS wurden akustische Reize verwandt. In den ersten Lebenstagen, etwa bis zum 3. Tag, gelingt eine Konditionierung nicht. Später scheinen die Möglichkeiten der Ausbildung von der Stärke des CS abhängig zu sein. Eine höhere Intensität erweist sich als wirksamer, führt jedoch zunächst zu keinem hundertprozentigen Lernerfolg. Die notwendige Anzahl von Kombinationen ist altersbedingt. Sie wird mit zunehmendem Alter reduziert. Die erforderlichen Bedingungen 17–19 Tage alter Ratten entsprechen denjenigen adulter Tiere. Auch beobachtete Reaktionsformen in der Kannphase erweisen sich als entwicklungsbedingt. So weicht z. B. das Koordinationsmuster des Schüttelns in zunehmendem Maße allgemein motorischen Koordinationen. Gleichzeitig nimmt die Stabilität der Kannphase bzw. die Dauer der Assoziationsbildung zu.

Auch Nikitina (1954) untersuchte ontogenetisch abhängige bedingte Reaktionen. Grundlage bildete der Schüttelreflex bei Hunden, der wie bei Ratten (Pantschenkowa 1956) durch einen elektrischen Reiz als UCS hervorgerufen wird. Als CS verwandte sie Ton oder Lichtreize. Die Befunde kennzeichnen altersbedingte unterschiedliche Lernstadien. Auftretende Beziehungen zwischen orientierten Antworten und Abwehrreaktionen charakterisieren ontogenetische Phasen. Der bedingte Schüttelreflex wird bei jüngeren Tieren langsamer als bei älteren gebildet. Zuvor auftretende Orientierungsreaktionen erlöschen bei älteren Hunden schneller als bei jüngeren.

Auch während der *frühen ontogenetischen Entwicklung des Menschen* hat man sich experimentell mit klassischen Konditionierungsvorgängen beschäftigt. Kassatkin (1952) beschreibt die Ausbildung eines bedingten Saugreflexes. Als CS wählte er ein Hupensignal. Das Lernen begann am 16. Lebenstag. 11–12 Tage später konnten in vereinzelten Kombinationen allein auf das Ertönen der Hupe Saugkoordinationen registriert werden. Eine weitgehend stabile Kannphase war am 33. Lebenstag zu erkennen. Vergleichsweise begann am 16. Tag eine Versuchsreihe unter Verwendung eines Lichtsignals. Dabei zeichneten sich Assoziation am 34. und 41. Lebenstag ab, jedoch erst am 55. Lebenstag gewann die Konditionierung Stabilität. Kassatkin kennzeichnet bei einer frühzeitigen bedingten Reflexausbildung vier Stadien:

1. Das Stadium der primären oder unspezifischen Reaktion. Der erste Konditionierungserfolg äußert sich lediglich in lokalen Reaktionen. Hinzu treten orientierende und auch unspezifische Bewegungen.

2. Das Stadium der Hemmung. Die Gesamtaktivität des Kindes ist reduziert. Es treten als Konditionierungseffekte indifferente Anzeichen auf.

3. Das Stadium der unstabilen bedingten Reflexe. Der bedingte Reflex tritt unregelmäßig intermittierend auf, jedoch in jeder Versuchsfolge. Dieses Stadium dauert relativ lange.

4. Das Stadium der beständigen bedingten Reflexe. In dieser Zeit wird eine ausgeprägte Kannphase in Form und Stabilität der Reaktion deutlich.

Bei einem Vergleich der Ausbildung unterschiedlicher bedingter Reflexe erkennt man die Abhängigkeit von der jeweils verwendeten Reizmodalität. Danach werden offenbar vestibulär und akustisch bedingte Reflexe in der Ontogenese sehr frühzeitig, geruchs- und geschmacksbedingte später und zuletzt optisch, taktil und propriozeptiv bedingte Reflexe ausgebildet. Jedenfalls scheint diese Reihenfolge für die frühkindliche menschliche Entwicklung zu gelten. Es ist anzunehmen, daß hierfür unterschiedliche nervöse Reifungsvorgänge auf kortikaler Ebene verantwortlich zu machen sind. Ab 1. oder 2. Lebensmonat können alle Rezeptorleistungen in einen Konditionierungsvorgang einbezogen werden. Wie groß jedoch der Schwierigkeitsgrad bei der Aufstellung von Regelhaftigkeiten sein kann, geht besonders aus Untersuchungen von Polikanina und Probatowa (1957) hervor, die sich mit der Entwicklung der Orientierungsreaktion bei Frühgeburten befaßten. Dabei handelte es sich um Konditionierungen des Nahrungsreflexes unter Verwendung von Lichtsignalen.

b) Bedingte Sekretionsleistungen

Krasnogorski (1931) beschäftigte sich eingehend mit der bedingten Speichelsekretion bei Kindern. Mit Hilfe einer speziellen Apparatur gelang es ihm, die Speichelabsonderung aus den Glandulae parotis und der Gl. submaxillaris miteinander zu vergleichen. Die Ausbildung einer bedingten Reaktion erfolgt bei der Gl. submaxillaris rascher und mit höherer Leistung (Tropfenanzahl). Bei einer Gegenüberstellung der rechten und linken Parotisdrüse wurde deutlich, daß die jeweils bei der Nahrungsaufnahme beanspruchte Seite aktiviert wird. Aß ein Kind in der Lernphase nur auf der linken Seite, wurde auch lediglich die links liegende Drüse in die Konditionierung einbezogen.

c) Bedingte Erbkoordinationen

Analysen über klassische Konditionierungen auf der Grundlage von Erbkoordinationen liegen bisher nur vereinzelt vor. Andererseits sind uns zahlreiche Beobachtungen dieses Phänomens, besonders durch die Aufzucht von Tieren, bekannt. Messmer und Messmer (1956) befaßten sich mit der Entwicklung von Verhaltensweisen bei Amseln (Turdus merula merula). Bei Kaspar-Hauser-Tieren registrierten sie Sperrbewegungen auf akustische und optische Reize, die mit der Fütterung einhergingen. Dabei handelte es sich nicht um diejenigen Signale, die angeborenermaßen das Sperren auslösen. Die Nestlinge bettelten z. B. beim Öffnen einer Kammertür, beim Betreten der Kammer oder beim Klingen einer Pinzette in der Futterschale. Die gleichen Autoren sahen im natürlichen Biotop, wie sechstägige Junge schon sperrten, wenn sie den Flügelschlag der anfliegenden Mutter oder das Rascheln von Blättern hörten. Mit der Fütterung zeitlich im Zusammenhang stehende, primär indifferente Reize werden offenbar überraschend schnell hinzugelernt (S. 17).

Es wäre wünschenswert, über den Verlauf der Ausbildung derartiger bedingter Reaktionen mehr zu erfahren. Fest steht jedoch, daß die beiden Hauptcharakteristika der klassischen Konditionierung auch für das Zustandekommen bedingter Erbkoordinationen gelten; nämlich die zeitliche Nachbarschaft eines neutralen zu einem bereits wirksamen Reiz und die Wiederholung der dargebotenen Reizkombination. Bei dem primär wirksamen «Reiz» handelt es sich allerdings in der Regel um verschiedene Reizparameter, die entsprechend der Reizsummenregel als spezifische Signalreize für die Auslösung einer Erbkoordination verantwortlich zu machen sind (S. 5). Der jeweilige Auslösemechanismus, der durch seine Selektivität und seine Verrechnungsfunktion gekennzeichnet ist und nach Aktivierung ein dazugehöriges motorisches Koordinationszentrum in Gang setzt, kann bei dem Vorgang einer klassischen Konditionierung mit Hilfe eines einzigen andersartigen Parameters (CS) umgangen werden. Die funktionelle Grundlage erscheint zunächst unverständlich; besonders deshalb, weil das afferente System, welches dem CS zugeordnet ist, nicht imstande sein kann, die Aufgaben eines Auslösemechanismus zu erfüllen.

Hinsichtlich der biologischen Bedeutung kann man sich vorstellen, daß im Rahmen der natürlichen Umwelt neutrale Reize als «Vorsignale» für kommende Ereignisse Verwendung finden. Denn innerhalb jedes Funktionskreises treten einem Lebewesen gleichzeitig zu den Auslösern eine Fülle indifferenter Reize entgegen. Infolgedessen kann ein indifferenter Reiz, der wiederholt mit Auslösern benachbart auftritt, seine Neutralität verlieren. Andererseits enthält es im Einzelfall die Gefahr, gegenüber Reizen «falsch» konditioniert zu werden. Das Rascheln der Blätter, welches für Amselnestlinge die Wirksamkeit eines CS gewinnt, da es in der Regel von der Mutter verursacht wird, könnte, durch feindliche Einflüsse verursacht, von Nachteil sein.

Vergleichende Untersuchungen über klassische Konditionierungsmöglichkeiten von Erbkoordinationen im Rahmen unterschiedlicher Funktionskreise werden notwendig, um Fragen nach der Spezifität der Lerndisposition klären zu helfen. Auch wissen wir bisher nicht, inwieweit Grundprinzipien bedingter Reaktionen für erworbene Verhaltenskomponenten Geltung besitzen. In diesem Fall handelt es sich um eine Ankoppelung gespeicherter Information an bereits gespeicherte Werte für die Motorik.

Untersuchungsergebnisse von Farris (1967) weisen auf einen ontogenetisch besonders interessanten Aspekt hin. Er beschreibt eine bedingte Erbkoordination bei der Japanischen Wachtel (Coturnix coturnix japonica). Bei den Männchen dieser Art ist das Balzverhalten durch 5 Elemente gekennzeichnet:

1. Erhöhter Tonus des gesamten Körpers.
2. Schritte mit Versteifung der Beine.
3. Heben auf die Zehenspitzen: Zehenspitzengang.
4. Balzrufe.
5. Aufplustern des Gefieders.

Bei vollem Ablauf des Werbeverhaltens schließen sich Balzrufe und Aufplustern den 3 ersten Elementen, die fast simultan auftreten, an. Werden nicht alle Verhaltensanteile sichtbar, fehlen die beiden letzten. Die genannte Reihenfolge des Balzmusters entspricht gleichzeitig dem ontogenetischen Reifungsprozeß der Tiere. Beim Adultwerden der Männchen treten die Elemente 1 bis 5 nacheinander in Erscheinung.

Für die Lernversuche verwandte Farris adulte, paarungsfreudige Wachtelmännchen. Die Versuchstiere wurden einzeln optisch und akustisch isoliert gehalten. In

Käfigen fanden nach einer Gewöhnungszeit von 2 Tagen gleichzeitig die Experimente statt. Bei Darbietung eines Weibchens («unbedingter Reiz») antworteten die Männchen mit Balzverhalten. Als neutraler Reiz diente das Geräusch eines Summers. Der Summton, allein angeboten, war insofern indifferent, als die Tiere lediglich zu Beginn mit einer Tonuserhöhung antworteten. Nach mehrmaligem Hören blieben sie reaktionslos. Die Reizkombination Summton und Weibchen wurde täglich 4mal im Abstand von mindestens 4 Stunden angeboten; und zwar in der Weise, daß 10 sec nach Beginn des neutralen Reizes das Weibchen per Hand zum Männchen gesetzt wurde. Das Ende des akustischen Reizes lag 5 sec nach dem Einsetzen des Weibchens. Erfolgte eine Kopulation bereits davor, wurde der Summton entsprechend früher beendet. Zwei Beobachter protokollierten die Befunde. Die Übereinstimmung der Beobachtungen lag nicht unter 90%. Sie erwies sich als höher bei den ersten 4 Balzelementen. Vor dem Einsetzen des Weibchens begannen die Männchen nie zu balzen, was eine Pseudokonditionierung ausschließt. Die ersten Anzeichen eines Kannphasenbeginns traten nach der 5. Kombination auf. Der Konditionierungseffekt bezog sich dann vor allem auf einen erhöhten Körpertonus. Der weitere Lernverlauf zeigte ein Auftreten der Balzelemente in der Reihenfolge 1 bis 5.

Am längsten dauerte die Konditionierung der Balzrufe und des Aufplusterns. Dieser sukzessive Erfolgsverlauf entspricht dem Auftreten der Verhaltenselemente der Balz in der ontogenetischen Entwicklung.

Anschließende Tests zur Extinktion zeigten ein sukzessives Ausbleiben der Balzkomponenten in umgekehrter Reihenfolge, nämlich von 5 bis 1. Das Aufplustern blieb zuerst aus, der erhöhte Körpertonus wurde am längsten als Konditionierungsergebnis aufrechterhalten. Scheinbare Löschungsprozesse können hierfür nicht verantwortlich gemacht werden, da bei weiteren Prüfungen eine erneute Wiederkehr nur vereinzelt auftrat; sie betraf dann nur den erhöhten Körpertonus, also die erste Balzkomponente. Inwieweit die vorliegenden Befunde von Farris durch die Unterschiedlichkeit der Höhe der Handlungsbereitschaft für die einzelnen Verhaltenskomponenten interpretiert werden können, wissen wir zunächst nicht.

Weitere Untersuchungen zur klassischen Konditionierung von Erbkoordinationen liegen bisher nur vereinzelt vor. Die methodische Handhabung bedarf ausführlicher Erweiterungen. Thompson und Sturm (1965) beschäftigten sich mit bedingten Reaktionen beim Kampffisch (Betta splendens). Als Grundlage dienten agonistische Verhaltensweisen. Am gleichen Versuchstier arbeiteten Adler und Hogan (1963) mit Strafreizen. Auch Schafe konditionierte man in dieser Weise. Ein durch einen elektrischen Schlag (UCS) verursachtes Beugen der Extremitäten erreichte man schließlich durch Darbieten eines akustischen Reizes, nämlich durch einen Metronomschlag (Liddell 1934).

Schließlich prüften Fessard und Gastaut (1958) bei Konditionierungsversuchen am Menschen gleichzeitig die gehirnelektrischen Potentiale (EEG). Dabei handelt es sich um das aktive oder passive Ballen der Hand zu einer Faust. Kurz vor Beginn der wiederholten Koordination wird regelmäßig ein indifferenter Reiz in Form von Licht oder aber einem Ton geboten. Die für die spezifische Koordination typischen Potentiale treten nach einer genügenden Anzahl von Kombinationen bereits nach dem Einsetzen des Vorsignals auf.

Versucht man eine Vielzahl der Arbeiten über *klassische Konditionierungsvorgänge,* die an verschiedenen Tierarten und am Menschen durchgeführt worden sind, miteinander *zu vergleichen,* stößt man auf beträchtliche Schwierigkeiten. Die verwendeten Methoden differieren derart und die Wiedergabe der Versuchsbedingungen erweist sich oftmals als so unvollständig, daß eine gerechtfertigte Gegenüberstellung unmöglich erscheint.

Angaben zur Kontiguität oder zur Lern- und Kannphasendauer werden vielfach nicht gemacht. Hinzu kommen differierende Auffassungen über die zugrunde liegenden Mechanismen, die für unterschiedliche Darstellungsweisen verantwortlich zu machen sind. Auch bereits von Pawlow und seinen Schülern beschriebene Phänomene, wie z. B. die Pseudokonditionierung oder bedingte Hemmungsvorgänge, werden nicht immer berücksichtigt, was zu falschen Interpretationen führt.

Versucht man trotz der Schwierigkeiten die Ausbildungsprozesse bedingter Reaktionen bei Tieren unterschiedlicher Organisationshöhe miteinander zu vergleichen, ergeben sich grundsätzliche Ähnlichkeiten. Birjukow (1952) untersuchte die erforderlichen Anzahlen dargebotener Reizkombinationen bei Fröschen, Reptilien, Igeln, Mäusen, Tauben und Katzen. In allen Fällen waren 15 bis 30 Kombinationen notwendig. Auch Foppa (1968) vertritt die Vorstellung, daß, im Vergleich zu unterschiedlichen morphologischen Differenzierungen, die zu beobachtenden Unterschiede gering sind. Selbstverständlich muß bei derartigen Betrachtungen die natürliche Bedeutung der für eine Konditionierung verwendeten Reize im Rahmen der Umwelt berücksichtigt werden (S. 17). Das gilt für alle vergleichenden Bemühungen bei Tieren und beim Menschen.

3. Gewöhnung

Im Rahmen phylogenetischer Anpassungen ist die Fähigkeit einer Informationsaufnahme und -verwertung in Form eines sogenannten «negativen Lernens» von größter Wichtigkeit. Zur Lebenserhaltung gehört das Unterscheidenlernen von bedeutungsvollen und bedeutungslosen Reizen. Bedeutungslose Reize sind alle diejenigen, die für einen Organismus weder Vorteile noch Nachteile bedingen. Die Möglichkeit der Eliminierung einer Vielzahl belangloser Umweltmerkmale gewährleistet die «Einsparung» motorischer Aktionen und gleichzeitig damit die funktionelle Ordnung.

Die Begriffe Gewöhnung und Habituation werden im deutschen und englischen Sprachgebrauch vielfältig benutzt. Dieses hat nicht zuletzt zu einer verwirrenden Verwendung auch in der Fachliteratur geführt. Unterschiedlichste Phänomene sind als Gewöhnungsvorgänge bezeichnet worden. Darunter auch solche, die mit einer Informationsspeicherung nichts zu tun haben. Ebenfalls fehlt oftmals eine klare Definition gegenüber anderen Lernformen. Besonders dann, wenn es um das Erlernen bestimmter Lebensraumcharakteristika geht, die spezifische Einstellbewegungen bewirken. Die z. B. aufgrund von Erfahrungen getroffene Auswahl von Futterplätzen in einem Biotop kann das Ergebnis unterschiedlicher Lernmechanismen sein, wie der Prägung, der klassischen oder operanten Konditionierung. In der Regel jedenfalls wird es sich bei solchen Vorgängen nicht um den Lerntyp der Gewöhnung handeln.

Ein Gewöhnungsprozeß ist hingegen dann in Betracht zu ziehen, wenn eine *wiederholte gleiche Reizsituation* zu einem *Abbau eines Verhaltens* führt. Lorenz (1961) spricht von einem «reizspezifischen Schwund der Reaktion». Thorpe (1963) definiert die Lernform als «verhältnismäßig langdauernden Schwund der Reaktion, der als Folge einer wiederholten Reizung eintritt, die nicht von einer andressierten Reizsituation gefolgt wird».

Die Lernphase ist also durch eine zunehmende Reduktion des Verhaltens bei wiederholtem Merkmalsangebot gekennzeichnet. Die auslösende Bedeutung eines Reizes strebt einem Nullwert entgegen. Man kann in diesem Verlauf insofern eine formale Umkehrung der klassischen Konditionierung sehen, als ein primär wirksamer Reiz bei Lernphasenende zu einem neutralen wird. Entsprechend ist die Kannphase durch Reaktionslosigkeit gegenüber dem in Frage stehenden Reiz charakterisiert. Das gilt jedenfalls für einen 100%igen Lernerfolg. Wie die klassische Konditionierung erweist sich auch die Gewöhnung als reversibel. Inwieweit die beiden Lernformen eventuell auf entgegengerichteten physiologischen Mechanismen beruhen, wissen wir nicht.

Diese zunächst allgemeine Definition der Gewöhnung weist auf eine wesentliche Beteiligung datenverarbeitender afferenter Systeme hin. Das schließt eine gleichzeitige Bedeutung zentralnervöser Instanzen nicht aus (S. 30). Eine selektive Steigerung verantwortlicher Filtermechanismen geht besonders deutlich aus Untersuchungen von Schleidt (1961) hervor. Er befaßte sich mit dem Fluchtverhalten von Truthühnern in Abhängigkeit von Vogelflugbildern. In einer seitlich abgeschirmten Versuchsanlage (200 × 100 × 240 cm) wurden Jungvögel, die bis zur 10. Lebenswoche optisch und akustisch gruppenisoliert gelebt hatten, getestet. Dabei bewegten sich einfache flache Pappattrappen in verschiedener Form, Größe und Geschwindigkeit vor dem Himmel über die Hühnervögel hinweg. Fluchtreaktionen, wie spezifische Laute («Prrr»), Schwanzspreizen, Ducken und Sicherstellen, wurden bei Darbietung einer jeweiligen Attrappe registriert. Gegenüber älteren Interpretationen nach Attrappenversuchen mit adulten Hühnervögeln (u. a. Tinbergen 1951) stellte Schleidt fest, daß junge Truthühner nicht ausschließlich angeborenermaßen Flugbilder gefährlich werdender Raubvögel von Enten und Gänsen zu unterscheiden imstande sind. Zunächst verfügen sie allein über einen selektiven Verrechnungsmechanismus (AAM), der durch langsam fliegende, große Vögel aktiviert wird. Die entscheidenden Auslöser sind Größe und relative Geschwindigkeit. Sie bilden gemeinsam ein relationales Merkmal, welches durch Eigenlänge pro Sekunde definiert ist. Formen werden angeborenermaßen nicht unterschieden. Im Verlauf der ontogenetischen Entwicklung jedoch erhöht sich die Selektivität gegenüber wahrgenommenen Flugbildern aufgrund von Erfahrung. Die Tiere lernen die jeweilige Form und ihre Bewegungsrichtung hinzu. Sie gewöhnen sich an häufig auftretende Flugbilder in zunehmendem Maße. Ist die Anzahl der Wiederholungen groß genug, bleibt schließlich jede Fluchtreaktion aus. Die bei älteren Truthühnern zu beobachtende Fähigkeit, die Flugbilder gefährlicher Raubvögel von ungefährlichen Enten und Gänsen zu unterscheiden, beruht nach den Befunden auf der Lernform der Gewöhnung. Vermutlich gilt dieses auch für andere Hühnerarten. Die Kannphase ist durch eine spezifische Selektivitätssteigerung gekennzeichnet, was die Ausbildung eines EAAMs voraussetzt. D. h., die afferente Datenverarbeitung hat aufgrund einer Informationsspeicherung und ihrer Verwertung eine Veränderung erfahren.

Bemühungen um eine genauere *Definition von Gewöhnungsprozessen* stoßen auf Schwierigkeiten, wenn man die häufig zu beobachtenden Ermüdungserscheinungen bei Tieren in Betracht zieht. Berücksichtigt man allein das Phänomen der Reaktionsminderung nach wiederholter Reizung durch gleiche Umweltmerkmale, erscheinen die Vorgänge der Gewöhnung und Ermüdung nahezu identisch. Dennoch müssen beide Prozesse der Verhaltensänderung unterschieden werden. Gegenüber der Gewöhnung liegt bei der Ermüdung eine neurale Informationsspeicherung nicht vor. Ermüdungserscheinungen basieren allein auf physiologischen Adaptationsvorgängen, die in den Rezeptoren, im afferenten oder zentralnervösen motorischen Bereich lokalisiert sein können. Außerdem kann eine Ermüdung verständlicherweise auch den Effektor selbst betreffen. Nach unseren Kenntnissen handelt es sich bei allen

Adaptationsformen um relativ kurzfristige Veränderungen. Sie sind gegenüber der Gewöhnung durch rasche Reversibilität gekennzeichnet. Andererseits weisen Gewöhnung und Ermüdung Gemeinsamkeiten auf. Der Verlauf der Reaktionsminderung ist in beiden Fällen abhängig von der Stimulusanzahl. Außerdem ist für beide Verhaltensformen eine hohe Reizspezifität charakteristisch. Eine Veränderung des dargebotenen Reizes, selbst im Rahmen gleicher Modalität, führt zu einer Wiederkehr des ursprünglichen Reaktionsausmaßes.

Für Adaptationen im afferenten Bereich sind entsprechende Erscheinungen von Prechtl (1953) und Schleidt (1954) beschrieben worden. Prechtl arbeitete mit 5 bis 7 Tage alten Buchfinken. Er konnte bei ihnen die Sperreaktion durch Reize aus 3 verschiedenen Modalitätsbereichen auslösen; nämlich durch mechanische Reize bei Erschütterung des Nestes, durch akustische Reize in Form von imitierten Altvogelrufen und durch spezifisch optische. Verwendet man zur Auslösung der Sperreaktion zunächst allein den mechanischen Signalreiz, so tritt die Reaktion nach einer bestimmten Anzahl von Wiederholungen nicht mehr auf. Bei anschließender Verwenwendung akustischer oder optischer Reize sperren die Jungvögel erneut mit hoher Intensität. Trat die erste Ermüdung in Form völliger Reaktionslosigkeit nach dem 10. bis 13. Versuch auf, konnte man anschließend durch sukzessives Darbieten der beiden andersartigen Reize bei einem Buchfinken insgesamt 46 Sperreaktionen auslösen. Adaptationsmechanismen der Rezeptoren kann Prechtl insofern ausschließen, als er z.B. nach Ermüden des Sperrens durch optische Reize Duckreaktionen beobachtete, was die Funktion primärer Reizverarbeitung bestätigt. Eine besonders hohe Reizspezifität bei Adaptationsvorgängen kommt in Untersuchungen von Schleidt (1954) zum Ausdruck. Sie bezeichnet das Phänomen als «afferente Drosselung». Im Vergleich zu Prechtl arbeitete sie ohne Modalitätswechsel. Das Kollern bei Putern läßt sich durch akustische Reize unterschiedlicher Frequenz auslösen. Die Ermüdung mit einer bestimmten Frequenz wird durch anschließende Darbietung einer anderen aufgehoben. Das Kollern erscheint wiederum mit hoher Intensität.

Auf eine ebenfalls *hohe Reizspezifität bei Gewöhnungsprozessen* machte eine Reihe von Autoren aufmerksam (Szlep 1964, Russell 1967, Thompson u. Spencer 1966, Glaser 1968, Peeke 1969, Peeke u. Peeke 1970). Jede Veränderung der Reizkonstellation bewirkt Wiederkehr eines höheren Reaktionsausmaßes. Das gilt sowohl für den auslösenden Reiz als auch für neu hinzutretende Reize. Die meisten Reaktionen, einschließlich derjenigen, die durch Gewöhnungsabläufe gehemmt werden, können durch neu hinzutretende, wahrgenommene Merkmale verstärkt erscheinen. Es besteht also eine antagonistische Wechselwirkung zwischen diesem als «Weckfunktion» bezeichneten Phänomenen und der Lernleistung der Gewöhnung.

Eine entsprechende Beziehung zwischen Erregungs- und Hemmungsprozessen wird besonders nach *elektrophysiologischen Befunden* deutlich. Ableitungen vom Nucleus cochlearis frei beweglicher Katzen (Felis catus) zeigten, daß spezifische Potentiale nach Knackgeräuschen ausbleiben, solange das Versuchstier seine Aufmerksamkeit auf andersartige Reize, optische (lebende Maus) oder olfaktorische (Fischgeruch) richtet (Hernandez-Peon, Scherer u. Jouvet 1956, S. 5). Ein diesem Vorgang zugrunde liegender Wechsel des Handlungsbereitschaftssystems kann den einer Gewöhnung zugeordneten Mechanismus hemmend beeinflussen. Galambos (1961) gewöhnte einen Rhesusaffen an Klick-Geräusche. Die abgeleiteten Potentiale von verschiedenen Orten des Stammhirns wurden im Verlauf der Lernphase zunehmend schwächer. Sie stiegen jedoch sofort wieder an, als man die Bedingungen plötzlich änderte, indem ein Luftzug auf das Gesicht des Affen gelenkt wurde. Entsprechende Befunde beschreibt Rusinow (1959) nach EEG-Ableitungen beim Menschen.

Bei dem Versuch einer weiterführenden Abgrenzung der Gewöhnung gegenüber der Ermüdung können zur Zeit zwei Kriterien genannt werden. Dabei bleibt das oben erwähnte unpräzise Merkmal eines relativ lange anhaltenden Reaktionsschwundes unberücksichtigt.

Zunächst erweist sich das Ausmaß der Gewöhnung als abhängig von der Intensität des Reizes in der Form, daß *hohe Reizintensität die Lernphase verlängert;* manchmal auch wird bei Verwendung hoher Reizintensität ein signifikantes Ergebnis nicht erreicht (Szlep 1964, Thompson u. Spencer 1966, Peeke 1969). Peeke und Peeke (1970) zeigten, daß agonistische Verhaltensweisen wie Drohen und Beißen bei Kampffischen (Betta splendens) bei kurzer Reizdarbietung schneller reduziert werden als bei längerer.

Das 2. Kriterium der Gewöhnung betrifft die *unterschiedlich starke Verminderung der an der betreffenden Instinkthandlung erkennbaren Lernabschnitte* (u. a. Clayton u. Hinde 1968, Bürger 1972). Innerhalb der Lernphase kann zu Beginn eine «Warming-up»-Periode in Erscheinung treten, die eine vorübergehende Reaktionszunahme beinhaltet (Abb. 11). Inwieweit es sich hierbei um einen Umstimmungsvorgang im Sinne von v. Holst und v. St. Paul (1960) handelt, ist nicht zu entscheiden. Legt man der «Warming-up»-Periode einen Umstimmungsvorgang zugrunde, der in der Regel ebenfalls Ermüdungen vorausläuft, kann man hierin ein Kriterium für eine Trennung der diskutierten Verhaltensformen nicht sehen.

Unabhängig von der «Warming-up»-Periode konnte Bürger (1972) eine unterschiedliche Beteiligung einzelner Lernphasenabschnitte bei einem Gewöhnungsvorgang feststellen. Dabei handelt es sich um die Gewöhnung an fluchtauslösende Reize bei dem Cichliden Nannacara anomala. Zwergbuntbarsche beantworten einen plötzlichen Schreckreiz einerseits mit heftiger Aktivität, andererseits mit Bewegungsunterdrückung, wie es auch von anderen Cichlidenarten bekannt ist. Barlow (1967) bezeichnet die motorische Aktivität der Reaktion als Flucht, ihre Unterdrückung als Tarnen. Flucht und Tarnen lösen einander in unterschiedlicher Stärke ab. Bei hoher Handlungsbereitschaft kann der Schwellenwert so erniedrigt sein, daß Schreckreize überhaupt keine Reaktion auslösen. In dem Fall wird bewegungslos verharrt. Es gelang Bürger, eine derartige Situation durch eine besondere Vorbehandlung der einzeln gehaltenen Versuchstiere zu vermeiden. Hinzu kam die Anwendung des «Dither»-Verfahrens nach Barlow; in Sichtweite der Experimentierbecken gehaltene Guppies normalisierten das Erregungsniveau der Zwergbuntbarsche. Der verwandte Schreckreiz wurde dreimal täglich als Erschütterung des gesamten Aquariums dargeboten (Spielzeugpistole mit Gummipfeil). Da ihn die Buntbarsche nicht lokalisieren konnten, entfiel jede orientierende Einstellbewegung in Abhängigkeit von der Reizquelle. Dieses war für die Analyse von Vorteil, da Orientierungs- und Bewegungskomponenten einer Instinkthandlung sich an spezifische Reize in unterschiedlicher Weise gewöhnen. Zur Behandlung der Reaktionsintensität wurde allein der Wechsel von Bewegung und Verharren herangezogen. Er unterlag im Verlauf der Lernphase bei allen Versuchstieren ähnlichen gesetzmäßigen Veränderungen. Maßgebliche Parameter waren die Reaktionszeit (=Reaktionsdauer), die Phasenzahl und die Phasenzeit. Jede Phase umfaßt, außer der ersten, die Dauer zwischen zwei Verharrenseinsätzen. Mit Ausnahme des 2. Versuchstages, der eine «Warming-up»-Periode aufweist, nimmt die Reaktionszeit in zunehmendem Maße ab (Abb. 11). Die Abnahme beruht auf der Verkürzung der Reaktionskette durch kontinuierlich fortschreitenden Wegfall der letzten Phasen und der Reduktion der Phasenzeiten. Bei einer Reaktionszeit von durchschnittlich 42 Sekunden erfolgt schließlich eine Auflösung der Phasen (Tab. 3).

Der Verminderungsprozeß der genannten Parameter läßt während der Lernphase 4 Lernabschnitte erkennen. Die Abb. 12 (Tab. 2) stellt die ersten 3 Lernabschnitte eines Versuchstieres dar. Die Befunde des 1. Versuchstages sind von den folgenden durch die geringere Phasenzahl und eine kürzere Reaktionszeit der Reaktionskette gekennzeichnet. Die Phasenzeiten sind besonders gegen Ende der Reaktionskette ver-

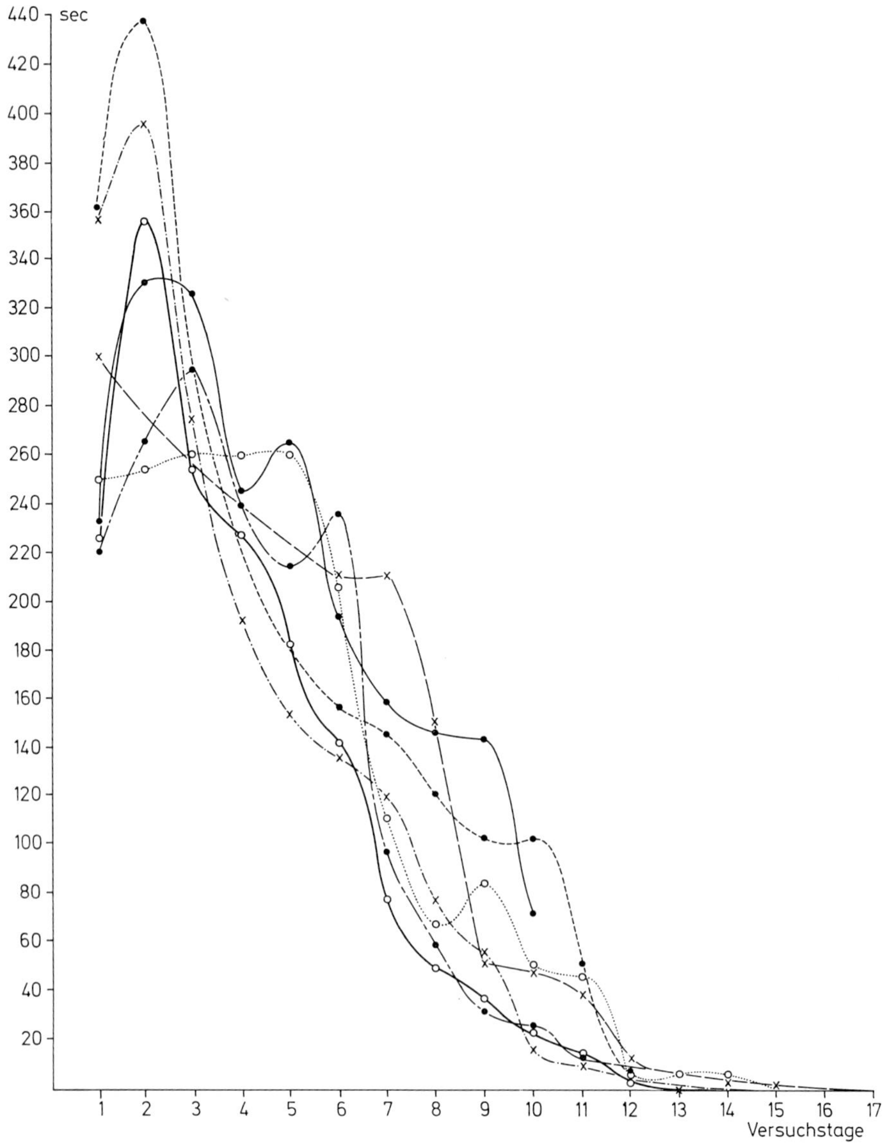

Abb. 11: *Reaktionszeiten an aufeinanderfolgenden Versuchstagen im Gewöhnungsverlauf an fluchtauslösende Reize bei Nannacara anomala.* Die Kurven entsprechen den Werten einzelner Versuchstiere (Vt 4 bis Vt 10) (aus Bürger 1972).

längert (Phase 10–14). An dieser Verlängerung ist in hohem Maße die Bewegungskomponente beteiligt. Der 2. Versuchstag führt zu einem generellen Anstieg von Phasenzahl und Reaktionszeit. Danach, bis zum 4. Versuchstag verringern sich die Beträge stark. Die Phasenzeiten zeigen eine Verkürzung gegenüber dem 1. Lernabschnitt. Die Reaktionsquotienten deuten auf einen geringeren Abfall der Reaktionszeit im 2. Lernabschnitt gegenüber dem 3. und 4. hin. Der 3. Lernabschnitt ist durch eine außerordentliche Verminderung der Reaktionszeit gekennzeichnet. Die Grenze zwischen dem 2. und 3. Abschnitt wird außerdem durch das Verhältnis von Phasenzeit zu Phasenzahl bestimmt. Der 4. Lernabschnitt beginnt jeweils mit dem Versuchstag, an dem die Phasenauflösung erfolgt (Tab. 3). Der regelhafte Wechsel von Bewegung und Verharren tritt nicht mehr in Erscheinung.

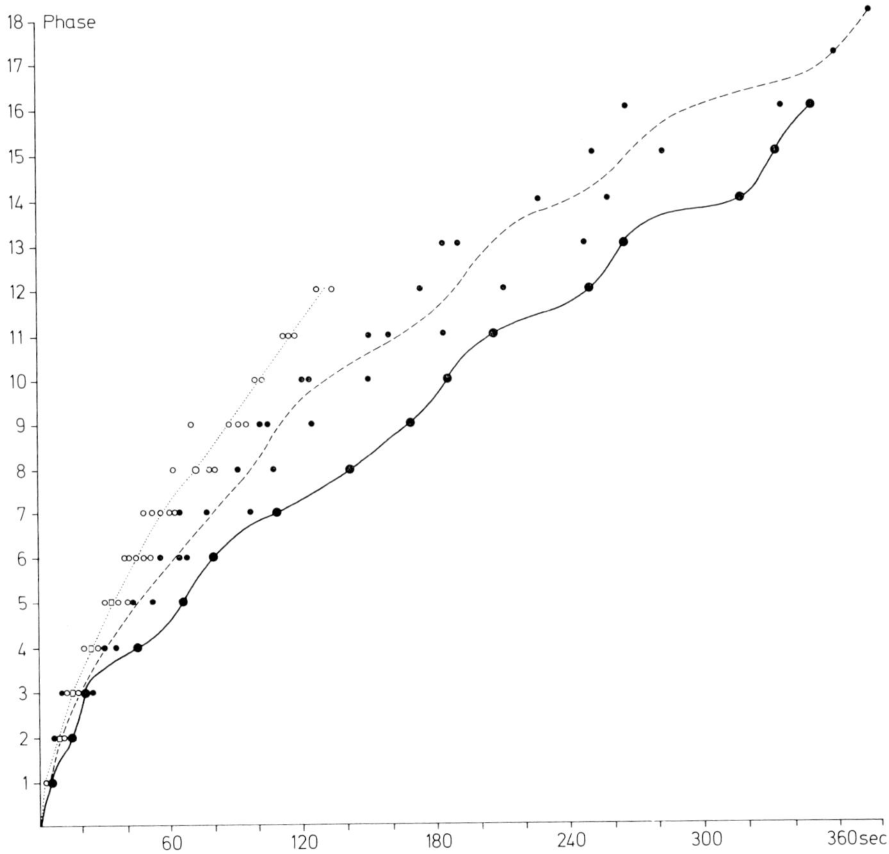

Abb. 12: *Reaktionsverlauf bei einem Gewöhnungsprozeß an fluchtauslösende Reize bei Nannacara anomala.* Reaktionsketten eines Versuchstieres (Vt 9) im 1., 2. und 3. Lernabschnitt (vgl. Tab. 2). — = 1. Versuchstag. – – – = 2.–4. Versuchstag. - - - - = 5.–9. Versuchstag. Der Kurvenverlauf ergibt sich aus der fortlaufenden Phasenzahl und der Addition der entsprechenden Phasenzeiten (vgl. Text). Die Kurven enden mit der Angabe, zu welchem Zeitpunkt die letzte Bewegungsunterdrückung in der jeweiligen Reaktionskette einsetzte (aus Bürger 1972).

Tab. 2: Reaktionsketten bei einem Gewöhnungsprozeß an fluchtauslösende Reize bei Nannacara anomala. 1., 2. und 3. Lernabschnitt eines Versuchstieres (Vt 9). Die Reaktionsketten (Mittelwerte aus 3 Versuchen pro Tag) sind in Phasen eingeteilt. Die Werte stellen die fortlaufende Addition der Phasenzeiten in sec. dar.
Ph = Phase. T = Versuchstag. LA = Lernabschnitt. Vgl. Tab. 3 und Abb. 12 (nach Bürger 1972)

	1. LA	2. LA			3. LA				
Ph	1. T	2. T	3. T	4. T	5. T	6. T	7. T	8. T	9. T
1	3	3	3	3	3	3	3	2	3
2	14	6	8	9	9	7	7	7	11
3	20	22	11	15	17	13	16	15	16
4	45	29	23	35	24	25	25	21	24
5	65	42	33	52	30	35	40	33	34
6	79	66	55	62	47	44	50	41	43
7	110	97	64	77	55	62	60	48	51
8	142	107	90	90	72	80	78	61	
9	170	125	102	104	87	91	95	70	
10	186	150	123	120	103	101	103		
11	207	184	158	150	115	116	114		
12	250	212	175	175	128	133			
13	267	247	189	183					
14	320	257	226						
15	333	283	252						
16	350	334	266						
17		358							
18		373							

Tab. 3: Fortsetzung der Reaktionskette des Versuchstieres (Vt 9, Tab. 2). Auflösung der Phasen im 4. Lernabschnitt am 10. und 11. Tag. Die angegebenen Zeiten sind fortlaufend aufaddiert. Am 12. Tag erfolgt ein kurzer Fluchtsprung, der sofort in ruhiges Weiterschwimmen übergeht. Am 13. Tag wird, wie am 11. Versuchstag, der Sprung durch Verharren ersetzt. Am 14. und 15. Tag bleibt das Versuchstier reaktionslos (nach Bürger 1972)

Auflösung der Phasen

10. Tag				11. Tag	
1. Versuch		2. Versuch		1. Versuch	
sec	Reaktion	sec	Reaktion	sec	Reaktion
1	Flossenspreizen	1	Fluchtsprung	1	Flossenspreizen
3	ruhiges Vorwärtsschwimmen	2	Verharren	8	ruhiges Vorwärtsschwimmen
6	Verharren Übersprung-Schnappen	6	ruhiges Vorwärtsschwimmen	12	Verharren
		16	Verharren	16	ruhiges Vorwärtsschwimmen
		21	ruhiges Vorwärtsschwimmen		
10	ruhiges Vorwärtsschwimmen				
	Ende der Reaktionskette		Ende der Reaktionskette		Ende der Reaktionskette

In bezug auf die Reversibilität des Gewöhnungsprozesses zeigte Bürger, daß die Löschung weitaus langsamer als der Lernvorgang verläuft. Noch am 17. Tag nach Abschluß der Lernphase (15. Tag) konnte bei einem Versuchstier eine Reaktionskette von 194 Sekunden und 12 Phasen ausgelöst werden. Diese Werte entsprechen beim gleichen Tier dem 6. Tag der Lernphase.

Die aufgezeigte Möglichkeit des Erkennens von Lernabschnitten während einer Reaktionsverminderung nach wiederholter Auslösung kann in diesem Fall als eindeutiges Kriterium für die Definition der Lernform der Gewöhnung herangezogen werden. Das Ausmaß der Informationsaufnahme und ihrer Verwertung erweist sich zu verschiedenen Zeiten der Lernphase als unterschiedlich.

Eine weitere Möglichkeit der Charakterisierung von Gewöhnungsvorgängen könnte in einem anderen Aspekt gesehen werden. Aufgrund phylogenetischer Anpassung vollziehen sich «negative Lernprozesse» offenbar nur bei ganz bestimmten Verhaltensweisen. Zu dieser Frage liegen bis heute vergleichende Untersuchungen leider nicht vor. Es wäre denkbar, daß eine Gewöhnung auch Gefahren verursachen könnte. Infolgedessen erscheint bei manchen Verhaltensweisen eine Gewöhnung ausgeschlossen.

Ploog (1972) gibt eine persönliche Mitteilung von Villareal und Woods wieder, die sich mit der Wirkung mimischer Signale an normal aufgewachsenen Affen befaßten. Sie setzten «einen stärkeren und einen schwächeren Affen auf zwei Stühle so gegenüber, daß der stärkere dem schwächeren zwar nahe kommen, ihn aber nicht berühren konnte. Der Stärkere bekommt eine Weile nach einem Lichtzeichen einen schmerzhaften Schlag. Schnell sieht er fälschlich in seinem Gegenüber die Ursache: Sobald das Licht aufleuchtet, attackiert er ihn mit entsprechender Mimik und anderen Zeichen der Attacke, ohne ihn je erreichen zu können. Der Schwächere lernt auch in Wochen und Monaten nicht, daß die immer wieder versuchte Attacke wirkungslos bleibt; stets zeigt er alle Anzeichen der Angst.» In dieser Situation findet also bei einem rangniederen Tier ein Gewöhnungsvorgang nicht statt. Inwieweit man diesen speziellen Befund auch auf eine Irreversibilität frühkindlicher Erfahrungen zurückführen kann, wissen wir nicht (Sackett 1967 u. S. 94).

Von Glaser (1968) liegt eine zusammenfassende Darstellung über Gewöhnungsprozesse beim Menschen vor. Allerdings ergeben sich gegenüber der hier vorliegenden Definition teilweise beträchtliche Abweichungen. Zusätzlich wirkt die begrenzte Anzahl verwertbarer Untersuchungen für die Kennzeichnung der zugrunde liegenden Mechanismen erschwerend. Glaser unterscheidet zwischen Gewöhnungs- und Erlernensprozessen, obgleich auch er für die Gewöhnung eine Informationsspeicherung und -verwertung verantwortlich macht. Andererseits stellt er diesen Vorgang hinsichtlich der Unterscheidung gegenüber Adaptationen allein den im Rezeptor lokalisierten Abläufen gegenüber, die einen schnelleren Erregbarkeitsverlust bei wiederholter Reizung aufzeigen.

Bei lokalen Kühlungsexperimenten verwandten Glaser und Whittow (1957) als Reiz das Eintauchen einer Hand in kaltes Wasser. Danach wurden jeweils auftretende Reaktionen, wie Ansteigen des Blutdrucks und der Herzfrequenz sowie die subjektive Schmerzempfindung registriert. Dieselbe Hand tauchte z. B. 6mal mit dazwischenliegenden Pausen von 60 sec jeweils 60 sec lang in Wasser von 4° C. Vor und nach jedem einzelnen Versuch befanden sich beide Hände in Wasser von 35,5° C; dieses entspricht einer Temperatur auf Meereshöhe nahe dem Äquator, wo die Untersuchungen stattfanden. Die stärkste Reaktion trat bei den Versuchspersonen beim 2. Eintauchen auf. Im weiteren Verlauf ergab sich eine zunehmende signifikante Verminderung. Glaser vermutet, daß der Anstieg beim 2. Eintauchen auf eine zunehmende Beteiligung der Rezeptorenanzahl zurückzuführen ist («Rekrutierung»). Inwieweit dieser Effekt der «Warming-up»-Periode bei den erörterten Untersuchungen an Tieren entspricht und eventuell auch als Umstimmungsvorgang (v. Holst u. v. St. Paul 1960) gedeutet werden kann, wissen wir nicht. Das Ergebnis war unabhängig von der Hand-Hauttemperatur, die im Vergleich zum Blutdruck und der Herzfrequenz einen anderen Verlauf nahm. Die Hauttemperatur schwankte nach dem 2. Eintauchen bei den anschließenden Wiederholungen kaum (Abb. 13). Reaktionen des Eintauchens der anderen Hand (Kontrollhand) wurden einmal zu An-

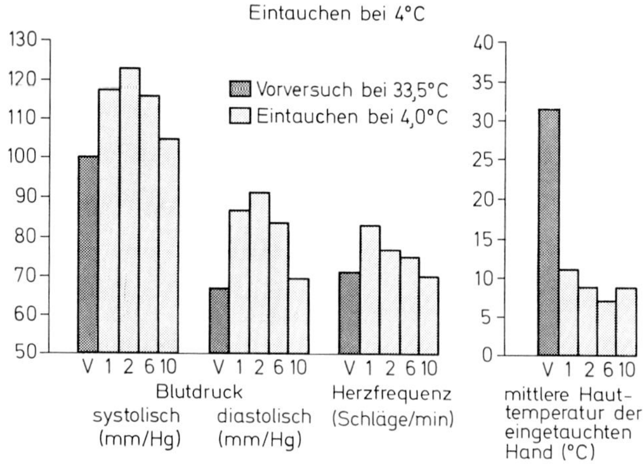

Abb. 13: *Gewöhnung an Kühlung einer Hand in einem Einzelversuch.* Höchster Stand des Blutdrucks und der Herzfrequenz sowie niedrigster Stand der Hauttemperatur der Hand beim Eintauchen einer Hand 40 Sekunden lang in Wasser von 4° C. Mittelwert von 6 Versuchspersonen (aus Glaser 1968).

fang und einmal zu Ende des Experiments protokolliert. Die erhaltenen Werte zeigen eine Abnahme des objektiv gemessenen Blutdrucks und der Herzfrequenz sowie auch der subjektiv festgestellten Kälteempfindung nicht. Bei der oftmals eingetauchten Experimentierhand wird jedoch der Kälteschmerz auch verringert. Allerdings entsprach diese Empfindungsverringerung nicht der Abnahme des Blutdrucks und der Herzfrequenz. Anschließend an diese Versuchsfolge wurden beide Hände 1 Stunde lang in Wasser von 33,5° C getaucht, um danach einen ersten Test zu starten. Hierbei lagen Blutdruck, Herzfrequenz und Kälteempfindung beim Eintauchen in Wasser in 4° C niedriger als zu Beginn des Experiments. In einem zweiten Test wurde an 9 aufeinanderfolgenden Tagen die Experimentierhand 6mal täglich in Wasser von 4° C für jeweils 60 sec eingetaucht mit wiederum gleich langen Intervallen. Eine entsprechende Behandlung der Kontrollhand fand nur einmal am letzten Versuchstag statt. Die Befunde zeigen eine Abnahme der Reaktion an jedem Versuchstag wie auch eine solche von Tag zu Tag (Abb. 14). Ebenfalls verminderten sich die Mittelwerte aller Reaktionen an den aufeinanderfolgenden Tagen. Verminderungen der Reaktionen nach Eintauchen der Kontrollhand waren nicht feststellbar. Die Reduktion der objektiven und subjektiven Antworten wurde aufrechterhalten, auch wenn 24 Stunden lang ein Kältereiz nicht gegeben wurde und die Kühlungszeit insgesamt nur wenige Minuten umfaßte. Glaser schließt eine Interpretation der Ergebnisse aufgrund von Adaptationsvorgängen in den Rezeptoren sowie persistierenden bzw. pathologischen Gewebeveränderungen aus. Da keine Korrelation zwischen den Parametern Blutdruck und Herzfrequenz einerseits und der Kältefrequenz andererseits vorlag, wird ebenfalls ein Verdacht auf Histaminproduktion oder -abbau in der Experimentierhand ausgeschlossen. Später durchgeführte Versuche mit Wärme- und Kältebädern unter gleichzeitiger Verwendung einer Antihistaminsubstanz mit Hilfe der Iontophorese bestätigen diese Annahme (Glaser, Hall u. Whittow 1959). Nach lokalen Erwärmungs- und Kühlungsversuchen konnte der Gewöhnungseffekt 2–3 Wochen dauern; auch dann, wenn heiße und kalte Reize in dieser Zeit nicht wahrgenommen wurden. Verständlicherweise ist bei der Extinktionsbestimmung die Empfindlichkeit der Reaktionsmessung von Bedeutung.

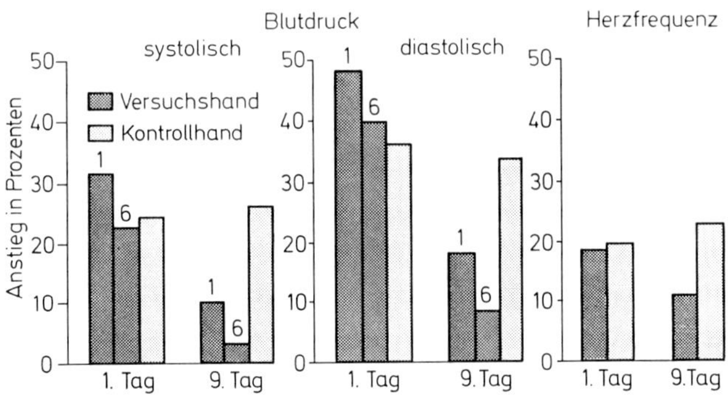

Abb. 14: *Gewöhnung an Kühlung einer Hand bei wiederholten Versuchen.* Mittlerer Anstieg des Blutdruckes und der Herzfrequenz während des Eintauchens einer Hand in Wasser von 4° C. 6 mal täglich für 60 Sekunden und an 9 aufeinanderfolgenden Tagen. Die Kontrollhand wurde nur einmal am 9. Tag eingetaucht. 2 Versuchspersonen (aus Glaser 1968).

Auch kommt bei unterschiedlich durchgeführten thermischen Gewöhnungsexperimenten die hohe Reizspezifität deutlich zum Ausdruck. Greenwood und Lewis (1959) variierten täglich die Wassertemperatur, woraufhin ein Lernerfolg ausblieb. Entsprechendes gilt für eine erhöhte Aufmerksamkeit der Versuchsperson in der Lernphase. Bereits erzielte Gewöhnungserfolge bleiben aus, sobald ein wahrgenommener Wechsel in der Umgebung stattfindet. Aus diesem Grunde sind gewonnene Ergebnisse für Demonstrationen, bei denen die Versuchsperson abgelenkt oder aufgeregt wird, ungeeignet. Der antagonistische Sachverhalt zwischen Gewöhnungsprozeß und Weckfunktion erfordert strengste Beachtung bei allen diesbezüglichen Experimenten und erklärt die häufige Nichtübereinstimmung von Ergebnissen.

Da bei den erörterten Befunden der Gewöhnungsvorgang allein auf die Experimentierhand beschränkt bleibt, ist eine Lokalisation der verantwortlichen gespeicherten Information in einem einseitigen Repräsentationszentrum im Gehirn wahrscheinlich. Gewöhnungsexperimente bei enthirnten Katzen sprechen für diese Annahme (Jouvet u. Michel 1959). Jouvet (1961) vermutet nach Exstirpationen eine verantwortliche Beteiligung des Neokortex.

Sicher sind Lernvorgänge der Gewöhnung im Leben von Tier und Mensch von umfangreicher und entscheidender Bedeutung. Um so bedauerlicher ist die Begrenztheit unseres Wissens zu diesem Fragenkomplex. Auf die Einflußnahme von Drogen auf gewöhnungsähnliche Prozesse sollte an dieser Stelle verwiesen werden (Glaser 1968).

4. Operante Konditionierung

Die der klassischen gegenübergestellte operante Konditionierung ist häufig auch als «Lernen am Erfolg» bezeichnet worden. Die entsprechende begriffliche Unterscheidung zwischen «bedingter Reaktion» und «bedingter Aktion» kennzeichnet ebenfalls die Gegenüberstellung. Beiden Konditionierungsformen gemeinsam ist die Beteiligung einer motorischen Aktivität, die spezifischen Reizen der Umwelt jeweils gesetzmäßig zugeordnet wird. Allerdings erfolgt diese Zuordnung in unterschiedlicher Weise.

Die Ausbildung einer bedingten Reaktion beruht auf der zeitlichen Nähe (Kontiguität) der Einwirkung zweier unterschiedlicher Reize, nämlich des indifferenten und des spezifischen (unbedingten) Reizes (Abb. 7). Dieser zweifache Input führt zur Ausbildung einer zentralnervösen Verknüpfung in der Lernphase. Der indifferente Reiz bewirkt, aufgrund der Erregung afferenter Strukturen, in zunehmendem Maße eine funktionelle Ankoppelung an das betreffende motorische Koordinationszentrum. Die Zuordnung der an dem Lernvorgang beteiligten Reize geschieht also in der Weise, daß die motorische Aktivität der Inputsituation folgt. Dabei darf man nicht ausschließen, daß der indifferente Reiz, der in der Lernphase fortschreitende Wirksamkeit gewinnt, auch eine Reizkombination beinhalten kann.

Demgegenüber stellt sich bei der operanten Konditionierung die zeitliche Beziehung zwischen den beteiligten Reizen und der Aktion in anderer Form dar (Abb. 15). Die jeweils spezifische motorische Aktivität wird in jedem Fall primär durch das

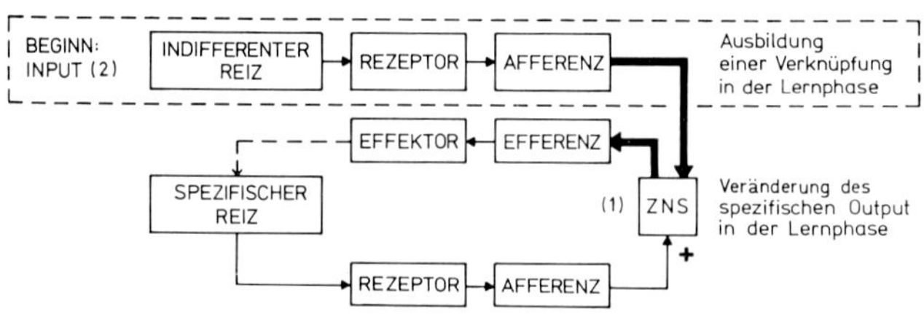

Abb. 15: *Funktionsdiagramm zur operanten Konditionierung* (vgl. Abb. 7 klassische Konditionierung). Die Aktion des Effektors bzw. der Effektoren nimmt während des Lernverlaufs in ihrer Häufigkeit und Intensität zu; gleichzeitig wird ihr raumzeitliches Muster verändert. Die jeweils spezifische motorische Aktivität wird primär durch die Handlungsbereitschaft verursacht (1, ZNS). Durch die anschließende Wahrnehmung einer bestimmten Reizkonstellation (spezif. Reiz) erfolgt ein rückwirkender Einfluß auf das ZNS. Er beinhaltet eine zunehmende Veränderung des Output in der Lernphase. Zur Zeit der motorischen Aktivität wahrgenommene indifferente Reize können gleichzeitig, durch die Ausbildung einer Verknüpfung ihrer afferenten Strukturen zum ZNS, Bedeutung für das Auftreten der Handlung gewinnen (2).

Verrechnungsergebnis des Handlungsbereitschaftssystems bedingt. Sie führt zur Wahrnehmung eines adäquaten Reizes bzw. einer adäquaten Reizkombination (spezifischer Reiz). Die hierdurch verursachte afferente Erregung beeinflußt rückwirkend verantwortliche zentralnervöse Instanzen (ZNS). Dem Vorgang liegt dementsprechend ein *zyklisches Kommunikationssystem* zugrunde. Mit dem Auftreten der Handlung können gleichzeitig perzipierte indifferente Umweltreize im Verlauf der Lernphase zunehmende Bedeutung gewinnen. Infolgedessen müssen wir auf physiologischer Ebene eine ähnliche Ausbildung einer Verknüpfung zwischen der entsprechenden Afferenz und den für die Handlung verantwortlichen zentralnervösen Bereichen wie bei der klassischen Konditionierung annehmen. Allerdings muß bei der operanten Konditionierung eine solche Verknüpfung in der fortgeschrittenen Lern- bzw. in der Kannphase nicht unbedingt vorausgesetzt werden. Die sichtbaren Veränderungen der Aktion, die den Lernprozeß dieses Konditionierungstyps kennzeichnen, können theoretisch unabhängig von der Einwirkung unspezifischer Reize ausgebildet werden. In diesem Fall wird die zeitliche Anordnung zwischen den Reizen und der Aktion bei der operanten Konditionierung dadurch charakterisiert, daß der der Handlungsbereitschaft adäquate Reiz (spezifischer Reiz), im Anschluß an die Aktion wirksam wird. Ein weiterer Unterschied der in Frage stehenden Konditionierungsformen kommt darin zum Ausdruck, daß die motorische Aktivität bei der klassischen Konditionierung im Prinzip gleich bleibt, während sie bei dem operanten Typus eine Veränderung erfährt. Bei der bedingten Aktion verursacht der spezifische Reiz über das Zentralnervensystem eine Verstärkung der Aktion.

Stellt man zunächst die Frage nach der betreffenden *Form der Aktionsverstärkung,* erkennt man unterschiedliche, sichtbar werdende Parameter, die eine quantitative Kontrolle der Lern- und Kannphase ermöglichen. Folgt einem bestimmten Verhalten wiederholt eine Belohnung, kann die Konsequenz in 3 verschiedenen Formen beobachtet werden:

1. In einer Veränderung der Wahrscheinlichkeit des Auftretens der Aktion *(Häufigkeitsveränderung).*
2. In einer Veränderung der Intensität der einzelnen Aktion *(Intensitätsveränderung).*
3. In einer Veränderung des raum-zeitlichen Koordinationsmusters der Aktion, bezogen auf die Reizkonstellation der Umwelt *(orientierte Verhaltensmusterveränderung).*

Die Intensitätsveränderung einer einzelnen Aktion ist wiederum mit Hilfe zahlreicher Parameter definierbar, wie z. B. durch die Latenzzeit oder Geschwindigkeit. Die Korrelation der Parameter kann, in Abhängigkeit von dem Versuchstier und der Methodik, unterschiedlich gekennzeichnet sein.

Die der Beschreibung der Informationsspeicherung und -verwertung dienenden Möglichkeiten (1–3) werden in der Regel in einer simultanen Verschränkung sichtbar. Ihr jeweiliger Anteil wird im wesentlichen durch die Versuchsmethode bedingt. Es bedarf einer sorgfältigen Analyse, um sie zur Definition eines Lernverlaufes zu verwerten. Allerdings bereitet ihre Verwendung für diejenigen operanten Konditionierungsprozesse zunächst Schwierigkeiten, die vegetative Funktionen betreffen (Di Cara u. Miller 1968, 1969). Unsere Kenntnisse hierüber sind bisher gering. Infolgedessen gelten die hier vorgenommenen Überlegungen lediglich für lernbedingte motorische Phänomene.

Wie bei der klassischen beruhen auch die meisten Befunde der operanten Konditionierung auf Tierexperimenten. Die *Methoden,* die zu einschlägigen Ergebnissen führten, basieren vor allem auf drei verwendeten Versuchsapparaturen. Hierzu gehören die Skinner-Box, Anlagen für Farb- oder Musterwahlversuche und Labyrinthe (Abb. 16, 17, 18). Außerdem gibt es eine Vielzahl spezieller Versuchseinrichtungen, wie die Thorndikesche Kammer. Dabei lernt z. B. eine Katze, die in einen Käfig gesperrt ist, sich selbsttätig zu befreien. Nach anfänglichem unterschiedlichem Verhalten betätigt das Versuchstier schließlich einen Hebel, mit dessen Hilfe die Käfigtür geöffnet werden kann. Danach wird die Katze mit Futter belohnt. Die genannten Verfahrensweisen sind, in Abhängigkeit von der jeweiligen Fragestellung, mehr oder weniger vorteilhaft.

Die von *Skinner* entwickelte und bis heute vielfach benutzte *Box* ist in verschiedenen Variationen für Fische, Vögel und Säuger verwendbar. Die Grundausstattung der Box enthält einen Druckhebel, eine Lampe, einen Stab und einen Futternapf (Abb. 16). Danach sind prinzipiell drei Konditionierungsverfahren denkbar:

1. Hebeldrücken–Futterbelohnung.
2. Lampeaufleuchten–Hebeldrücken–Futterbelohnung.
3. Stabdrücken–Lampeaufleuchten–Hebeldrücken–Futterbelohnung.

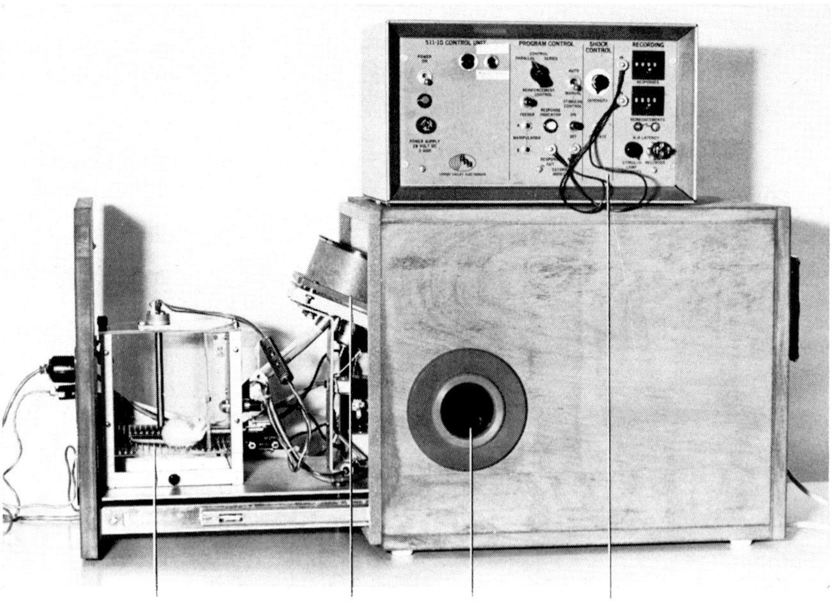

Abb. 16a: *Skinner-Anlage zur Untersuchung operanter Konditionierungen von weißen Mäusen.*

Die Vorgänge können automatisch über eine Programmier- und Registrieranlage gesteuert bzw. kontrolliert werden. Als positive Verstärker einer jeweiligen Aktion dienen u. a. Futter, Trinkflüssigkeiten oder auch Dunkel-Hell-Differenzen (Myers u. Miller 1954). Für die Verwendung eines Strafreizes ist eine Elektroschockanlage vorgesehen. Ein Vorteil dieser Methode liegt zweifellos in der durch die Automatik gewährleisteten objektiven Kontrolle von Stabdrücken, Hebeldrücken und Futterangebot. Andererseits kann eine Objektivierbarkeit des Verhaltens durch Beobachtung auch erhöht werden. Allein die direkte Beobachtung des Versuchstieres ermöglicht eine Unterscheidung zwischen zufälligem und gezieltem Hebeldrücken in der Lernphase. Auch definiert die Registrierung des automatisch angebotenen Futters nach Hebeldrückungen nicht zugleich den Zeitpunkt, zu dem das Futter von dem Versuchstier gefressen wird. Eine detaillierte Verhaltensanalyse wird nur durch seitlich angebrachte Einsichtfenster in der für das Tier optisch und akustisch isolierten Box möglich.

Die Methode der *Diskriminationsversuche mit Farben und Mustern* ist für die Ermittlung von Lernverläufen herangezogen worden. Es handelt sich hierbei um die Auswahl einer Farbe oder eines Musters aus einem mehrfachen Farb- oder Musterangebot. Nach richtiger Wahl erfolgt in der Regel eine Belohnung durch Futter. Die

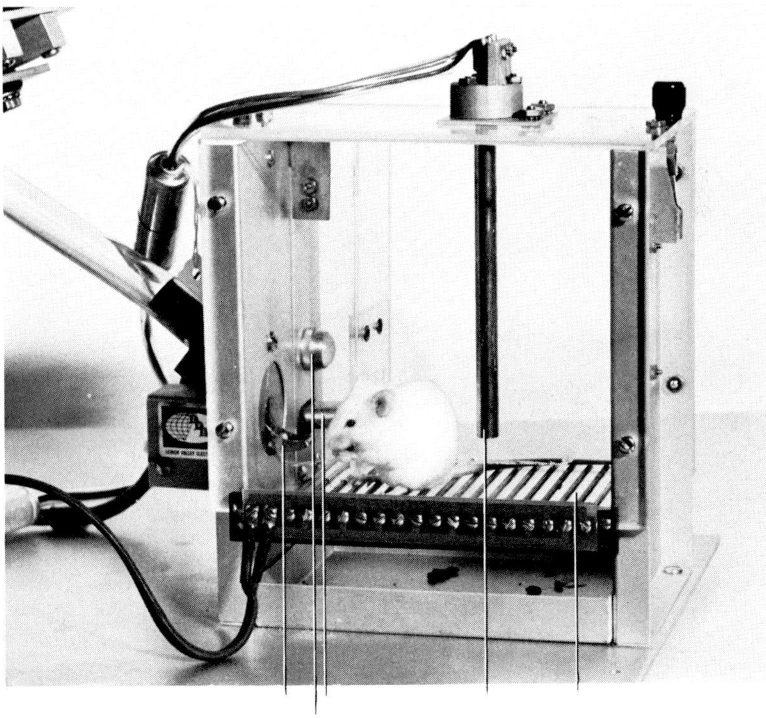

Abb. 16b: *Skinner-Box.*

Verhaltensform, mit deren Hilfe die Durchführung der Zeichenwahl erfolgt, kann im einfachsten Fall eine entsprechend orientierte Lokomotionsweise wie Schwimmen, Laufen oder Springen beinhalten. In diesem Zusammenhang müssen artspezifische Lerndispositionen berücksichtigt werden. Z. B. ist für Ratten das Unterscheidenlernen von Dressurmerkmalen schwierig, wenn sie durch eine Versuchsanlage laufen sollen. Ihre Leistungen erweisen sich als sehr viel besser bei der Verwendung von Sprunganlagen (Lashley 1929). Eine zusätzliche Differenzierung des Verhaltensmusters wird dann erforderlich, wenn die Belohnung das Öffnen einer Tür bzw. einer Klappe voraussetzt (Abb. 17).

Diskriminationsverhalten setzen ebenfalls Konditionierungen in *Labyrinthversuchen* voraus (Abb. 18). Im einfachsten Fall arbeitet man mit T- oder Y-Labyrinthen. Dabei handelt es sich um das Erlernen der richtigen Entscheidung an Orten

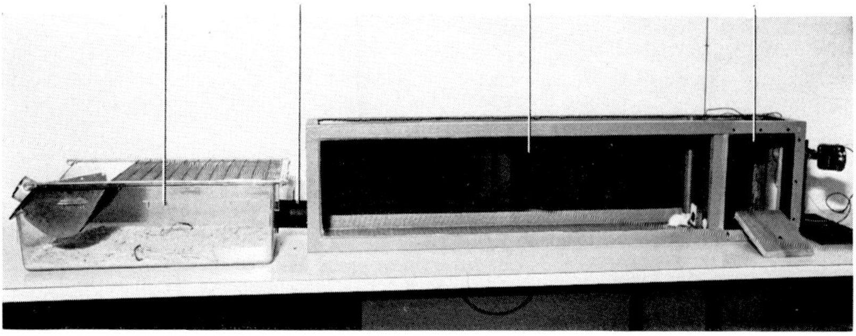

Abb. 17a: *Anlage für Musterwahlversuche an weißen Mäusen.* Das Versuchstier drückt gegen die mit einem schwarzen Kreis (negatives Muster) gekennzeichnete Klappe.

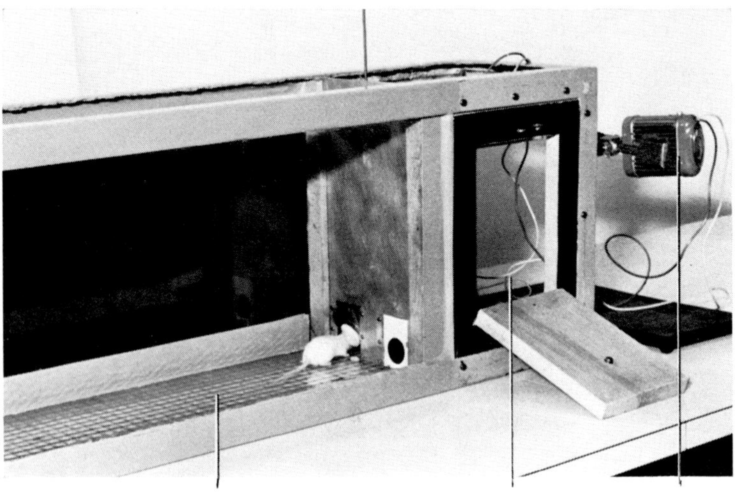

Abb. 17b: *Ausschnitt der Anlage.* Das Versuchstier öffnet die mit einem weißen Kreis (positives Muster) gekennzeichnete Klappe.

der Gabelung, die zu einer Futterbelohnung führt. Der Lauf nach einer Fehlentscheidung am Gabelungspunkt wird nicht belohnt oder gar bestraft. Diese einfache Links- bzw. Rechts-Dressur, die an einem Entscheidungspunkt eine richtig orientierte Einstellung für den weiteren Lauf voraussetzt, ist bereits mit niedrig entwikkelten Tieren wie Platt- und Ringelwürmern durchführbar. Höhere Anforderungen stellen Labyrinthe, die mehrfache Entscheidungen hintereinander erforderlich machen. Ihre Konstruktion kann zwei- oder dreidimensionale Systeme beinhalten. Ein Nachteil aller Labyrinthversuche besteht darin, daß das Versuchstier nach jedem einzelnen Lauf in die Ausgangsposition zurückgebracht werden muß.

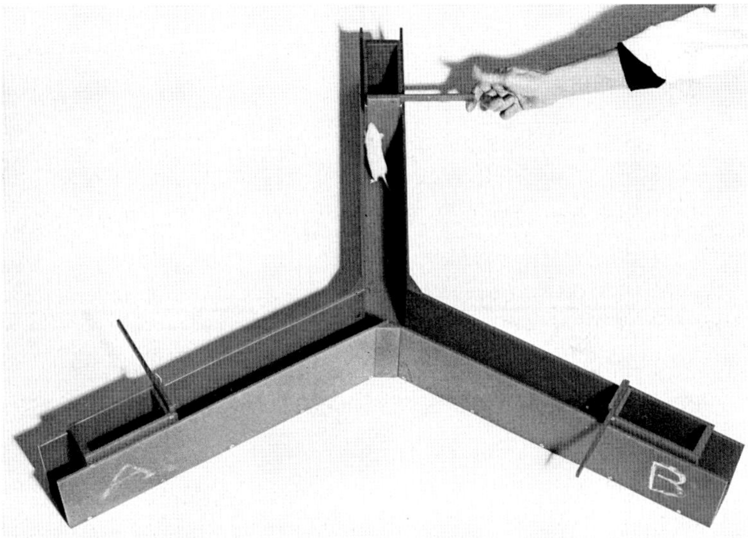

Abb. 18: *Y-Labyrinth.* Nach richtigem Lauf der weißen Maus wird ein Schieber-Verschluß geöffnet; dahinter erfolgt die Futterbelohnung.

a) Funktionsmodelle: Operante Konditionierung ohne und mit primärem sensorischen Input und Übung

Ein Versuch, das Grundprinzip einer Vielzahl operanter Konditionierungsexperimente im Rahmen unterschiedlicher methodischer Bedingungen zu differenzieren, führt zu *3 Funktionsmodellen* (Buchholtz 1971):

1. Operante Konditionierung *ohne* primären sensorischen Input über Exterozeptoren.
2. Operante Konditionierung *mit* primärem sensorischen Input über Exterozeptoren.
3. Übung.

Die Ursache der Aktion ist im 1. Fall insofern endogen bedingt, als das Niveau einer spezifischen Handlungsbereitschaft diese veranlaßt (Abb. 15 u. 19). Dabei muß man voraussetzen, daß die Höhe der Handlungsbereitschaft wiederum durch eine Vielzahl endogener und exogener Faktoren bestimmt wird (S. 7). Das Ingangsetzen eines solchen Lernmechanismus erfordert dementsprechend eine hohe Handlungsbereitschaft. Das Einsetzen der Aktion bedarf keiner zusätzlichen exogenen Stimuli, um den erforderlichen Schwellenwert zu erreichen. Das heißt, daß die sichtbar werdende Aktion im Sinne eines Appetenzverhaltens zu interpretieren ist (engere Auffassung des Begriffes von Roeder 1968). Wir sagen, der Vorgang erfolgt «spontan». Der weitere Ablauf des allein durch die Handlungsbereitschaft verursachten Verhaltens ist durch orientierte Einstellbewegungen in bezug auf die Umweltkonstellation gekennzeichnet. Das anschließende orientierte Bewegungsmuster setzt dann einen sensorischen Input (sekundärer sensorischer Input) voraus, wenn zuvor räumliche Beziehungen noch nicht gelernt worden sind (Reaktionsorientierung nach Jander 1970). Hat andererseits eine Informationsspeicherung hinsichtlich der räumlichen Anordnung von Reizen bereits stattgefunden, wird auch eine Aktionsorientierung möglich, die dann allein endogen, also nicht durch spezifische Afferenzen verursacht wird.

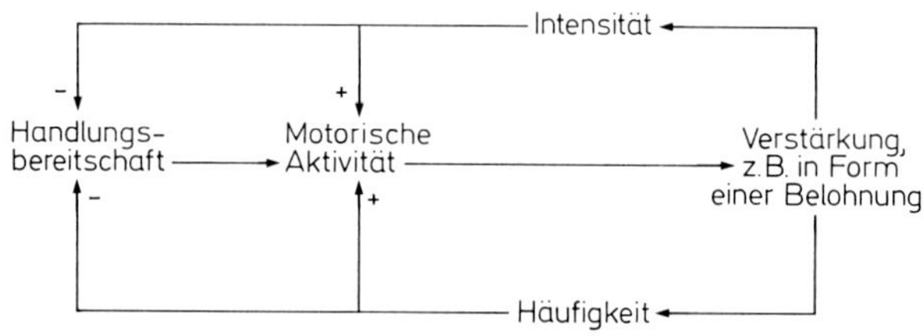

Abb. 19: *Schema für eine operante Konditionierung ohne primären sensorischen Input über Exterozeptoren.* + = fördernder Einfluß. – = hemmender Einfluß. Der gekennzeichnete fördernde Einfluß erstreckt sich auf eine Lernserie und auf die gesamte Lernphase, der hemmende nur auf eine Lernserie.

Dieses zunächst theoretisch gekennzeichnete Modell entspricht folgender Situation. Eine in eine Skinner-Box gesetzte hungrige Maus geht spontan auf Nahrungssuche. Es erfolgt eine Inspektion des Lernkäfigs. Im Rahmen des Appetenzverhaltens stößt das Tier auf den beweglichen Hebel und drückt diesen. Das Drücken des Hebels entspricht der im Lernversuch geforderten spezifischen motorischen Aktivität. Beim weiteren Erkunden der Box findet die Maus danach in einem Behälter eine Futterkugel. Das Futter beinhaltet die der Handlungsbereitschaft adäquate Reizsituation. Nach mehrfacher Wiederholung der Folge Hebeldrücken–Futterbelohnung wird die spezifische motorische Aktivität eine Verstärkung erfahren. Dabei kann oder wird das Appetenzverhalten in dem bereits bekannten Merkmalssystem rasch in eine gezielte orientierte Einstellung wechseln. D. h., die Maus läuft, wenn sie Hunger hat, gezielt zum Hebel, um ihn hinunterzudrücken. Das Eintreten einer gezielten Aktivität während der Lernphase muß allerdings nicht als Reaktionsorientierung, sondern kann auch weiterhin als Aktionsorientierung auftreten. Unabhängig davon beinhaltet die Futterbelohnung eine Verstärkerwirkung, die zu einer Veränderung des Verhaltens führt. Gleichzeitig wird die Konsequenz der Aktion eine Verringerung der Handlungsbereitschaft bewirken. Allerdings müssen kurzfristige Lernphasenschübe nicht gleich in ihrem ersten Abschnitt mit einer Senkung der Handlungsbereitschaft beginnen. Wenn der Aufenthalt einer Maus in der Box z. B. täglich 30 Minuten dauert, kann zu Beginn des Lernphasenschubs zunächst auch eine Steigerung der Handlungsbereitschaft im Sinne einer zentralnervösen Umstimmung sichtbar werden (v. Holst u. v. St. Paul 1960).

Während bei der operanten Konditionierung *ohne* primären sensorischen Input die Entladungsschwelle allein endogen erreicht wird, setzt der 2. Typ einen sensorischen Input hierfür voraus (S. 38, Abb. 15). Der Handlungsbereitschaftswert ist geringer und veranlaßt allein nicht den Beginn der Aktion. Erst im Moment des Auftretens eines spezifischen sensorischen Inputs tritt das motorische Phänomen in Erscheinung. Der notwendige Reiz bzw. die notwendige Reizkonstellation wird bei einem unerfahrenen Tier bestimmten Signalreizen der Nahrung entsprechen. Im Verlauf des Lernens jedoch werden in zunehmendem Maße solche Parameter wirksam werden, die in räumlicher oder zeitlicher Kombination mit Merkmalen der Nahrung auftreten. Die Lernphase ist in diesem 2. Funktionsmodell ebenfalls durch eine die Intensität und Häufigkeit der Handlung bedingende Verstärkerwirkung gekennzeichnet. Obgleich also primär eine Informationsaufnahme erfolgt, die die motorische Aktivität aufgrund einer relativ hohen Handlungsbereitschaft veranlaßt, muß ein solcher Lernvorgang der operanten Konditionierung zugeordnet werden. Die Unterscheidung allerdings der operanten Konditionierung *ohne* von derjenigen *mit* primärem sensorischen Input bereitet im Lernexperiment Schwierigkeiten. Verhaltensanalysen bei Mäusen im Skinner-Versuch führten zu der Vorstellung, daß im Lernverlauf eines Individuums beide Möglichkeiten Verwendung finden. Das Gelingen der Zuordnung hängt von der jeweiligen Richtung des Tieres in der Ruhestellung gegenüber den zu betätigenden Elementen der Box ab. Wertet man andererseits bei Musterwahl-, Farbwahl- und Labyrinthversuchen das Einsetzen des Tieres in die jeweilige Versuchsanlage zur Durchführung eines Lernschubs als gleichzeitigen exogenen Informationsfluß, wird eine Differenzierung der beiden dargestellten operanten Konditionierungsmodelle gänzlich ausgeschlossen. Da jedoch in neuerer Zeit die Rolle der Handlungsbereitschaft für die Informationsaufnahme und -speicherung aufgrund von Untersuchungen in zunehmendem Maße erkannt wird, sollte der erörterte Aspekt nicht vernachlässigt werden. Außerdem muß auf die grundsätzliche Bedeutung zahlreicher sekundärer Verstärker hingewiesen werden, die bei allen Versuchsanordnungen kritischer Berücksichtigung bedürfen. Das gilt ganz besonders für vergleichende Betrachtungen operanter Konditionierungsergebnisse in unterschiedlichen bzw. ähnlichen, jedoch nicht übereinstimmenden Apparaturen. Neben der vom Versuchsleiter gewählten Art der Verstärkung in Form von Futter oder Trinkflüssigkeit, die man als *primäre Verstärker* bezeichnet, gibt es weitere das Verhalten beeinflussende Umweltmerkmale. Dieser zusätzliche sensorische Input wird als *sekundäre Verstärkung* verstanden. Er wird sich auf solche Merkmale beziehen, die räumlich oder zeitlich der primären Verstärkung benachbart sind. Vor der Konditionierung werden sie vom Organismus als neutral bewertet, gewinnen aber danach während des Lernprozesses eine zunehmende Bedeutung. So werden akustische Zeichen, wie das mit der Futtergabe verbundene Klickgeräusch in einer Skinner-Box oder dasjenige, welches bei einem Musterwahlversuch durch das Zufallen einer Klappe verursacht wird, während des Lernens zunehmend die Funktion des primären Verstärkers unterstützen. Entsprechendes gilt für optische Kennzeichen.

Schließlich gibt es eine besondere Form bedingter Aktionen, die allgemein als Lernform der *Übung* bezeichnet wird. Diese Variante entspricht grundsätzlich dem Mechanismus operanter Konditionierungen, obgleich sie von den meisten Autoren als eigene Lernform verstanden wird. Versucht man eine Definition der Übung, unter Berücksichtigung unterschiedlicher Klassifizierungsvorschläge, handelt es sich um eine Umstrukturierung von Koordinationsmustern während der Lernphase. Die zunehmende Veränderung muß im Sinne einer erhöhten Effektivität interpretiert werden. Ergebnisse von Verhaltensanalysen bei Mäusen schließen ein Energiesparsamkeitsprinzip aus. Neben den durch die Verstärkerwirkung verursachten Häufigkeits- und Intensitätsänderungen gibt es dementsprechend die Möglichkeit, Verhaltensmuster in der Lernphase gesetzmäßig zu wechseln. Die durch die spezifische Aktion über Propriozeptoren entwickelte afferente Erregung wird offenbar als Information verwertet. Im Rahmen des gesamten, für das Lernen verantwortlichen Kommunikationsmechanismus sind propriozeptive Einflüsse in untergeordnete zyklische Systeme einzubeziehen (Abb. 20). Andererseits ist ein unterstützender Anteil des Inputs über Mechanorezeptoren nicht auszuschließen. Inwieweit ferner eine Neukonstitution von Bewegungsmustern allein auch im Rahmen zentralnervöser Instanzen möglich ist, bleibt ebenfalls fraglich. Taub, Ellmann und Bermann (1965) berichteten von Koordinationsveränderungen bei Affen nach partieller Desafferentierung. Allein eine Beziehung zwischen spezifischen Afferenzen und der Konsequenz der Koordination macht einen rückwirkenden Einfluß auf die Effektivität der Bewegung verständlich.

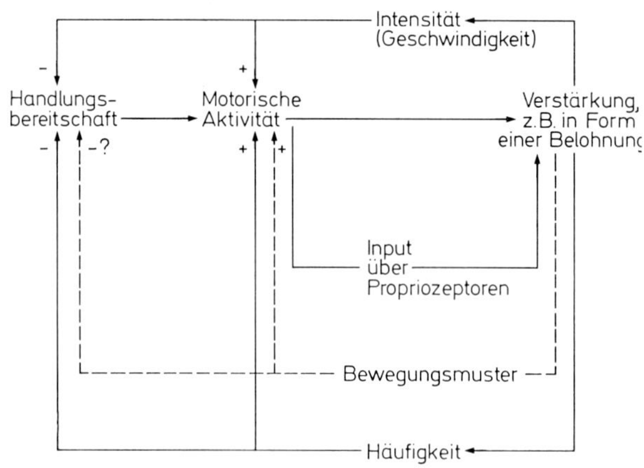

Abb. 20: *Schema für eine operante Konditionierung, die einen Übungsprozeß einschließt;* Aufteilung verstärkter Verhaltenskomponenten. + und – entsprechen Abb. 19.

Die Fähigkeit, sich den Gegebenheiten der Umwelt durch motorische Musterwechsel anzupassen, gilt jedenfalls für alle höher entwickelten Tiere. Jede durch eine Verstärkerwirkung beeinflußte motorische Aktivität wird nach genauer Analyse Übungsphänomene erkennen lassen (S. 57). Hierzu gehören Koordinationen der Lokomotion als auch solche, die wie der Beutefang allein spezifischen Funktionskreisen zugeordnet sind und im Anschluß an ontogenetische Reifungsprozesse eine zusätzliche Vervollkommnung erfahren. Derartige Transformationen verhalten sich vermutlich in ihrer räumlichen und zeitlichen Anordnung ähnlich stabil wie Erbkoordinationen.

Die bisher erörterten Prinzipien operanter Konditionierungsmechanismen bezogen sich auf alle diejenigen Prozesse, welche positive Verstärker in Form einer Belohnung einschließen. Weitaus komplexer erscheinen jene Zusammenhänge, die sich bei *Bestrafungsexperimenten* abzeichnen. Bereits Thorndike (1932, zit. n. Hilgard u. Bower 1967) erkannte, daß Bestrafung nur eine geringe oder gar keine Abschwächung eines Verhaltens zur Folge hat. Aversive Reize, die als negative Verstärker den positiven gegenübergestellt werden, erreichen im Anschluß an ein bestimmtes Verhalten keine Auslöschung desselben. Sie führen lediglich zu einem Vermeidungsverhalten, welches einer ganz bestimmten Umweltsituation zugeordnet ist. Andererseits können negative Verstärker ein Verhalten förderlich beeinflussen, wenn sie als Folge des Verhaltens ausbleiben oder reduziert werden. Eine ausführliche Zusammenstellung der vor allem von Skinner und seinen Mitarbeitern durchgeführten Experimente findet sich bei Blöschl (1969).

b) Methoden der positiven Verstärkung und der Häufigkeitswechsel des Verhaltens

Es wurde auf die grundsätzliche Bedeutung positiver Verstärker bei operanten Konditionierungen hingewiesen. Im Anschluß daran stellt sich die Frage nach dem Einfluß unterschiedlicher Methoden der Verstärkung, die sowohl für den Lernverlauf als auch für die Dauer der Informationsspeicherung und ihrer Verwertung bedeutungsvoll sind. Einschlägige Untersuchungen zu diesem Thema stammen von Ferster und Skinner (1957), die hierfür die automatisierte Boxapparatur verwandten. Hinsichtlich der Veränderlichkeit des Verhaltens in Abhängigkeit von der Art des Verstärkungsschemas steht bei ihnen und zahlreichen anderen Autoren der Häufigkeitswechsel der Aktion im Vordergrund des Interesses. Bei dem Parameter der Häufigkeit handelt es sich, gegenüber denjenigen der Intensität und des Musterwechsels, um die im Zusammenhang mit unterschiedlichen Verstärkungsbedingungen bisher ausführlichste untersuchte Variable. Prinzipiell stehen kontinuierlichen Verstärkungsschemata diskontinuierliche gegenüber (Abb. 21).

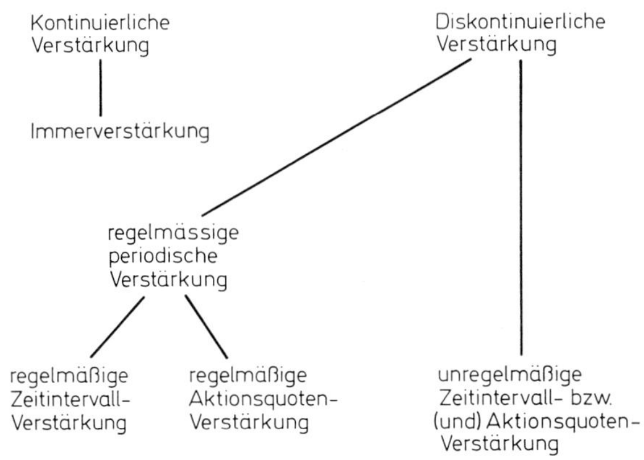

Abb. 21: *Grundformen der Verstärkung bei operanten Konditionierungen.*

Eine *kontinuierliche Verstärkung* ist die *Immerverstärkung*. Dabei wird ein Versuchstier mit Beginn der Lernphase nach jeder einzelnen geforderten spezifischen motorischen Aktivität, z. B. nach jedem Hebeldrücken, jeweils mit einer bestimmten gleichen Futtermenge belohnt. Ein solcher Vorgang entspricht einem Verstärkungsschema 1 : 1.

Diskontinuierliche Schemata beinhalten *Aktionsquoten- und Zeitintervallverstärkungen.* In beiden Fällen kann die motorische Aktivität sowohl regelmäßig periodisch oder aber unregelmäßig bzw. variierend belohnt werden.

Um diskontinuierliche Schemata erfolgreich zu verwenden, verfährt man im Einzelfall in Form einer schrittweisen Näherung an die angestrebte gelegentliche Verstärkung. So kann man bei einer Konditionierung «Hebeldrücken–Futterbelohnung» in der Weise manipulieren, daß man zunächst eine 50malige Immerverstärkung (1 : 1) vornimmt. Daraufhin führt man die kontinuierliche Verstärkung z. B. in eine Aktionsquotenverstärkung über, indem lediglich jeder dritte Hebeldruck mit Futter belohnt wird. Hat sich das Versuchstier hierauf nach etwa 50 Verstärkungen, die also 150 Hebeldrückungen entsprechen (3 : 1), umgestellt, kann man den nächsten Schritt vornehmen. Zweckmäßig wäre danach ein Verhältnis zwischen Aktion und Futterbelohnung von 5 : 1. Die Umstellung des Versuchstieres vollzieht sich jetzt und bei den darauf folgenden weiteren Schritten schneller als im ersten Fall. Die Festsetzung der Aktionsquoten könnte im weiteren Verlauf 10, 20, 30, 40, 50 usw. betragen. Inwieweit bei einer derartigen Abfolge das Versuchstier allerdings in der Lernphase bleibt, ohne eine Abschwächung aufzuzeigen, ist artabhängig. Bei Ratten erfolgt eine Abschwächung bereits nach einem Verstärkungsschema 20 : 1, bei Tauben erst nach einem solchen von 900 : 1 (Skinner 1957).

Grundsätzlich ähnlich wie bei der Aktionsquotenverstärkung sehen Experimentierreihen aus, in denen nicht eine jeweils bestimmte Aktionszahl, sondern in denen die Verstärkung nach schrittweise geplanten Zeitintervallen vorgenommen wird. Nach einer Immerverstärkung wählt man bei diesem Programm zunächst sehr kurze Zeitabstände von wenigen Sekunden. Um Abschwächungsprozesse beim weiteren Verlauf zu verhindern, muß die jeweilige Aktionsanzahl pro Zeiteinheit groß genug sein.

Der Verlauf der Häufigkeitsfunktion im Rahmen der Lerneffektivität ist bei der regelmäßigen Aktionsquotenverstärkung und auch bei der regelmäßigen Zeitintervallverstärkung derjenigen der kontinuierlichen Verstärkung in der Regel überlegen. Die höchsten Aktionsziffern erreichen allerdings unregelmäßige Aktionsquoten- und Zeitintervallverstärkungen. Offenbar wird gerade bei dieser variierenden Verfahrensweise eine starke Erhöhung der Handlungsbereitschaft erreicht. Kennzeichnend hierfür ist der über eine gewisse Zeit anhaltende Häufigkeitsanstieg nach Ausbleiben der Verstärkung.

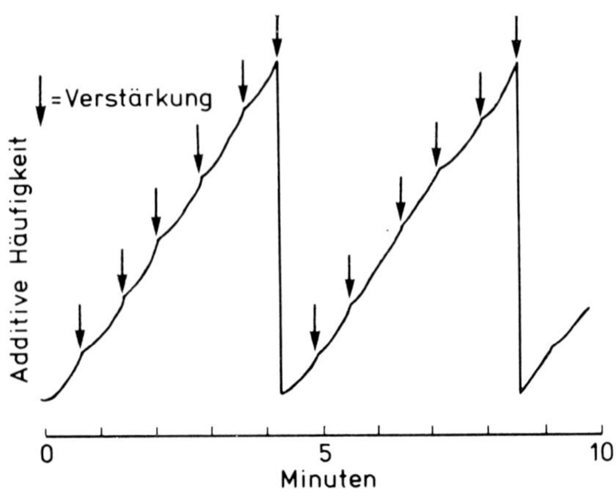

Abb. 22: *Operantes Verhalten einer Taube* (schematisch). Regelmäßige Aktionsquotenverstärkung 30:1 (aus Angermeier 1972).

Im Zusammenhang der Gegenüberstellung unterschiedlicher Verstärkungsmethoden stellt sich außerdem die Frage nach dem *speziellen Verlauf* der aufgrund der Häufigkeit definierten Lernphase. Das kontinuierliche Verstärkungsschema führt, jedenfalls im Hauptteil der Lernphase, zu einer linearen Häufigkeitsfunktion. Demgegenüber bildet der Lernverlauf bei regelmäßiger Aktionsquoten- oder Zeitintervallverstärkung rhythmisch wiederkehrende Plateaus aus (Abb. 22 u. 23). Dieser stufenförmige Prozeß ist recht unterschiedlich interpretiert worden. Manche Autoren bezeichnen die im Kurvenverlauf abgebildeten Aktionspausen in anthropomorpher Weise als «Lorbeer-Effekt»; d. h., der Organismus «ruht» sich unmittelbar nach erhaltener Belohnung «auf seinen Lorbeeren aus». Hingegen geht der jeweiligen Verstärkung eine hohe Aktivitätshäufigkeit voraus. Angermaier (1972) vermutet als Grundlage des Ruheeffekts eine angesammelte Inhibition, die durch die zuvor in Erscheinung tretende Anstrengung verursacht wird.

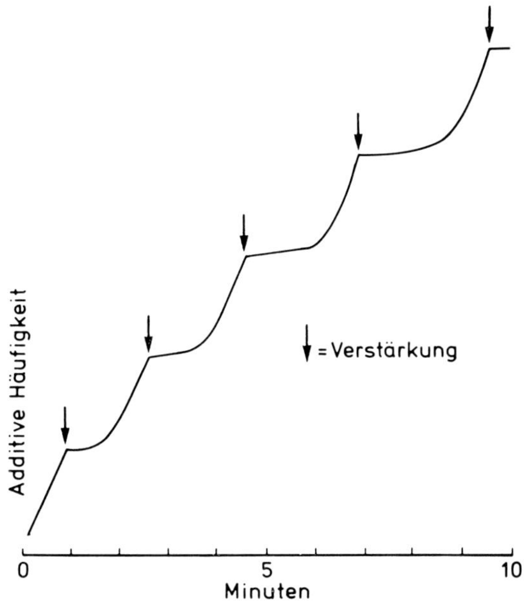

Abb. 23: *Operantes Verhalten einer Taube* (schematisch). Regelmäßige Aktionsquotenverstärkung 100:1 (aus Angermeier 1972).

Das Ausmaß der stufenförmigen Ausprägung der Häufigkeitsfunktion hängt von der Höhe der Aktionsquote bzw. von der Länge des Zeitintervalls ab, die bei den Verfahrensweisen jeweils eine Verstärkung erfahren. So bildet sich z. B. bei der Belohnung geringer Aktionsanzahlen eine fast lineare Funktion aus (Abb. 22). Je höher die Anzahl der jeweils verstärkten motorischen Aktivität ist, um so länger werden die dazwischen liegenden Ruhepausen (Abb. 23). Sie erfahren dann eine Abschwächung, wenn unregelmäßige Verstärkungsschemen verwandt werden (Abb. 24).

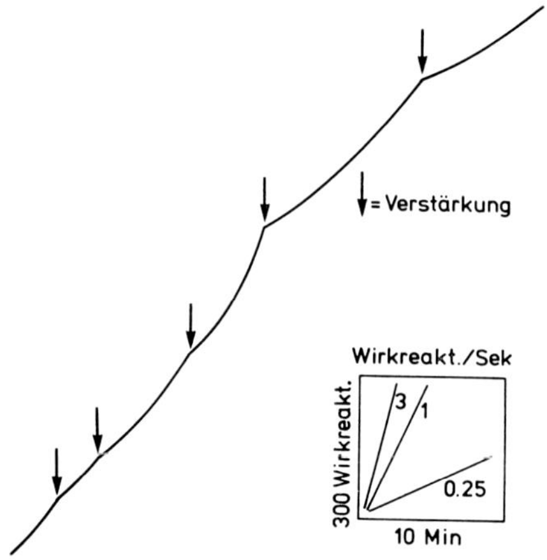

Abb. 24: *Häufigkeitsfunktion bei variabler Zeitintervallverstärkung* (schematisch, aus Angermeier 1972).

Verständlicherweise lassen sich die hier aufgezeigten Grundformen der Verstärkung modifizieren. Zur Übersicht durchgeführter weiterer Methoden sei auf die zusammenfassende Darstellung von Angermeier (1972) verwiesen (Tab. 4).

Neben der Bedeutung dieser erörterten Verstärkungsmethoden muß außerdem auf den *Einfluß andersartiger Variabler* hingewiesen werden. Grundsätzlich erhöht sich die Wirkung positiver Verstärker mit der Verkürzung des Zeitintervalls zwischen der spezifischen motorischen Aktivität und der Belohnung. Wird das Zeitintervall zu groß, wird nicht gelernt; eine Zunahme der Häufigkeit des Verhaltens bleibt aus. Manchmal kann eine relativ starke Verzögerung des Verstärkers im Experiment auch neurotische Phänomene verursachen. Außerdem wird die Häufigkeitsfunktion während des Lernverlaufs und der Extinktion von der Quantität und der Qualität des Verstärkers beeinflußt. Hutt (1954) fand eine Erhöhung der Aktionen pro Zeiteinheit bei Steigerung der Verstärkerquantität oder -qualität. Untersuchungen von Guttmann (1953) wiesen auf eine mögliche positive Korrelation zwischen Futterqualität und Extinktionsdauer hin. Schwierig bleibt bisher die Präzisierung der Einflüsse der genannten Belohnungsvariablen auf das Verhalten. Jedenfalls dann, wenn es sich um eine Verstärkung durch Futter handelt. Selbstreizungsexperimente im Rahmen der elektrophysiologischen Methode könnten hier weiterführen. Dabei handelt es sich um eine elektrisch induzierte Verstärkerwirkung in einem entsprechenden Hirnareal bei einer bestimmten Aktion des Versuchstieres.

Die bisher erörterten Befunde, nach unterschiedlichen Verfahrensweisen der Verstärkung, beziehen sich ausschließlich auf Untersuchungen an Wirbeltieren, vor allem an Säugern. Neuere Arbeiten über operante Konditionierungen an Insekten geben uns einen ersten Einblick über die weite Verbreitung besprochener Grundmechanismen. Das deutet auf *prinzipiell gleiche Funktionszusammenhänge im Zentralnervensystem* hin, die offenbar bei niedrig und höher entwickelten Tieren ähnlichen oder gleichen Gesetzmäßigkeiten unterliegen. In diesem Zusammenhang sei auf vergleichende Betrachtungen im Anschluß an Ergebnisse klassischer Konditionierungen hingewiesen (S. 28).

Tab. 4: Verstärkungsformen (nach Angermeier 1972)

Name des Schemas	Verhältnis Wirkreaktion : Verstärkung	Verstärkung erfolgt	Besonderheiten des Schemas
Immerverstärkung	1 : 1	nach jeder Wirkreaktion	Abschwächung nicht reibungslos – emotionelles Verhalten, hohe Verhaltenshäufigkeit
Regelmäßige Häufigkeitsverstärkung	z. B. 5 : 1	nach jeder 5. Wirkreaktion	zeitlich rasche Abschwächung – Stufeneffekt
Variable Häufigkeitsverstärkung	z. B. 5 : 1 durchschn.	im Durchschnitt nach jeder 5. Wirkreaktion	hohe Verhaltenshäufigkeit – kein Stufeneffekt
Regelmäßige Intervallverstärkung	z. B. 3 min : 1	für die erste Wirkreaktion nach 3 MIN	hohe Verhaltenshäufigkeit – Konkaveffekt – Zeitdiskrimination
Variable Intervallverstärkung	z. B. 1 min : 1 durchschn.	im Durchschnitt für die 1. Wirkreaktion nach 1 MIN	kein Konkaveffekt – keine Zeitdiskrimination – hohe Verhaltenshäufigkeit
Verstärkung großer Verhaltenshäufigkeit	z. B. 100/min : 1	für die 100. Wirkreaktion vor Ablauf 1 MIN	hohe Verhaltenshäufigkeit
Verstärkung geringer Verhaltenshäufigkeit	z. B. 1 : 1 nach 2minütig. Inaktivität	für die 1. Wirkreaktion nach 2minütiger Pause	geringe Verhaltenshäufigkeit
Tandem-Verstärkung	z. B. regelm. 30 : 1 + 3 min : 1	für die 1. Wirkreaktion nach Erfüllung der Bedingungen beider Schemata	hohe Verhaltenshäufigkeit
Ketten-Verstärkung	wie Tandem-Verstärkung + S^D (Signalreiz, der die Schemata andeutet)		einzelne Schemata leichter zu erkennen
Gemischte Verstärkung	z. B. regelm. 30 : 1–20 min lang + regelm. 3 min : 1–30 min lang	nach Erfüllung der betr. Bedingungen	hohe Verhaltenshäufigkeit einzelne Schemata leicht zu erkennen
Multiple Verstärkung	wie gemischte Verstärkung + S^D (Signalreiz, der die Schemata andeutet)		
Alternative Verstärkung	z. B. regelm. 30 : 1 – regelm. 1 min : 1	wenn eines der beiden Schemata erfüllt ist	Kontrollierte Verhaltenshäufigkeit
Parallel-Verstärkung	z. B. linker Druckhebel: regelm. 30 : 1, rechter Druckhebel: regelm. 3 min : 1		
Zusammenhängende Verstärkung	z. B. regelm. 30 : 1 – regelm. 1 min : 1	wenn beide Schemata erfüllt sind	kontrollierte mittlere Verhaltenshäufigkeit
Aperiodische Verstärkung	n : 1	sehr selten	sehr beständige Verhaltenshäufigkeit

Honigbienen merken sich die Kennzeichen einer Blüte, wie Form und Farbe, bei der sie ihre Nahrung finden. Durch geschickte experimentelle Bedingungen konnte Großmann (1970, 1071 a, b, c) das Zeitintervall zwischen dem mit der Wahrnehmung einer bestimmten Farbe verbundenen Anflug und der Futteraufnahme variieren. Dabei verglich er die Lernerfolge von Bienen, welche nach dem Anflug bis zur Belohnung gar nicht zu warten brauchten mit solchen, die nach 3,5 oder 8 sec Futter erhielten. Selbst bei einer Verzögerung von 8 sec wurde die Dressurfarbe erlernt. Der Lerntest erfolgte in Zweifarbwahlversuchen, in denen die Wahlhäufigkeit, bezogen auf die Dressurfarbe gegenüber einer anderen Farbe, geprüft wurde. Die Bienen lernten besser, je kürzer die Wartezeit war (Abb. 25).

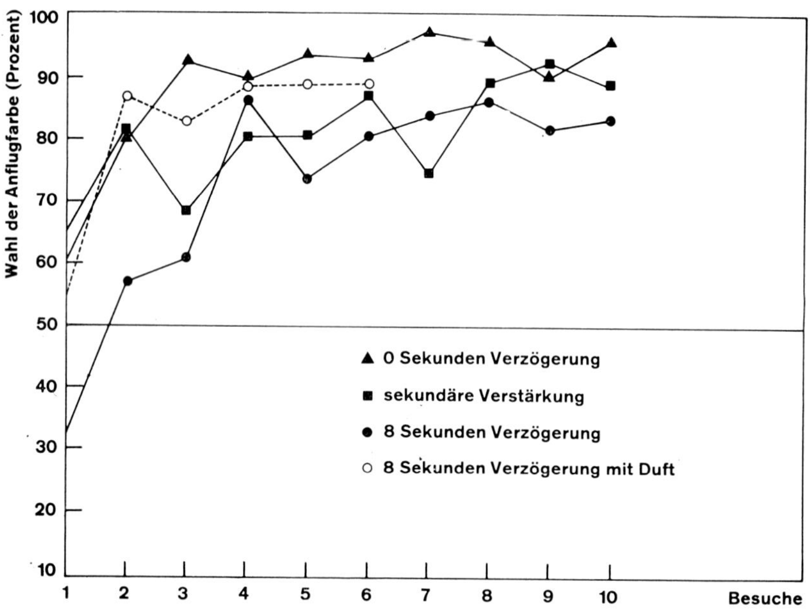

Abb. 25: *Lernkurven von Honigbienen.* Wahlhäufigkeit von Blau gegenüber Orange bei 10 Prüfungsphasen (Besuche). Die Tests erfolgten, nachdem die Versuchstiere auf Blau als Anflugfarbe konditioniert worden waren. Die Futterbelohnung (primäre Verstärkung) wurde sofort (▲) oder 8 sec (●) nach Anflug geboten. Bei zusätzlichem Zitronenduft (sekundäre Verstärkung) im Verzögerungsexperiment verbessert sich die Lernleistung (○). Selbst nur mit Zitronenduft verstärkte Bienen (allerdings nach vorangegangener Ortsdressur) lernen die Farbe (■) sorgar etwas besser, als allein futterbelohnte Tiere, die 8 sec warten mußten (aus Großmann 1971b).

Außerdem stellte Großmann bei seinen Dressurversuchen die Frage nach der Rolle *sekundärer Verstärker.* Wurde bei den bisherigen Untersuchungen die Lernapparatur peinlich sauber gehalten, um Duftspuren auszuschließen, erfolgte jetzt eine spezifische Duftmarkierung. Bienen, die beim Farbenlernen um 8 Sekunden verzögert mit Nahrung belohnt wurden, erhielten während dieses Intervalls und auch im anschließend gebotenen Zuckerwasser Zitronenduft. Die Lernleistung der so behandelten

Tiere war gegenüber denjenigen, die die gleiche Verzögerung ohne Duftangebot erfahren hatten, verbessert. Hiernach kann man den Duft als sekundären Verstärker ansprechen. Nach einer vorangegangenen Assoziation mit Zuckerlösung erfolgte bei einer weiteren Versuchsgruppe die Verstärkung beim Farbenlernen allein mit Duft. Überraschenderweise lernten diese Bienen immer noch besser als jene, die 8 Sekunden lang ohne Duft auf die Belohnung warten mußten. D. h., daß sowohl der Farbe als auch dem Duft eine große Bedeutung für das Wiederfinden einer zunächst unergiebigen Nahrungsquelle zukommt.

Schließlich gelang Großmann der Nachweis, daß Bienen auch solche Farben lernen können, bei denen eine Belohnung nicht zu erwarten ist. In der Deckelmitte eines Kunststoffzylinders konnten die Versuchstiere ihren Kopf in eine runde Öffnung stecken. Beim Hineinführen des Kopfes wurde ein infraroter Lichtstrahl durchbrochen. Dadurch füllte sich ein 8 mm darunter liegender Kelch automatisch mit einer Portion Zuckerlösung. Nach Aufnahme der angebotenen Nahrungsmenge mußte die Lichtschranke für einen Moment ganz freigegeben werden, bevor die Biene nach Einstecken des Kopfes wiederholt etwas Futter erhielt. Etwa 6 cm unter dem Kelch konnte eine Mattscheibe mit verschiedenen Farben angestrahlt werden. Eine Bienengruppe erhielt nur bei Grün Nahrung, hingegen bei Blaugrün nicht. Eine zweite Gruppe wurde ebenfalls bei Grün belohnt, jedoch nicht bei Gelbgrün. Vertreter beider Gruppen lernten schnell das jeweilige Farbenpaar zu unterscheiden. Danach erfolgte ein Test aller Bienen bei Blaugrün und Gelbgrün. Bemerkenswerterweise wählten dabei Tiere der ersten Gruppe Gelbgrün, solche der zweiten Gruppe Blaugrün. Also hatten sich die Bienen auch diejenige Farbe gemerkt, bei der eine Belohnung nicht geboten wurde. Großmann vermutet, daß diese nachgewiesene Fähigkeit der guten Unterscheidung im Grünbereich den Bienen beim Eintragen der Blattlausabscheidungen zugute kommt. Die Abscheidungen befinden sich zu verschiedenen Zeiten auf unterschiedlich gefärbten Blättern. Unergiebige Grüntöne werden vermutlich nach Erfahrung vermieden.

Weiterhin dienten Untersuchungen von Großmann der Prüfung des Einflusses unterschiedlicher Verstärkungsschemata bei der Honigbiene. Dabei war die oben beschriebene Apparatur in der Weise abgeändert, daß in dem Kunststoffdeckel anstelle der Öffnung eine Plastikröhre angebracht war. Beim Hineinstecken des Kopfes in die Plastikröhre kam es zu einer Unterbrechung der Lichtschranke. Das Versuchstier mußte den Kopf in die Röhre tief hineinstecken und wieder ganz herausnehmen, um in dem darunter liegenden Kelch mit einer Portion Zuckerwasser belohnt zu werden. Alle untersuchten Bienen wiederholten den Vorgang in etwa 3 Minuten 30- bis 35mal. Nach einer anfänglichen Immerverstärkung wurde eine Gruppe in eine Aktionsquoten-, eine andere in eine Intervallverstärkung schrittweise überführt. Vertreter der ersten Gruppe erhielten die Zuckerwasserportion nur noch nach jeder 2., 3., 4. und schließlich 5. Aktion. Die Bienen der zweiten Gruppe mußten jeweils 6, 9, 12, 15 und zuletzt 20 Sekunden nach einer Belohnung bis zur nächsten warten. Angehörige der ersten Gruppe verhielten sich in ihrer Häufigkeitsfunktion wie Wirbeltiere in einer Skinner-Box bei Aktionsquotenverstärkung. Es bildete sich eine rasche Folge der Aktionen aus, die belohnt wurde. Nach jeder Verstärkung legten die Bienen eine kleine Pause ein und begannen dann mit der nächsten Folge von Ein- und Austauchbewegungen. Die zeitintervallverstärkten Bienen führten zwischen den Belohnungen Rundflüge durch. Insgesamt liegt die Aktionshäufigkeit von 8 Bienen der ersten Gruppe weitaus höher als bei denjenigen der zweiten Gruppe (Abb. 26). Ein krasser Unterschied in der Verhaltenshäufigkeit kam ebenfalls zum Ausdruck, wenn nach 40 bis 50 Besuchen der Lernanlage 30 Minuten gar keine

Nahrung angeboten wurde. Die Aktionsquotenverstärkten zeigten 10–20 Ein- und Austauchbewegungen in 15–20 Sekunden. Sie erreichten maximale Wiederholungsanzahlen bis zu 200 oder gar 300. Die Zeitintervallverstärkten hingegen wiesen eine sehr viel geringere Aktionshäufigkeit auf und stellten das Eintauchen schon nach 60maligem Ausbleiben der Belohnung ein. Diese Befunde haben erstmals die von Wirbeltieren bekannten Lernphänomene auch für Insekten nachgewiesen. Allerdings liegt ein Unterschied offenbar darin, daß die Honigbiene kleine Zeiteinheiten

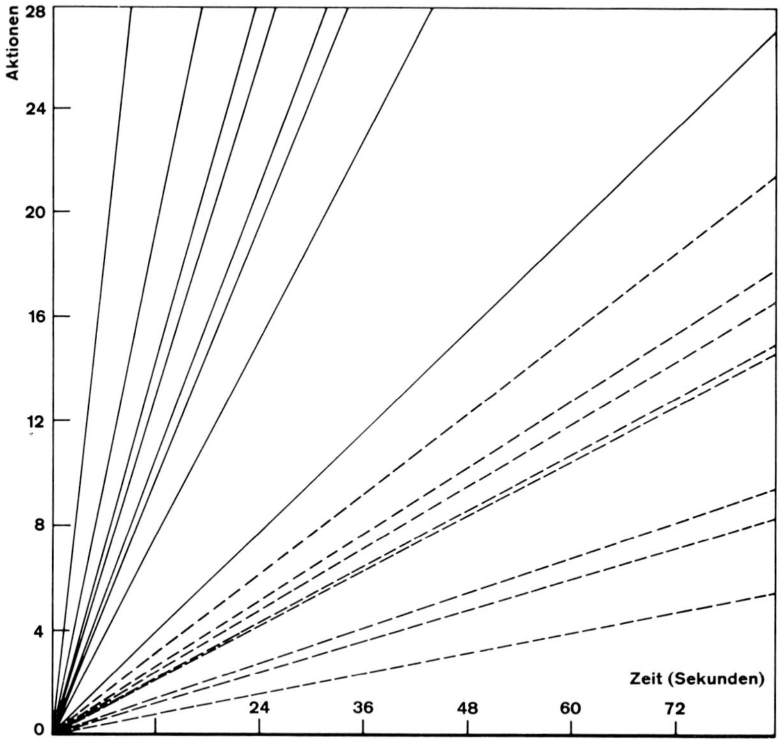

Abb. 26: *Häufigkeit der Eintauchbewegungen* (vgl. Text) *zweier Bienengruppen nach Aktionsquoten- und Zeitintervallverstärkung.* — = 8 Tiere der 1. Gruppe, die nach jeder 2., später nach jeder 5. Aktion Futter erhielten. – – – = 8 Tiere der 2. Gruppe, die anfangs nach 6 sec, später nach 20 sec belohnt wurden. Die 1. Gruppe zeigt eine höhere Verhaltenshäufigkeit (aus Großmann 1971b).

nicht speichern kann. Infolgedessen kommt es bei Intervallverstärkung nicht zu einer für die Wirbeltiere charakteristischen stufenförmigen Ausbildung der Häufigkeitsfunktion.

Im Anschluß an die in diesem Kapitel bisher erörterten Verfahrensweisen operanter Konditionierungen, anhand von Veränderungen der Aktionshäufigkeiten, stellt sich die Frage nach Möglichkeiten der *Extinktion.* Zur Reduktion bzw. zum Auslöschen konditionierten Verhaltens ist eine Vielzahl von Untersuchungen durchgeführt worden. Es wurde bereits an anderer Stelle gesagt, daß aversive Reize hierfür nicht oder fast nicht bedeutungsvoll sind (S. 46). Sie können grundsätzlich nur dann einen abschwächenden Einfluß haben, wenn sich das Versuchstier dem aversiven Stimulus nicht zu entziehen vermag. In diesem Zusammenhang sei auf die Darstellungen von Azrin und Holz (1966) verwiesen, die den Einfluß unterschiedlicher Parameter auf die Wirksamkeit von Bestrafungen erörtern. Da gerade diesem Problemkreis im Rahmen erziehungswissenschaftlicher Gegensätze höchste Bedeutung zukommt, wäre es wünschenswert, neue und besser geeignete Ansätze im Tierexperiment zu finden. Insgesamt müssen bisherige Untersuchungsergebnisse, die bei Tieren vor allem den Funktionskreis des Nahrungserwerbs berücksichtigen, für die Anwendbarkeit auf zwischenmenschliche Beziehungen kritisch betrachtet werden.

Wenden wir uns dem Tierversuch zu, so erscheint das Auslöschen eines spezifischen Verhaltens vor allem dadurch möglich, daß als Folge dieser Aktion keine Verstärkungsreize auftreten. Diese Feststellung, die gerade auch Skinner aufgrund seiner Experimente wiederholt betont hat, basiert auf Befunden, die den Parameter der Verhaltenshäufigkeit berücksichtigen. Inwieweit eine solche Aussage gleichzeitig für andersartige Kennzeichen wie z. B. für die Veränderung von Koordinationsmustern zutrifft, bleibt bisher fraglich (S. 57).

Unregelmäßige Verstärkung beinhaltet eine Teilabschwächung. Infolgedessen ist eine Extinktion gegenüber der Immerverstärkung mit erhöhter Schwierigkeit zu erreichen. Angermeier (1972) vertritt die Auffassung, daß diesem Phänomen eine Adaptation an die Teilabschwächung zugrunde liegt. Hierdurch wird der Totalabschwächung ein erhöhter Widerstand entgegengesetzt.

Ferner ist bei der Extinktion der operanten Konditionierung ein ähnlicher Verlauf wie bei der klassischen zu beobachten; nach bereits erfolgter Totallöschung kann nach einer Ruhepause ein Häufigkeitsrest der Aktion festgestellt werden. Hull (1952) unterscheidet in diesem Zusammenhang die konditionierte von der reaktiven Inhibition. Offenbar liegt bei der Wiederkehr der Aktion nach einem Ruheintervall eine Ähnlichkeit zur Pawlowschen Dishibition vor (S. 22). In diesem Zusammenhang sei auf die von Angermeier (1972) diskutierten Theorien zur Extinktion verwiesen.

Bedeutungsvoll ist die *Differenzierung unterschiedlicher Extinktionsverfahren.* Abschwächungs- und Vergessensprozesse sollten streng voneinander getrennt werden. Prüft man die Informationsspeicherung und -verwertung im Anschluß an die Kannphase ohne Verstärkung, findet man eine relativ rasche Reduktion des Verhaltens. Demgegenüber wird eine langsame Reduktion des Verhaltens dann beobachtet werden, wenn im Anschluß an die Kannphase eine Unterbrechung der wiederholt angebotenen Versuchssituation erfolgt. Das Tier wird nach mehr oder weniger langen Pausen Gedächtnistests unterzogen. Den erstgenannten Prozeß bezeichnet Angermeier als «Abschwächung», den zweiten als «Vergessen».

Schließlich sollte auf die außerordentliche Bedeutung der Motivation im Sinne einer Handlungsbereitschaft (S. 7) aufmerksam gemacht werden. Leider sind unsere Kenntnisse hierzu gering. Erschlossene Gesetzmäßigkeiten beziehen sich bisher auf die Höhe der Handlungsbereitschaft für den Nahrungserwerb im Lernverlauf und der Extinktionsphase. Genaugenommen beinhaltet die Handlungsbereitschaft in durchgeführten Lernexperimenten allerdings allein den Hungerzustand. Wir wissen jedoch, daß nicht nur die hierfür spezifischen Afferenzen das Niveau der Handlungsbereitschaft bedingen. Füttert man eine Hauskatze täglich bis zur vollen Sättigung, so wird sie, wenn sie Gelegenheit dazu hat, dennoch auf Jagd gehen und Beute fangen;

auch wenn sie diese nicht mehr zu fressen vermag. D. h., daß die dem Funktionskreis des Nahrungserwerbs zugeordnete Handlungsbereitschaft nicht allein dem Ausmaß des Hungerzustandes eines Tieres entspricht. Hierauf ausschließlich bezieht sich der Begriff Motivation in der Lernpsychologie (Skinner 1938). Unter Berücksichtigung der Einengung des Begriffes sprechen Lernexperimente für folgende Beziehung: Tiere, die einen Lernprozeß in einem relativ hohen Hungerzustand durchlaufen und bei einem relativ niedrigen abgeschwächt werden, leisten einen größeren Widerstand gegen die Extinktion als solche, bei denen der Hungerzustand in der Lern- und Abschwächungsphase gleich ist. Zukünftige Analysen von Handlungsbereitschaftssystemen im Rahmen von Konditionierungen werden andere Funktionskreise als nur denjenigen des Nahrungserwerbs heranziehen müssen. Das setzt eine sehr gute Kenntnis von Verhaltenssequenzen der Versuchstiere voraus.

Nach unseren bisherigen Erfahrungen müssen alle Erörterungen bedenklich erscheinen, die aufgrund dargestellter Tierbefunde weitreichende Parallelen zu operanten Konditionierungsmechanismen beim Menschen ziehen. Da, wie bereits betont, vorgenommene Verhaltensanalysen lediglich wenige Variable berücksichtigen, sind Verallgemeinerungen kritisch zu betrachten. Das gerade deshalb, weil die außerordentliche Bedeutung von Handlungsbereitschaftssystemen beim Menschen in so vielschichtiger Weise offenbar wird. *Die Gefahr einer überschnellen Verwendung erörterter Befunde, die mit Tieren in einfachsten Bezugssystemen gewonnen wurden, um Fragen der Erziehung und des Lernens beim Menschen zu beantworten, sollte nicht unterschätzt werden.* Bemühungen um programmierte Unterrichtsverfahren zur Steuerung menschlichen Verhaltens müssen zunächst im experimentellen Sinne verstanden werden. Skinner selbst überbewertet in gesellschaftsutopischen Darstellungen die Relevanz bisheriger Erkenntnisse.

Andererseits dürfen bereits mögliche *Konsequenzen für das Arbeitsgebiet der Verhaltenstherapie* nicht übersehen werden. Die von Watson angeregte Verhaltenspsychologie, welche bei Organismen allein den Reiz-Reaktionszusammenhang sah und die Bedeutung endogener Faktoren leugnete, erscheint heute in weitem Maße überwunden. Ob allerdings die Bemühungen des Neo-Behaviorismus um die Berücksichtigung der Spontaneität im Experiment bereits ausreichen, ist fraglich. Immerhin gibt es auf therapeutischer Ebene bereits vielversprechende Ansätze. Durch Konditionierungsprozesse gelingt es hier oftmals schneller, störende Symptome zu beseitigen als es vergleichsweise auf dem Wege klassischer psychotherapeutischer Verfahren (nach Freud, Adler u. Jung) möglich ist.

Walton (1960) berichtet über einen verhaltenstherapeutischen Erfolg bei einer jungen Frau, die unter zwanghaftem Kratzen am Hals litt. Die Neurodermatitis war bereits 2 Jahre lang erfolglos mit Medikamenten behandelt worden. Die Angehörigen der Patientin widmeten dem Kratzen besondere Aufmerksamkeit. Das führte zu einer Verstärkung der Aktion. Nachdem die Familienmitglieder der Frau unterrichtet worden waren und jegliches Interesse an der störenden Erscheinung vermieden, ja im Gegenteil andersartige Verhaltensweisen durch besondere Beachtung verbal verstärkten, trat eine Besserung ein. Nach drei Monaten war die Patientin von ihrem Kratzzwang und, verbunden damit, von der Dermatitis geheilt.

Dieses und andere Beispiele, besonders auch erfolgreiche Besserung bei Katatonen (u.a. Isaacs, Thomas u. Goldiamond, 1960), geben uns Hinweise auf zukünftige mögliche Anwendungsbereiche im Rahmen der symptomatischen Therapie.

Ebenfalls zeichnen sich bei der *Kindererziehung* einzelne experimentell belegte Möglichkeiten ab. Angermeier (1972) berichtet von dem Fall der zwei Jahre alten Mary Lynnette. Hier konnte eine totale Abschwächung eines unerwünschten

Verhaltens durch den völligen Entzug einer Verstärkung erreicht werden. Dabei handelte es sich um ein Kind, das immer weinte, wenn die Eltern es am Abend ins Bett gebracht hatten. Nach mehr oder weniger langer Zeit des Weinens beruhigten es die Eltern. Danach schlief es ein. Das Verhalten der Eltern entspricht einer variablen Intervallverstärkung, die gegenüber einer regelmäßigen Intervallverstärkung einen noch besseren Konditionierungserfolg beinhaltet. Endlich entschlossen sich die Eltern, das weinende Kind nicht mehr zu beruhigen. Die in diesem Fall registrierte Extinktion ergab folgenden Verlauf:

	Dauer des Weinens/min
1. Tag	147
2. Tag	71
3. Tag	20
4. Tag	5
5. Tag	1
6. Tag	leises Weinen
ab 7. Tag	totale Abschwächung

c) Veränderungen der Intensität der Einzelaktion und des orientierten Verhaltensmusters

Bisher wurde allein der Häufigkeitswechsel des Verhaltens als kennzeichnender Parameter operanter Konditionierungen betrachtet. Die Wahrscheinlichkeit des Auftretens einer Aktion ist zweifellos ein Maß für die Intensität motorischer Phänomene. Ihre Berücksichtigung führte zu einer Vielzahl besprochener Gesetzmäßigkeiten. Andere Verhaltensvariable, die Veränderungen der Einzelaktionen während des Lernens beschreiben können, sind z. B. Geschwindigkeit und Latenzzeit oder aber auftretende Koordinationswechsel. Diese registrierbaren Aspekte wurden bisher gegenüber der Häufigkeitsfunktion selten einbezogen. Hinzu kommt bei Diskriminationsverfahren, die vorzugsweise in Labyrinthen oder in Farb- und Musterwahlapparaturen vorgenommen werden, die Bewertung von richtig und falsch orientierten Läufen, Sprüngen usw.

Labyrinthe und Wahlanlagen mit relativ langen Laufstegen eignen sich zur Prüfung des Geschwindigkeitswechsels in der Lernphase. Man stellt die Geschwindigkeit der Lokomotion vom Start bis zum Ziel fest. Bei T-, Y- oder multiplen Labyrinthsystemen befindet sich das Ziel, an dem eine Verstärkung erfolgt, in einem Endarm der Anlage. Die begriffliche Gleichsetzung von Geschwindigkeit und Latenz in betreffenden Untersuchungen erscheint unzweckmäßig. Mit *Latenzzeit* sollte man nicht das Zeitintervall zwischen Start und Erreichen des Zieles bezeichnen, da dieser Begriff in der Physiologie die Zeit zwischen Reiz- und Reaktionsbeginn definiert. Bezogen auf eine Wahlapparatur würde es sich dabei also um das Zeitintervall handeln, welches die Dauer zwischen Einsetzen des Versuchstieres und seinem Start beschreibt.

Crespi (1944) und Zeaman (1949) prüften die Durchgangsgeschwindigkeit von Ratten in einem einfachen linearen Labyrinth, Maher und Wickens (1954) in einem multiplen. Die Autoren kamen übereinstimmend zu dem Schluß, daß die Verstärkung (Futterbelohnung) mit der Geschwindigkeit positiv korreliert ist.

Eine andersartige Verhaltensvariante kann sich in der Veränderung des Koordinationsmusters im Verlauf des Lernprozesses darstellen (S. 46). Bei Untersuchungen von weißen Mäusen in einer Skinner-Box wurde das Verhaltensmuster beim Hebeldrücken mit Hilfe eines geeigneten Einsichtfensters (Abb. 16a) und eines Vielfachschreibers protokolliert (Buchholtz, in Vorbereitung). Um die Konditionierung anfänglich auftretenden Spielverhaltens zu vermeiden, wobei die Tiere sich vor allem von der an dem Box-Deckel hängenden Stange abdominalwärts auf den Hebel fallen ließen, wurde der Hebel in eine Plastikhülle eingefaßt. Die Hülle war dabei so gestaltet, daß der Hebel für die Maus gut zugänglich und gleichzeitig frei beweglich blieb. Jedes Versuchstier befand sich täglich 30 Minuten bei kontinuierlicher Verstärkung in der Lernapparatur. Die Befunde der Bewegungsanalysen weisen deutlich auf die Funktion eines für die Motorik verantwortlichen Informationsspeichers hin (Abb. 27 u. 28).

Das Hinunterdrücken des teilweise abgeschirmten Hebels kann in unterschiedlicher Weise erfolgen. Grundsätzlich sind bei Mäusen 10 Möglichkeiten zu beobachten:

Hinunterdrücken durch

1. die rechte Vorderextremität,
2. die linke Vorderextremität,
3. beide Vorderextremitäten,
4. die Schnauze,
5. die rechte Vorderextremität und Schnauze,
6. die linke Vorderextremität und Schnauze,
7. beide Vorderextremitäten und Schnauze,
8. die rechte Hinterextremität,
9. die linke Hinterextremität und
10. beide Hinterextremitäten.

Eine Versuchsmaus (Abb. 27) drückt bei anschließender Verstärkung (Futterbelohnung) den Hebel am 1. Tag zu 40 % mit der linken Vorderpfote, zu 60 % mit der rechten Vorderpfote (bezogen auf die Gesamtzahl der Aktionen). Am 2. Tag werden für die gleiche Aktion zu 6 % rechte und linke Vorderextremität und zu 68 % die rechte Vorderextremität verwandt. Außerdem benutzt die Maus u. a. die Schnauze, die rechte Hinterpfote und die linke Hinterpfote. Der 3. und 4. Versuchstag zeigt die gleiche Tendenz. Die rechte Vorderpfote ist weitaus dominierend. Am 5. Tag bildet sich ein auffallender Musterwechsel ab. Es erfolgen richtige Hebeldrückungen mit der rechten Vorderpfote zu 8 % und zu 88 % werden rechte und linke Vorderpfote zugleich eingesetzt. Die Verwendung dieses Musters wird mit geringen Schwankungen beibehalten. Der entsprechende Lernkurvenverlauf, gemessen an der Häufigkeitsfunktion des Verhaltens, verläuft zunächst annähernd linear (Lernphase); ab 4. Versuchstag stellt sich ein Plateau von etwa 68 erfolgreichen Hebeldrückungen ein (Kannphase). Dem Übergang von der Lern- in die Kannphase folgt der krasse Wechsel verwendeter Koordinationsmuster. Dieser Zeitpunkt ist durch den Einsatz des individuell effektivsten Bewegungsmusters gekennzeichnet. Nach dem 14. Tag wird der Versuch zunächst unterbrochen. Danach erfolgen Gedächtnisprüfungen an den in der Abb. 27 angegebenen Tagen. Nach einer Pause, am 26. Tag wird das in der Kannphase dominierende Koordinationsmuster «linke und rechte Vorderpfote» bis auf 57 % reduziert und gleichzeitig ist eine Wiederkehr des Musters «rechte Vorderpfote» zu 42 % festzustellen. Nach weiteren relativ kurzfristig aufeinanderfolgenden Tests dominiert erneut die bevorzugte Koordination der Kannphase und die Verwendung der rechten Vorderextremität wird reduziert.

Bei entsprechenden Veränderungen des Bewegungsmusters anderer Versuchstiere kommt die individuelle Spezifität des Wechsels zum Ausdruck. In der Lernphase differieren verwendete Koordinationen sehr. Der ausgeprägte Einsatz eines dominierenden Verhaltens kann auch bereits vor Beginn der Kannphase beobachtet werden (Abb. 28). In solchen Fällen scheint auch während des Extinktionsverlaufs das bevorzugte Muster über eine größere Stabilität zu verfügen.

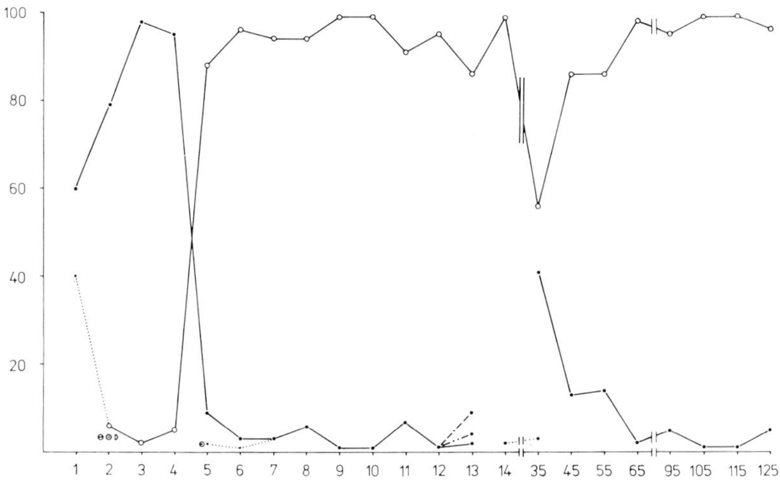

Abb. 27: *Veränderungen des Bewegungsmusters beim Hebeldrücken einer weißen Maus im Skinner-Box-Versuch.* Abszisse: Lernverlauf 1.–14. Tag. Extinktion 35.–125. Tag nach Versuchsbeginn. Tests am 35., 45., 55., 65., 95., 105., 115. und 125. Tag. Ordinate: spezifische Koordinationen in $^0/_0$ der Gesamtaktionen. — = rechte Vorderextremität. ··· = linke Vorderextremität. ○–○ = rechte und linke Vorderextremität. D = Schnauze. –··– und (··) = rechte Hinterextremität. – – · und (·) = linke Hinterextremität. Symbole, die von der Abszisseneinteilung abweichend eingetragen sind, gehören zu der ihnen benachbarten Tagesmarkierung.

Genannte individuelle Varianten werden vorzugsweise durch die Zufälligkeit benutzter Muster am 1. Versuchstag bedingt sein. Hiervon jedoch unabhängig bildet sich bei jeder Versuchsmaus eine Koordination aus, die offenbar eine individuell höchstmögliche Effektivität beinhaltet. In jedem Fall aber wird bei dem dominierenden Kannphasenmuster stets die rechte Vorderextremität benutzt; entweder allein oder in Kombination mit der linken Vorderextremität bzw. der Schnauze. Die spezifische Form dieser Anpassung ist durch die Lage des Futtermagazins gegenüber dem Hebel bedingt. In der zur Diskussion stehenden Apparatur sitzt der Hebel rechts vom Futtermagazin (Abb. 16b). An der bevorzugten Koordination beteiligt sich also immer die dem Futtermagazin abgewandte Vorderextremität. Die Effektivität eines solchen Verhaltens ist plausibel. Zweifellos wäre es wünschenswert, den Konditionierungsverlauf von Bewegungen mit Hilfe von Zeitdehnungsfilmen zu analysieren, um weiterführende Gesetzmäßigkeiten und Korrelationen zu anderen Verhaltensparametern aufzeigen zu können.

In diesem Zusammenhang sollte schließlich auf Labyrinthversuche hingewiesen werden, die besonders hohe Leistungen deutlich machen. Koehler (1952) berichtet über Untersuchungen von Dinger an Hausmäusen. Sehende und blinde Tiere lernten in drei Monaten ein komplexes Hochlabyrinth (20 T-Stellen, 21 Blindgänge, richtiger Weg 402,5 cm, Blindgänge 322,5 cm) fast fehlerfrei zu durchlaufen. Die Versuchsmäuse wurden jeweils orientierungsfrei auf den Startpunkt gesetzt. Das Ziel konnte köderfrei sein, da der Rücktransport nach Erreichen des Zieles zum

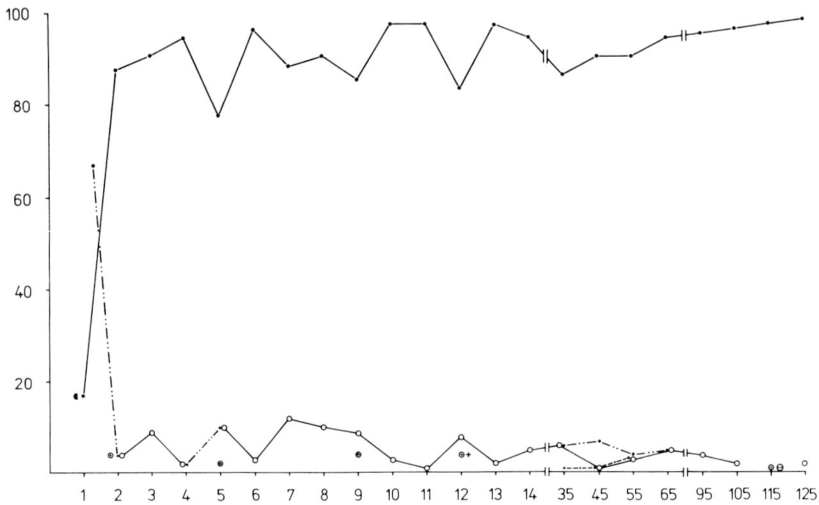

Abb. 28. *Veränderungen des Bewegungsmusters beim Hebeldrücken einer weißen Maus im Skinner-Box-Versuch.* Abszisse: Lernverlauf 1.–14. Tag. Extinktion 35.–125. Tag nach Versuchsbeginn. Tests am 35., 45., 55., 65., 95., 105., 115. und 125. Tag. Ordinate: spezifische Koordinationen in % der Gesamtaktionen. — = rechte Vorderextremität. ○—○ und ○ = rechte und linke Vorderextremität. ◖ = linke Vorderextremität und Schnauze. – ··– und ⊙ = rechte Hinterextremität. ––· und ⊙ = linke Hinterextremität. + = rechte und linke Hinterextremität. Symbole, die von der Abszisseneinteilung abweichend eingetragen sind, gehören zu der ihnen benachbarten Tagesmarkierung.

Futter im Wohnkäfig eine genügende Verstärkung beinhaltete. Selbst nach Umwechseln von Wegeinheiten und nach Drehung des Labyrinths kompensierten die Mäuse auftretende Schwierigkeiten sehr schnell. Völlig überraschten allerdings fehlerfreie Läufe nach Veränderung von Winkeln oder gar nachdem das Labyrinth spiegelbildlich verkehrt worden war. Das setzt nach Koehler eine Fähigkeit zum weitreichenden Transponieren voraus. Verantwortliche Systeme hierfür kennen wir nicht. Eine Beteiligung propriozeptiver Afferenzen, die jene geforderte Transponierbarkeit zulassen, können wir nicht ausschließen.

d) Funktionen der Speicherung

Die bei operanten Konditionierungen registrierten Parameter, welche die auftretenden Verhaltensänderungen beschreiben, führen zur Darstellung von *Lernkurven*. In der Regel ist die Lernphase durch eine mehr oder weniger stetig zunehmende Leistung gekennzeichnet. Das Ende der Lernphase definiert gleichzeitig den Beginn der Kannphase. Zu diesem Zeitpunkt führt der Lernverlauf zur Ausbildung eines Plateaus. Die Höhe des Plateaus bestimmt die jeweilige maximale Möglichkeit einer Informationsaufnahme und ihrer Verwertung. D. h., die sich abzeichnende Kannphase bildet den *Sättigungswert einer Speicherleistung* ab. Handelt es sich z. B. um Diskriminationsversuche, in denen die Anzahl der Richtigwahlen als Parameter des Lernens verwandt wird, liegt der Sättigungswert unter 100 %. Dementsprechend schließt die Kannphase bei Wahlversuchen falsche Entscheidungen ein. Das gilt jedenfalls für die Mehrzahl der Befunde, die an Vertretern unterschiedlicher Tierarten gewonnen worden sind. Der jeweils festgestellte Sättigungswert erweist sich als art- bzw. rassenspezifisch (Abb. 2) und bei höher entwickelten Tieren außerdem als individualspezifisch. Er wird grundsätzlich durch die genetisch programmierte Lerndisposition bedingt (S. 3). Hinzu kommt der Einfluß anderer Variablen im Rahmen der methodischen Bedingungen. Die Handlungsbereitschaft, die Qualität

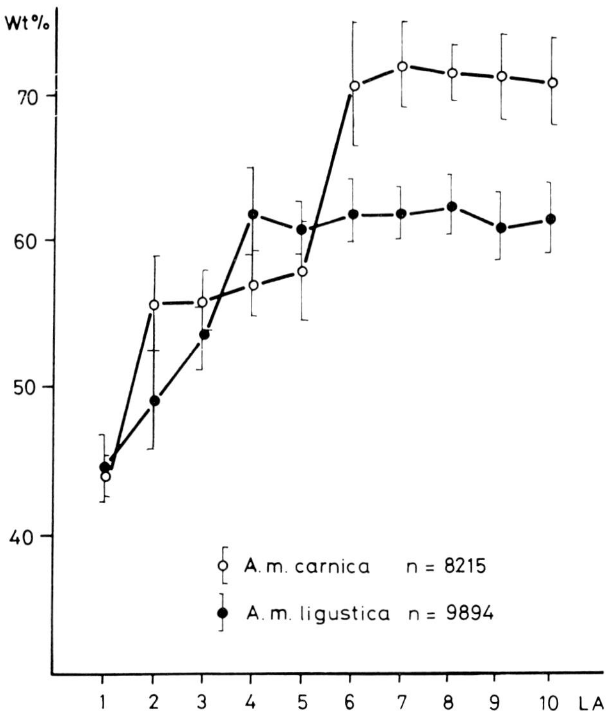

Abb. 29: *Lernkurven zweier Bienenrassen mit einem gegliederten Turm als Orientierungsmarke.* Die beiden Lernkurven unterscheiden sich ab dem 6. Lernakt. Abszisse: Lernakte. Ordinate: positive Wahltendenz in % (aus Lauer u. Lindauer 1971).

und Quantität der Verstärkung und Merkmale der Versuchsumgebung sind für die Höhe des Kannphasenplateaus auch von Bedeutung.

Ein besonders zu beachtender Aspekt tritt dann auf, wenn der Verlauf einer Lernkurve Unstetigkeiten aufweist; und zwar in Form charakteristischer *Zwischenplateaus während der Lernphase.* Das kann besonders deutlich bei Ortsdressuren von Bienen zum Ausdruck kommen, wenn in naher Umgebung des Dressurortes prägnante optische Hilfszeichen vorhanden sind (vgl. S. 10, Lauer u. Lindauer 1971). Wird an dem Dressurort ein gegliederter Turm als Orientierungsmarke geboten, lassen A. m. carnica und A. m. ligustica einen unterschiedlichen Lernverlauf erkennen, der jeweils durch einen spezifischen Sättigungswert in der Kannphase charakterisiert ist (Abb. 2 u. 29). Hinzu kommt ein bei der Carnica-Biene ausgeprägtes Zwischenplateau in der Lernphase (Abb. 29).

Interpretiert man das spezifische Niveau einer Kannphase als Sättigungswert eines Informationsspeichers, stellt sich die Frage, ob ein Zwischenplateau ebenfalls auf einen Grenzwert der Informationsaufnahme eines Speichers zurückzuführen ist. Hierzu sind Befunde und theoretische Überlegungen von Lauer von besonderem Interesse (J. Lauer, persönl. Mitteilung). Bienendressuren führten zu dem Ergebnis, daß die gekennzeichneten Lernphasenunstetigkeiten bei verschiedenen Versuchsserien nicht zu einem definierten Zeitpunkt auftreten. Allerdings liegen sie im Rahmen eines bestimmten Bereiches der prozentualen positiven Wahltendenz; nämlich zwischen 56–60 %. Zwischen 60–70 % ist der Verlauf durch einen Sprung (Differenz 10 statt 4–6) gekennzeichnet. Das gilt jedenfalls für ca. 50 Einzel-Lernkurven von A. m. carnica. Auch erstrecken sich die charakteristischen Zwischenplateaus jeweils über unterschiedlich viele Lernakte.

Setzt man voraus, daß es im Zentralnervensystem erregungsspezifische Einzelspeicher gibt, kann man annehmen, daß die entsprechenden Unstetigkeitswerte im Lernkurvenverlauf auf die Füllung dieser Speicher zurückzuführen sind.

In diesem Zusammenhang sollte zunächst auf die bei Bienen nachgewiesene *rangmäßige Bewertung unterschiedlicher Umweltreize* hingewiesen werden. Bei der Verwendung von Nahrung als primärem Verstärker bot man Bienen am Futterplatz zusätzlich unterschiedliche Merkzeichen, um in anschließenden Wahltests die Lernerfolge miteinander zu vergleichen (S. 10). Die Befunde machen eine rangmäßige Bewertung deutlich (Wehner u. Lindauer 1966, 1969, Wehner 1967, Menzel 1967, 1968, 1969, Koltermann 1969). Bei Verwendung eines Duftstoffes, wie Thymian, beinhaltet die Lernphase einen einzigen Anflug.

In Tests bei Wahlversuchen erreicht das Lernplateau 98 % Richtigwahlen. Farbmerkmale erfordern 3–5 Lernakte und erreichen den gleichen Sättigungswert. Bei Formmerkmalen werden etwa 20 Anflüge an den Futterplatz notwendig und das erzielte Lernplateau liegt bei ca. 85 %. Eine solche hierarchische Wirksamkeit gilt auch im engeren Modalitätsbereich. Kriston (1969) ermittelte, daß «blumige» Duftstoffe schneller und besser gelernt werden als «nichtblumige». Unter Farben ist die reizwirksamste Ultraviolett. Bei Gelb, Blau, Grün ist der Lernerfolg geringer (Daumer 1956, Menzel 1967). Hinzu kommt eine gegenseitige Beeinflussung verschiedener Reizparameter. Lauer und Hoefer (persönl. Mitteilung) konnten feststellen, daß für die Biene die Wertigkeit einer nahen optischen Hilfsmarke durch Reize der weiteren Umgebung bestimmt wird. Ein dem Futterplatz benachbartes optisches Zeichen wird in reizarmer Umgebung höher bewertet als in einer kontrastreichen.

Die spezifische Fähigkeit rangmäßiger Bewertung unterschiedlicher sekundärer Verstärker basiert auf der genetischen Lerndisposition (S. 3). Offenbar sind Handlungsbereitschaftswerte für die Aktivierung bestimmter datenverarbeitender Systeme (AMs) verantwortlich zu machen. Entsprechend unterliegt die Form der Bewertung einem Wechsel, der von der jeweiligen Handlungsbereitschaft abhängig ist. Befinden sich Bienen z. B. auf dem Rückflug zum Stock, beinhaltet eine geschlossene runde, schwarze Form eine positive Wertigkeit; umgekehrt, beim Verlassen des Stockes zur Nahrungssuche hat das gleiche Merkmal eine negative Wertigkeit.

Die Ergebnisse nach Bienendressuren sprechen für eine sukzessive Verarbeitung sekundärer Verstärker, die auf einem spezifischen Bewertungssystem beruht. Beobachtungen an Säugern und beim Menschen führen zu der gleichen Annahme.

Lauer vertritt, aufgrund der an Bienen gewonnenen Befunde, folgendes Funktionsmodell (Abb. 30). Für den sprunghaften Verlauf einer Lernkurve sind Ereignisse auf zentraler Speicherebene verantwortlich zu machen. In einem Grundspeicher werden Informationen über eine grobe Konstellation der Umwelt (über eine sogenannte «Grundsituation») abgelegt. Anschließend treten Detailspeicher in Funktion. Ein Kurvensprung basiert auf einer Erweiterung der Reizperzeption bzw. Erregungsverarbeitung . Nach dem Erreichen eines Grenzwertes in einem Speicher wird ein weiterer funktionstüchtig. Die Modelldarstellung berücksichtigt Reize im Bereich der optischen Modalität. Sie befinden sich in verschiedener Entfernung vom Futterort. Über datenverarbeitende Systeme wird den Speicherinstanzen ein komplexer Input zugeführt. Berechnete Wahltendenzwerte machen eine quantenhafte Einspeicherung wahrscheinlich. Zunächst wird der Grundspeicher gefüllt. Bei zu geringem Reizangebot kann er nur bis zu einem bestimmten Quant angereichert werden. Die Bienenlernkurven haben dann ein Endniveau bei 35, 40, 44 oder 49 %. Wird die Grundsituation vollkommen gelernt, d. h. die Grundspeicherkapazität erschöpft, können weitere Informationen von Detailspeichern in hierarchischer Folge übernommen werden. Eine solche Erweiterung kann in einer Unstetigkeit der Lernkurve ihren Ausdruck finden.

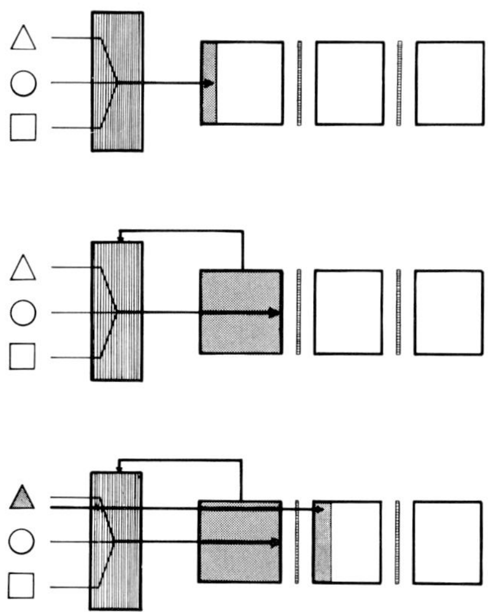

Abb. 30: *Funktionsmodell der Informationsaufnahme und -einspeicherung* (J. Lauer, persönl. Überlassung). 3 Schritte eines Speicherprozesses, Optische Reize: △ = gegliederter Turm, 108 cm hoch, in naher Umgebung des Futterortes. ○ = Tisch mit Vierzackstern in nächster u. □ = Baum- u. Buschwerk in weiterer Umgebung. Hell schraffiert = AM; rechts davon Speichererfolge (vgl. Text).

Zu Beginn eines Lernprozesses sind die in Frage stehenden Speicher noch nicht funktionell miteinander verknüpft. Die Ankoppelung wird durch einen jeweils gefüllten Speicher induziert. Nachdem der Grundspeicher gefüllt ist, erfolgt eine Rückmeldung zum datenverarbeitenden System (AM), wo eine Veränderung der Selektivität und Verrechnung stattfindet. Das Einsetzen der Detailanalyse steht jetzt unter Kontrolle des Speichersystems. Auch kann die Erweiterung des Speichersystems zur gleichen Zeit behindert sein. Die Blockierung eines sich anschließenden Detailspeichers wird nur infolge einer spezifischen Erregung beseitigt. Hohe Beträge führen zu einer Überwindung des Blockes in einem Lernakt (keine Plateauausbildung in der Lernphase). Geringe Beträge erfordern mehrere Lernakte (Plateauausbildung). Infolgedessen können Kurvenunstetigkeiten primär als eine Funktion des Speichergeschehens, sekundär als Ausdruck für die Erweiterung des datenverarbeitenden Systems angesehen werden.

Für dieses von Lauer vertretene Funktionsmodell sprechen ebenfalls Befunde an Säugern (Buchholtz, in Vorbereitung). Zwei-Musterwahlversuche mit weißen Mäusen führten zu einem stufenförmigen Verlauf der Informationsaufnahme und ihrer Verwertung (Abb. 31).

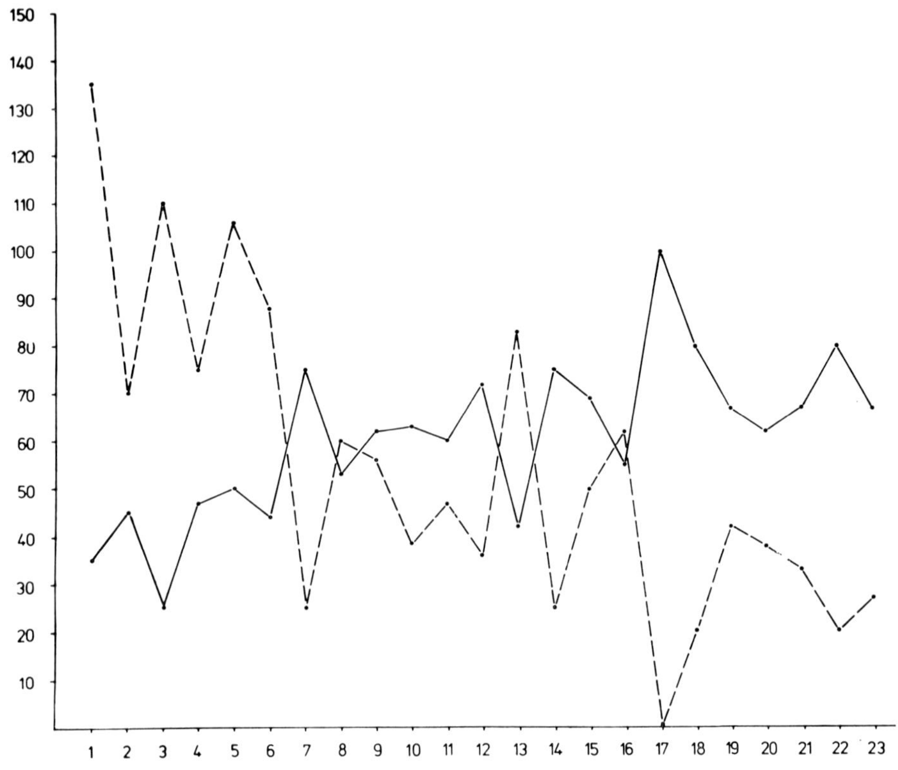

Abb. 31: *Richtig- und Falschwahlen 10 weißer Mäuse im Zwei-Musterwahlversuch.* Abszisse: Lernverlauf 1.–23. Tag (tägl. 4 Einzelversuche). Ordinate: prozentuale Richtigwahlen (—) u. Falschwahlen (– – –) bezogen auf 40 Gesamtläufe pro Tag.

Die Versuchsapparatur und die Mustergegenüberstellung entsprechen der Abb. 17. Die prozentualen Richtigwahlen und Fehler lassen zwei Sprünge, am 7. und 17. Tag, erkennen. Aufgrund der Annahme, daß für die sprunghaften Anstiege auch hierbei spezifische Funktionsmechanismen von Speichern verantwortlich zu machen sind, erfolgte eine Gegenüberstellung verschiedener Lernsituationen:

1. Lernsituation (Standardversuch). Das schwarz-weiße Musterpaar kennzeichnet die zu öffnenden Klappen während des gesamten Lernverlaufs.
2. Lernsituation. Das Musterpaar kennzeichnet die zu öffnenden Klappen ab 8. Tag der Lernphase. Vom 1.–7. Tag sehen die Klappen total weiß aus.

Danach steht in der 1. Lernsituation sofort das gesamte Informationsangebot zur Verfügung. In der 2. Lernsituation erfolgt eine Aufteilung. Hierbei werden sukzessiv gelernt:

a) 2 Möglichkeiten, d. h. 2 weiße Klappen stehen zur Verfügung. Eine der beiden Klappen läßt sich öffnen. Danach erfolgt eine Futterbelohnung («Zwei-Möglichkeiten-Speicher»).

b) Die Klappen sind durch unterschiedliche Muster gekennzeichnet (Wechsel nach Zufall). Die mit einem weißen Kreis versehene Klappe läßt sich öffnen. Diejenige, die durch einen schwarzen Kreis markiert ist, läßt sich nicht öffnen («Zwei-Muster-Speicher»).

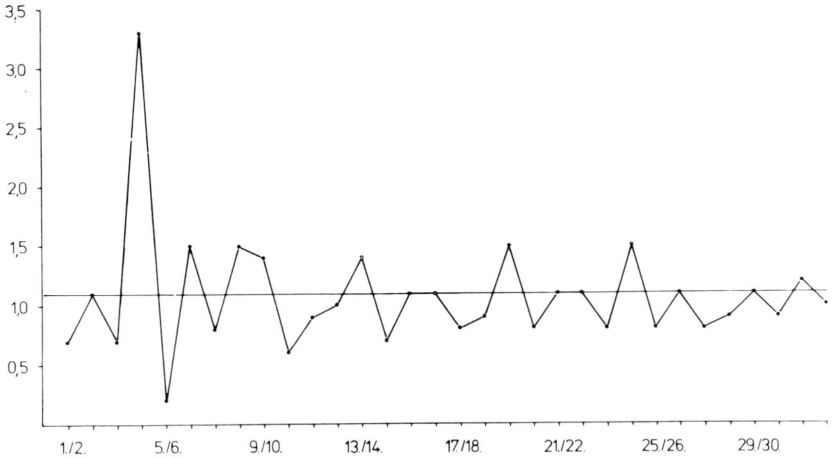

Abb. 32: *Zwei-Musterwahlversuch mit weißen Mäusen* (vgl. Abb. 17a u. b). Weißer Kreis gegen schwarzer Kreis ab 1. Versuchstag. Lernquotienten von 10 Versuchstieren. Die durchgezogene Linie (1,1) gibt den mittleren Lernquotienten für den gesamten Lernverlauf an. Abszisse: Versuchsdauer 33 Tage. Angegeben ist das jeweilige Verhältnis zwischen 1. und 2. Tag, 2. und 3. Tag usw. Ordinate: Lernquotienten bezogen auf die täglichen Richtigwahlen in %.

Ein Vergleich zwischen den Lernsituationen 1 und 2 führt zunächst zu dem Ergebnis, daß eine Aufteilung der Aufgabenstellung von Nachteil ist (63 % gegenüber 75 bis 80 % Richtigwahlen in der Kannphase). Außerdem ergibt die Lernsituation 2 einen geringeren mittleren Lernquotienten (= 1. Abb. 33) gegenüber der Lernsituation 1 (= 1,1. Abb. 32). Der Verlauf der Lernquotienten zeigt beim Standardversuch stärkste Schwankungen um den Mittelwert zu Beginn der Lernphase, schwächste nach Einpendeln in die Kannphase. In der Lernsituation 2 ist demgegenüber der zweite Teil der Lernphase (2. Plateau) durch starke Schwankungen der Lernquotienten gekennzeichnet. Dieses ist ein Ausdruck für einen besonderen Schwierigkeitsgrad während des Lernprozesses. Infolgedessen darf man aufgrund des Vergleiches annehmen, daß beim Standardversuch während des ersten Lernphasenabschnittes (1. Plateau) bereits neben der Information «Zwei Möglichkeiten» gleichzeitig die Information «Zwei Muster» eingespeichert wird. Allerdings erfolgt die Aufnahme der zweiten Information zunächst in grober Form. Das kommt besonders darin zum Ausdruck, daß nicht nur in der Lernsituation 2, sondern auch in dem Standardversuch nach dem ersten Lernkurvensprung (7.–8. Tag) starke neurotische Verhaltensweisen zu beobachten sind, die zu Beginn der Kannphase (3. Plateau) ausbleiben. Inwieweit Intervallen mit derartigen Verhaltensstörungen eine Erweiterung des Speichersystems bzw. der datenverarbeitenden Mechanismen zugrunde liegt, wissen wir nicht.

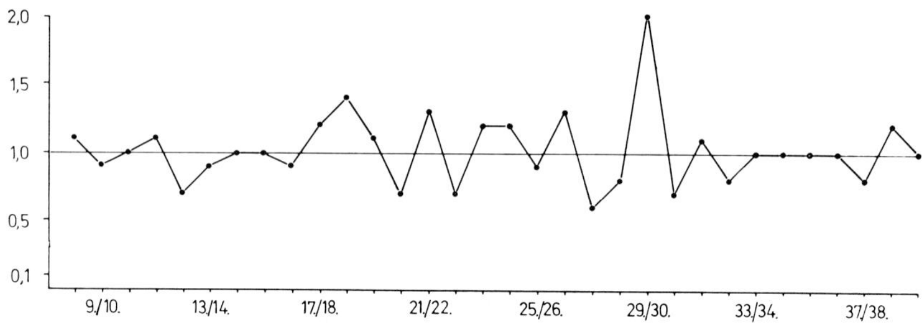

Abb. 33: *Zwei-Musterwahlversuch mit weißen Mäusen* (vgl. Abb. 17a u. b). Weißer Kreis gegen schwarzer Kreis ab 8. Versuchstag. 1.–7. Versuchstag weiße Klappen. Lernquotienten von 10 Versuchstieren. Die durchgezogene Linie (1,0) gibt den mittleren Lernquotienten für den gesamten Lernverlauf an. Abszisse: Versuchsdauer 33 Tage. Angegeben das jeweilige Verhältnis zwischen 1. und 2. Tag, 2. und 3. Tag usw. Ordinate: Lernquotienten bezogen auf die täglichen Richtigwahlen in %.

e) Tageszeitliche und soziale Einflüsse auf den Konditionierungserfolg

Aus der Bienenforschung ist lange bekannt, daß *Dressuren auf bestimmte Fütterungszeiten* gelingen. Konditioniert man Honigbienen bei Zuckerwasserangebot nacheinander auf gleich attraktive Duftstoffe, beim ersten Sammelflug auf Thymianöl, beim zweiten auf Geraniol, bildet sich im anschließenden Wahltest ohne Futterangebot die zeitliche Reihenfolge der Informationsspeicherung ab (Koltermann 1969, 1970). Der zuerst kennengelernte Duft wird zu 80,44 %, der zweite zu 15,94 % bevorzugt. Der Entscheidungsrest fällt auf duftlose Kontrollplätze. Diese Fähigkeit ist wahrscheinlich für die Blütenstetigkeit der Bienen verantwortlich zu machen, die die Bestäubung gewährleistet. Jedoch kommt noch etwas anderes hinzu. Bemerkenswert ist, daß ein einzelner Duftreiz einer bestimmten Tageszeit zugeordnet ist. Dieses läßt sich in folgender Anordnung nachweisen. Eine Biene wird tagsüber an einem duftlosen Zuckerwasserschälchen gefüttert. Allein um 10 Uhr erfolgen 3 Saugakte, bei denen gleichzeitig der Duftstoff Geraniol zugegeben ist. Danach füttert man duftlos weiter. Außerdem wird in regelmäßigen Zeitabständen eine eventuelle Extinktion der Geraniol-Information geprüft. Im Test werden Geraniol und Fenchel ohne Futterbelohnung zur Wahl gestellt. Beide Duftstoffe haben sich in Voruntersuchungen als gleich attraktiv erwiesen. Mit fortschreitender Tageszeit reduzieren die Bienen die positiven Wahlen von Geraniol in zunehmendem Maße, am nächsten Morgen läßt sich kaum noch eine Bevorzugung erkennen. Vor 10 Uhr jedoch erhöht sich die Anzahl der Geraniol-Wahlen. Sie erreicht um 10 Uhr ein Maximum. Die Fortführung dieser Versuchsserie spiegelt eine 24-Stunden-Periodik des Informationsabrufs wider (Abb. 34). Eine tageszeitliche Koppelung des Erlernten ist unverkennbar. Der tägliche starke Abfall erreicht zehn Stunden nach der Dressurzeit fast den Nullpunkt. Tageszeitliche Maxima sind auch an darauf folgenden Tagen, jedenfalls andeutungsweise, erkennbar. Die relativ starke Abschwächung, die bereits im Vergleich der Maxima zwischen dem ersten und zweiten Tag zum Ausdruck kommt, wird wahrscheinlich durch die hohe Anzahl der

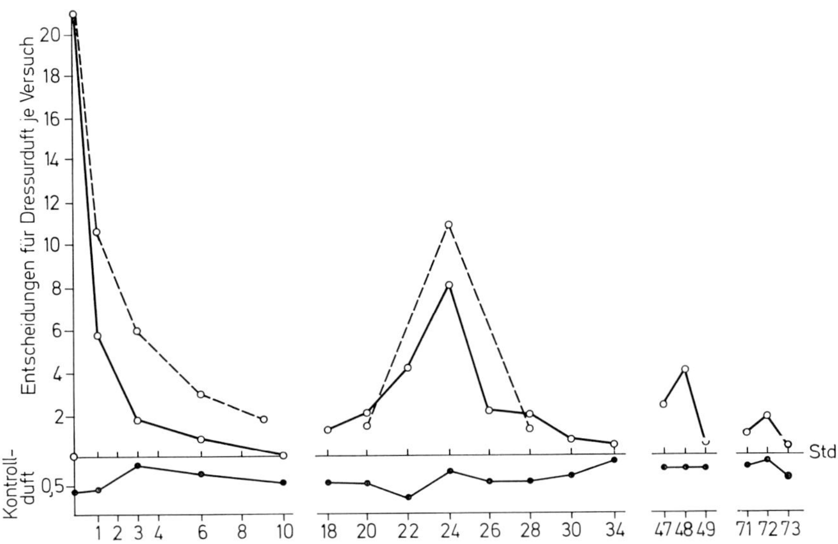

Abb. 34: *24-Stunden-Periodik im Erinnerungsverlauf an ein gelerntes Duftsignal bei Honigbienen* (aus Koltermann 1970).

duftlosen Sammelflüge bedingt (in 24 Stunden mehr als 1000). Werden die Bienen sofort nach der Duftdressur in den Stock gesperrt und läßt man sie erst zur Versuchszeit frei, ist die Erinnerungsleistung eine bessere. Inwieweit diese ebenfalls durch die gleichzeitige Reduktion von dazwischen liegenden Fremdinformationen verursacht wird, wissen wir nicht.

Entsprechende zeitgekoppelte Konditionierungsleistungen sind von Wirbeltieren nicht bekannt. Sicher allerdings ist, daß operante Konditionierungen, die zu einer bestimmten Tageszeit erfolgen, zu einer Verschiebung des Aktivitätsmaximums führen. Mindestens wird eine stark erhöhte lokomotorische Aktivität zu der tageszeitlich jeweils bestimmten Lernzeit sichtbar. Dieses Phänomen sollte bei Lernexperimenten mehr als bisher berücksichtigt werden.

Eine weitere bedeutsame Frage, für deren Beantwortung zukünftige Untersuchungen erforderlich sind, ist diejenige nach dem *Einfluß sozialer Faktoren* auf operante Konditionierungserfolge. Zweifellos dürfen Lernanalysen im Rahmen spezifischer Kommunikationsmechanismen beim Zusammenleben in einer Gruppe nicht unberücksichtigt bleiben. Bereits 1923 haben Katz und Toll darauf aufmerksam gemacht, daß in einer Hühnerschar ranghohe Tiere besser lernen als rangniedere. Diebschlag (1940) führte entsprechende Untersuchungen an Haustauben durch.

Während die Rangordnung bei Hühnern ortsunabhängig ist, leben Tauben in einer sogenannten Platzrangordnung. Jedes Tier versucht gegenüber seinen Artgenossen einen bestimmten Aufenthaltsort zu verteidigen. Die ortsbestimmte Rangordnung erweist sich allerdings als nicht sehr stabil. Täuber besitzen außer einem engeren Revier, in dem jeder Eindringling angegriffen wird, ein Einflußgebiet, in dem sie Artgenossen dulden. Bei weiblichen Tauben ist ein solches Einflußgebiet selten zu beobachten. Das Tier mit dem stärksten Imponiergehabe verfügt gegenüber anderen Gruppenmitgliedern über das umfangreichste Einflußgebiet. Unterlegene Artgenossen weichen ihnen in einem solchen Territorium aus. Diebschlag (1940) dressierte seine Versuchstiere auf Futtertischchen, die durch unterschiedliche Farben gekennzeichnet waren. Prüft man die Lerngeschwindigkeit ranghoher und rangniederer Tauben im Einzelversuch, also jeweils alleine, lernen alle gleich schnell, die richtige Farbe zu wählen. Die Lerngeschwindigkeit einer rangniederen Taube wird jedoch dann sogleich herabgesetzt, wenn sich ein ranghoher Artgenosse im gleichen Raum aufhält. Das geschieht selbst dann, wenn dieser in einem geschlossenen Käfig untergebracht wird. Dieselbe Lernreduktion veranlaßten bei Haustauben gefürchtete Attrappen, wie bewegte Hohltaubenpräparate.

In einem Fall wurden zwei Tauben einzeln auf ein mit Gelb markiertes Futtertischchen dressiert. Danach sollten beide im gleichen Versuchsraum die Wahl zwischen gelben und andersfarbigen Futterplätzen treffen. Die dominierende Taube wählte in allen Fällen Gelb, die unterlegene bei insgesamt 11 Wahlen nur 2mal Gelb. Nach Entfernung des ranghöheren Tieres traf das rangniedere ausschließlich Richtigwahlen. Nach anschließender Umstellung der Rangordnung, die man bei Haustauben mit Hilfe von Attrappenversuchen erreicht, fiel das Wahlergebnis entgegengesetzt aus. Allee (1936, zit. n. Diebschlag 1940) dressierte Wellensittiche auf Farben und ermittelte, daß die Lernphase bei Tieren, die als Pärchen dressiert wurden, länger ist als bei Einzeltieren.

Diese Befunde machen in besonderem Maße den Einfluß spezifischer Handlungsbereitschaften für operante Konditionierungen deutlich. Selbst bei einem Angebot primärer Verstärker in Form von Futter können die für den Funktionskreis des Nahrungserwerbs verantwortlichen Handlungsbereitschaftswerte innerhalb hierarchisch strukturierter Sozietäten modifiziert werden. Hieraus resultieren unterschiedliche Lernleistungen.

5. Nachahmung

Unsere Kenntnisse über eine Reihe spezifischer Lernformen beruhen vorzugsweise auf Befunden, die durch Tierexperimente gewonnen wurden. Eine Ausnahme hiervon macht der Lernvorgang der Nachahmung. Imitierende Verhaltensleistungen sind uns vom Menschen am besten bekannt. Lange Zeit nahm man an, daß Tiere über derartige Fähigkeiten nur in beschränktem Maße verfügen. Die meist bekannten Beispiele betreffen den Vogelgesang. Über Säugetiere liegen bisher wenige Analysen vor. Verhaltensphänomene, die bei untersuchten Vertretern als angeboren erachtet wurden, stellten sich nach eingehenden Studien als Nachahmungsprozesse dar. Das gilt ganz besonders für die Ausbildung von Traditionen bei sozial lebenden Tieren. Andererseits muß betont werden, daß Nachahmung nicht mit der weit verbreiteten Verhaltenserscheinung der Stimmungsübertragung verwechselt werden darf. Um eine Stimmungsübertragung handelt es sich z. B. dann, wenn in einer Flamingokolonie Putzkoordinationen eines Tieres Gefiederputzen bei allen anderen Sozialpartnern auslöst. Einem solchen Verhalten liegen Erbkoordinationen zugrunde, die durch eine bestimmte Handlung eines Artgenossen ausgelöst werden. Mit einer Informationsspeicherung und -verwertung im Sinne von Lernen hat dieser Vorgang nichts zu tun.

Bei der in Frage stehenden Lernform der Nachahmung wird meist ein optisch oder akustisch wahrgenommenes Verhaltensmuster bei einem Artgenossen zu kopieren versucht. Das schließt nicht aus, daß als «Vorbild» auch ein Artfremder in Frage kommen kann. Das gilt für manche Haustiere, wie für Hunde, die Laute oder Gesten des Menschen nachahmen. Würdiger (persönl. Mitteilung) berichtet von einer handaufgezogenen 2 Monate alten Schwanengans, welche sah, wie in ihrem Gehege verwelkte Rosenblätter aus einer weitverzweigten Kletterrose entfernt wurden. Die Gans sah dem Vorgang, der etwa 25 Minuten dauerte, nicht ununterbrochen zu. Sie knabberte zwischendurch an ihrem Gefieder und rupfte kurzes Gras. Frau Würdiger verließ danach 4 Minuten lang den Rosenstock und beobachtete bei Rückkehr eine Nachahmung in folgender Form. Die Gans stand auf den äußersten Zehengliedern am Rosenstock, schlängelte den Hals vorsichtig zwischen den Dornen hindurch und begann von den für sie erreichbaren Rosenknospen die Blütenblätter abzurupfen. Weitere zwischenartliche Imitationsleistungen kennen wir vor allem von Affen, die in Manegen zur Schau gestellt werden. Schimpansen bürsten ihre Haare, pudern ihr Gesicht, essen mit Messer und Gabel oder rauchen eine Zigarette.

Der Erfolg bei inner- und zwischenartlicher Nachahmung ist weitgehend von der Ähnlichkeit der morphologischen und funktionellen Konstitution zwischen dem «Vorbild» und dem Lernenden abhängig. Dementsprechend wird die Kannphase des Lernvorgangs grundsätzlich eine bessere Übereinstimmung erkennen lassen, wenn ein übernommenes Verhalten von einem Artgenossen stammt. Der Nachahmer setzt das wahrgenommene Muster in eigene Motorik um. Die Informationsspeicherung wird die neurosensorische Seite betreffen und von dort auf den neuromotorischen Bereich transformiert werden. Durch wiederholte gleiche Informationsaufnahme kann die Imitationsleistung verbessert werden. Das schließt eine gleichzeitige Unterstützung durch operante Konditionierungen in Form von Übungen nicht aus. Wir müssen annehmen, daß die verantwortlichen nervösen Mechanismen durch eine spezifische Handlungsbereitschaft in Gang gesetzt werden. Den Lernphasenverlauf bedingt eine entsprechende Verstärkerwirkung. Insofern ist eine Übereinstimmung mit operanten Konditionierungsprozessen erkennbar.

Die genannten Kriterien gelten auch prinzipiell für viele jener Prozesse, die man als kinästhetisches Lernen bezeichnet. Kennzeichnend hierfür ist der propriozeptive Input, der demjenigen eines «Vorbilds» adäquat ist.

Außerdem sei im Rahmen der Nachahmung auf solche Phänomene hingewiesen, die nicht eine Aktivierung, sondern eine Vermeidung spezifischen Verhaltens beinhalten. Mottershead (1959) beobachtete im Chester Zoo Birmingham ein Schimpansenmännchen, das an einem über einen Graben gezogenen Elektrodraht einen Schlag bekam. Nachdem es den Vorgang nochmals wiederholt hatte, lief es der Reihe nach zu jedem Mitglied der Kolonie und umfaßte es mit den Armen. Die Folge war, daß sich alle Tiere an dem abgesperrten Graben versammelten. Dort nahm der stärkste Schimpansenmann einen Zweig, stieg in den Graben und berührte den Elektrodraht. Da der Zweig naß war, erhielt auch er jetzt einen Schlag. Die Gruppenmitglieder sahen diesem Vorgang zu und keines unter ihnen berührte zukünftig den Draht. Die Schimpansen unterließen eine Handlung, die ein Sozialpartner mit negativem Ausgang demonstriert hatte. Entsprechende Abläufe, die im Sinne einer Nachahmung verstanden werden können, sind uns vom Menschen gut bekannt.

a) Tradition

Die Fähigkeit zur Ausbildung von Traditionen gilt nicht allein für den Menschen. Eine Weitergabe erlernten Verhaltens von einer Generation zur anderen gibt es auch bei soziallebenden Tieren.

Tradition ist zunächst durch zwei unterschiedliche Aspekte gekennzeichnet. Der Ursprung bzw. Beginn eines tradierten Verhaltens hat mit dem Vorgang der Nachahmung nichts zu tun. Er wird vorzugsweise auf operanten Konditionierungsleistungen einzelner Individuen basieren. Anschließend jedoch werden betreffende individuelle Lerneffekte von Mitgliedern der Sozietät übernommen. Die danach folgenden Weitergaben und Übernahmen eines bestimmten Verhaltens können außerordentlich lange Zeiträume, viele Generationen umfassen.

Lindauer (1970) hält tradiertes Lernen bei der *Honigbiene* für eine Existenzfrage. Allerdings handelt es sich hierbei um eine besondere Form einer Nachahmung; nämlich insofern, als Neulinge von den erfahrenen Bienen nicht nur die Lagebeschreibung einer Futterquelle übernehmen, sondern auch die Information über ein bereits erlerntes Futtermerkmal, wie Thymianduft. Die Neulinge werden sich nach dieser Informationsübernahme richten, was durch eine spezifische Bevorzugung beim ersten Anflug deutlich zum Ausdruck kommt. Sie wählen den spezifischen Reiz neben andersartigen, ohne jemals in ihrem Leben dafür belohnt worden zu sein. Allerdings fällt bei Eigenerfahrung nach operanter Konditionierung der Lernerfolg nach Wahltests um etwa 15 % besser aus. In diesem speziellen Fall wird also das einem Nachahmungsvorgang zugrunde liegende «Vorbild» als transformierte Information unerfahrenen Artgenossen weitergegeben.

Von vielen *Singvogelarten* ist uns bekannt, daß sie bei Ausbildung des Gesangs von Artgenossen lernen (u. a. Marler u. Mundinger 1971). Thorpe (1958) zog Buchfinken (Fringilla coelebs) isoliert auf, um anschließend ihre Gesangsleistung zu prüfen. Die Kaspar-Hauser-Tiere entwickelten das Grundgerüst eines normalen Buchfinkengesanges. Er dauerte 2–2,5 Sekunden und umfaßte etwa 25 gleichartige Laute. Das Ergebnis ist also genetisch vorprogrammiert. Die Erbkoordination betrifft jedoch in diesem Fall nicht direkt das für die spezifische Lauterzeugung verantwortliche Koordinationszentrum. Nottebohm (1968) führte an Buchfinken Ertaubungsexperimente durch und kam zu einem gegenüber den Kaspar-Hauser-Tieren abweichenden Befund. Der Unterschied betraf vor allem den Frequenzbereich. Entsprechende Resultate bei anderen Singvögeln stammen von Konishi (1965 a, b). Danach darf man schließen, daß die akustische Rückmeldung bei einem Einzeltier für die den Gesang betreffende motorische Entwicklung bedeutungsvoll ist. Ertaubt man Singvögel in der Kannphase, behalten sie das bis dahin gelernte Gesangsmuster bei. Bergmann (1973) interpretiert entsprechende Ergebnisse in der Weise, daß er den akustischen Auslösemechanismus (entspricht «auditory template» n. Konishi) neben dem motorischen Koordinationszentrum als zweiten beteiligten Speicher auffaßt. Das im AAM gespeicherte Programm kann nicht ohne Lernleistung aufgrund der akustischen Rückmeldung für die Koordination verwertet werden. Bezogen auf das Grundgerüst des Buchfinkengesanges würde das mit anderen Worten bedeuten, daß der wiederholte Vergleich des Gesungenen mit dem Gehörten Voraussetzung für die Ausbildung der Lautäußerung ist. Man kann das Programm im akustischen AAM als «Vorbild» verstehen, nach dem sich die Lautäußerung in der Lernphase entwickelt. In diesem Sinne würde es sich um eine sehr spezifische Nachahmung handeln, die arteigene oder fremde Genossen ausschließt.

Ein klassischer Nachahmungsprozeß wird von einem Buchfinken unter natürlichen Verhältnissen zusätzlich vollzogen. Isoliert aufgezogene Tiere lassen, wie gesagt, einen normalen Gesang nicht hören. Die endgültige Differenzierung des typischen Gesangsmusters lernen sie in der Regel vom Vater. Aus der Nachahmung resultiert eine Einteilung des Gesanges in drei Phasen und die Ausbildung des Endschnörkels. Im Freiland werden unterschiedliche Lernschritte erkennbar. Im Frühjahr des 2. Kalenderjahres ist die Ausbildung abgeschlossen; nämlich zu der Zeit, zu der der Gesang für die Artgenossen erstmals seine eigentliche Bedeutung erlangt (vgl. Gesangsprägung S. 91).

Die Lerndisposition im Rahmen der Nachahmung von Lautäußerungen erweist sich beim Buchfinken als sehr eingeengt. Demgegenüber gibt es zahlreiche Singvogelarten, die eine erweiterte angeborene Bereichseinstellung erkennen lassen. Das sind die sogenannten «Spötter» (u. a. Tretzel 1965). Infolge ihrer umfassenderen Lerndisposition sind sie in der Lage, fast beliebige fremdartige Rufe oder Gesangselemente zu imitieren. Bergmann (1973) befaßt sich mit der Nachahmungsleistung einer Mischsänger-Dorngrasmücke (Sylvia communis). Sie kann so weit reichen, daß freilebende Mönchsgrasmücken, deren Gesangselemente als «Vorbild» dienten, sich über die Artzugehörigkeit des Sängers täuschen lassen. Thielcke (1972) beschreibt verschiedene Mischgesänge bei Waldbaumläufern (Certhia familiaris). Danach muß man fragen, auf welche Weise die Ausbildung von Traditionsgesängen in Populationen gegenüber Fremdeinflüssen gewährleistet wird. Immelmann (1969) macht im Zusammenhang mit Prägungsvorgängen bei Estrildiden auf Verhaltensmerkmale und dazugehörige Auslöser aufmerksam, die sich nach näherer Untersuchung als bemerkenswert umwelt-modifikabel erweisen. Die Weitergabe durch Tradition bedingt ihre Gleichförmigkeit im Rahmen des natürlichen Biotops. Infolgedessen hat man solche Elemente oftmals taxonomisch verwandt. Lernprozesse ermöglichen, gegenüber angeborenen Komponenten, nicht allein Regulationen, sondern auch ein präziseres Ansprechen auf Artgenossen. Letzteres beruht auf der Verwertung einer größeren Anzahl von Merkmalen.

Im Hinblick auf die Mannigfaltigkeit tradierten Verhaltens beim Menschen müssen entsprechende Mechanismen *bei Säugetieren* uns von ganz besonderer Bedeutung sein. Um so bedauerlicher sind unsere geringen Kenntnisse hierüber. Geist (1971) beschäftigt sich mit der Weitergabe erlernten Verhaltens bei Wildschafen. Merkwürdig ist die Beobachtung, daß nordamerikanische Wildschafpopulationen in begrenzten Wohngebieten bleiben, obgleich ganz in der Nähe unbesiedelter guter Biotop zur Verfügung steht. Sie nutzen ihn in der Regel nicht. Nach Geist handelt es sich um «vergessene» Biotope, aus denen Wildschafe durch Jäger einstmals vertrieben worden sind. Die Alttiere suchten ungestörte Gebiete auf. Infolge spezifischer Verhaltensweisen sind die Jungtiere nicht in der Lage, die heute unbejagten Gebiete wiederzuerobern. Jungtiere trennen sich von ihrer trächtigen Mutter, bevor diese sich absondert, um zu werfen. Die Trennung dauert lange, etwa 10–12 Wochen. Danach bilden weibliche Jährlinge Gruppen und schließen sich alten Geißen an. Äußerst selten stoßen Jungtiere nach Verlassen der Mutter zu benachbarten Geißengruppen. Derjenigen Gruppe, der sie sich anschließen, gehört auch ihre Mutter an. Für Jungwidder gilt grundsätzlich das gleiche. Sie suchen Widderverbände auf. Die Wildschafe brauchen Kumpane. Das führt bei ihnen zum Nicht-Verlassen des mütterlichen bzw. väterlichen Wohngebietes. Völlig ausgeschlossen ist die Wiedererschließung unbesiedelter Biotope, wenn zwischen diesen und dem Wohngebiet umfangreiche Wälder liegen. Dorthin führende Wechsel, schon von ihren Vorfahren angelegt, galten noch für ein unbewaldetes Gelände. Ihre Kenntnis wurde durch Tradition weitervermittelt. Wildschafe sind dem Wald gegenüber außerordentlich scheu. Nur bei Gefahr fliehen sie dorthin. Im Gegensatz zu dieser Feststellung wandern manche Wildschafgruppen allerdings heute auch durch bewaldete Täler. Geist nimmt an, daß es sich dabei um Wege handelt, die schon zu einer noch unbewaldeten Zeit begangen wurden. Die aufgrund jahrelanger Beobachtungen entwickelten Vorstellungen geben einen Hinweis auf die Bedeutung ethologisch-ökologischer Faktoren für auftretende Schwierigkeiten tierschützender Bemühungen.

Einschlägige Arbeiten zur Ausbildung und Verbreitung von Traditionen bei Affen stammen von japanischen Forschern (u. a. Kawamura 1963, Kawai 1965, eine Reihe der Publikationen in japan. Text). Die Untersuchungen finden seit 1950 an freilebenden Rotgesichtsmakaken (Macaca fuscata) statt. Die Tiere leben in sozialen Verbänden in waldigem und hügeligem Gelände. Der Zusammenhalt unter den Mitgliedern eines Trupps wird durch zahlreiche akustische und optische Kommunikationsformen gewährleistet. Die Trupps legen bei ihrer Nahrungssuche weite Entfernungen zurück. Vergleicht man die Art der Nahrung in verschiedenen Verbänden, erkennt man eine Spezialisierung. Itani (1956, zit. n. Kawamura 1963) studierte die Futterbeschaffenheit in einem Trupp und konnte beobachten, daß bereits einjährige Makaken über die verbandsspezifischen Kenntnisse verfügten. Während des ersten Lebensjahres beschäftigen sich die bei ihren Müttern sitzenden Jungtiere oftmals mit der herbeigebrachten Nahrung. Zieht man Makaken-Babies isoliert auf, scheint Milch die einzige Nahrung zu sein, die sie angeborenermaßen aufnehmen. Gelingt die Annahme eines bestimmten Futters, lehnen sie danach andersartiges ab.

Um die Ausbildung und Verbreitung des zugrundeliegenden Lernmechanismus genauer analysieren zu können, konzentrierten Kawamura und seine Mitarbeiter ihre Beobachtungen auf die kleine japanische Insel Kôshima. Sie boten den dort lebenden Makaken Bataten an, die sie vorher nicht kannten. Infolge reichlichen Futterangebots gelang es, die Wanderungen zu reduzieren und damit verbunden bessere Beobachtungsmöglichkeiten zu schaffen. Die Voraussetzung, etwas mehr über den tradierten Nahrungserwerb zu erfahren, war damit gegeben. Eines Tages im Herbst 1953 wusch ein 1½jähriges Makaken-Mädchen eine schmutzige Batate in einem Bach und verzehrte sie danach. Die Verstärkerwirkung beim Fressen einer von Sand befreiten Batate ist offenbar. Dieser Vorgang einer operanten Konditionierung war der Start für die Ausbildung einer Tradition. Alsbald nämlich ahmten die 1–3 Jahre alten Spielgefährten dieses Makakenmädchens, ihre Mutter und anschließend die Mütter der Spielgefährten das Batatenwaschen nach. Eine weitere Verbreitung der durch Nachahmung erlernten Verhaltensweise erfolgte durch die Mütter, deren Babies es ihnen nachmachten. Hingegen lernte kaum ein adultes Männchen. Aufgrund ihrer Wächterfunktionen, an der Peripherie des Trupps lebend, ist ihr Kontakt mit Jungtieren und Müttern gering. Die erste Familie, deren sämtliche Mitglieder Bataten wuschen, war diejenige des Mädchens, welches erstmals mit der Handlung begonnen hatte. Schließlich, etwa 10 Jahre später, wuschen fast sämtliche Verbandsangehörige die Bataten. In die Tradition nicht einzubeziehen waren ranghohe Männchen. Inzwischen hatte sich ein weiteres tradiertes Element entwickelt. Die Bataten wurden nicht mehr ins Bachwasser, sondern ins Meer getaucht. Das geschah auch während des Fressens. Offenbar beinhaltet das Salzwasser eine weitere positive Verstärkung. Inzwischen sind zusätzliche Verhaltensweisen ausgebildet. Makaken dieses Trupps haben schwimmen und tauchen gelernt. Gerade diese erreichte lokomotorische Entwicklungsstufe muß bei Freilandbeobachtungen vor schneller Beurteilung über die Informationsgrundlagen von Verhaltensmustern warnen.

Dieser spezielle Fall einer Traditionsausbildung nahm viele Jahre in Anspruch. Der Beginn hierzu stammte von einem Jungtier, und die Verbreitung in dem Trupp vollzog sich zunächst von Rangtieferen zu Ranghöheren. Yamada (1957, zit. n. Kawamura 1963) berichtet demgegenüber von einer auf Weizen ausgerichteten tradierten Nahrungsaufnahme, die sich in einem Makakenverband in 4 Stunden entwickelte. Auffallenderweise erfolgte die Ausbreitung dieser Spezialisierung hierarchisch abwärts gerichtet. Wahrscheinlich ist das der Grund für die Schnelligkeit der Übernahme. Kawamura betont in diesem Zusammenhang die Bedeutung sozialer Beziehungen. Kontakthäufigkeit und Kontaktqualität sind für die Nachahmung von Verhaltensweisen des Partners von entscheidendem Einfluß. Gleichzeitig erweist sich das Erreichen einer Stabilität tradierten Verhaltens als abhängig von den genannten sozialen Faktoren. Bei der Entwicklung des Batatenwaschens auf der Insel Kôshima scheint der Prozeß außerdem dadurch verlängert, daß die in dem Trupp bereits stabilen Traditionsmerkmale der Nahrungsaufnahme, die von adulten gegenüber juvenilen Tieren intensiv vertreten werden, einer Neuausbildung von Verhaltensweisen Widerstand leisten. Darin wird ein zusätzlicher Grund für die in der Regel lange Zeit beanspruchende Traditionsausbildung erkennbar.

Zweifellos sind die gefundenen Kriterien für Nachahmungslernen beim Menschen und damit für *tradiertes menschliches Verhalten* von prinzipieller Bedeutung. Gerade an dieser Stelle wäre eine Zusammenarbeit zwischen Ethologie und Kulturanthropologie außerordentlich erstrebenswert.

König (1970) befaßte sich bei kulturethologischen Untersuchungen mit der Entwicklung volkskundlicher Merkmale. Ein weitreichendes historisches Dokumentationsmaterial stand ihm hierfür zur Verfügung. Das Erkennen traditioneller Gesetzmäßigkeiten gelingt vor allem bei der Ausbildung von Trachten und Uniformen. König machte den Verlauf von Umstrukturierungen deutlich, die bei der Erschließung trachtenfester Gebiete, infolge von Kriegen oder durch Fremdenverkehr und Industrialisierung, induziert werden. Die Veränderung der in solchen Gebieten ursprünglich dominierenden Kleidung unterliegt regelhaften Schritten. Durch das Eindringen fremder Vorbilder gibt zunächst die männliche Jugend die Tracht auf. Anschließend gestalten die Erwachsenen ihre Kleidungsstücke um; alte Männer allerdings nur teilweise. Am längsten erhält sich die Frauentracht. Sie wird auch dann noch verwendet, wenn bereits die Kinder alle modisch gekleidet gehen. Frauen- sind im Vergleich zu Männertrachten gegenüber Einflüssen der Umwelt weitaus resistenter. Das gilt vor allem für zahlreiche Gebiete auf dem Balkan. In Dubrovnik (Jugoslawien) gehen die Männer türkisch gekleidet. Sie ahmten den einstmals überlegenen Widersacher nach. Die Frauen hingegen tragen immer noch mittelalterlich-italienische Tracht. Ähnliches gilt nach König für Österreich. Das Dirndl findet man bereits auf mittelalterlichen Darstellungen, während der «Steireranzug» vielfach Elemente österreichischer Uniformen des 18. und 19. Jahrhunderts erkennen läßt. Diese sind in einigen Fällen auf Uniformmerkmale ungarischer Husaren oder russischer Kosaken zurückzuführen.

Andererseits kann eine hohe Stabilität der eigenen Kleidung dann ausgebildet werden, wenn einem überlegenen Eindringling nicht Eigenschaften eines Vorbildes zuerkannt werden, weil man ihn ablehnt. Auf dieser Basis erklärt König u. a. deutsche Männertrachten in Südtirol, vor allem im Burggrafenamt, wo das italienische Vordringen besonders spürbar ist. In solchen Gebieten kann Männerkleidung u. U. älter als diejenige der Frauen sein.

Diese und andere entwicklungsgeschichtliche Prozesse tradierten Verhaltens beim Menschen werden danach durch eine spezifische Handlungsbereitschaft bedingt. Nur wenn dem Sozialpartner vorbildliche Eigenschaften zugeordnet werden – unabhängig davon, ob es sich um einen Eindringling oder um ein Gruppenmitglied handelt –, sind initiale Voraussetzungen gegeben, um tradiertes Verhalten zu entwickeln.

b) Kinästhetisches Lernen als Nachahmung

Das kinästhetische Lernen läßt sich als besondere Variante der Nachahmung verstehen. Die über Propriozeptoren erfolgende Informationaufnahme nach spezifischen Bewegungen führt während der Lernphase wiederholt zur Belohnung. Aufgrund dieses besonderen Inputs kommt es in der Kannphase zu entsprechenden Aktionsmustern. Das Phänomen kinästhetischen Lernens ist von Tieren und vom Menschen bekannt.

Von Tieren kennen wir zahlreiche Beispiele vor allem aus der Dressurpraxis. Hierauf basiert die «putting-through»-Methode. Auf die Bedeutung dieser Verfahrensweise für zahlreiche Leistungen von Tieren im Zirkus und im Zoo hat Hediger (1961) hingewiesen. Bei einer Reihe von Arten müssen ungewöhnliche Koordinationen schrittweise erzwungen werden. Verständlicherweise hat das mit äußerster Vorsicht zu geschehen, um Abdressur möglichst zu vermeiden. Voraussetzung ist eine völlige Zahmheit der Tiere. Soll ein Braunbär Handstand lernen, wird er zunächst wiederholt an den Hinterbeinen hochgezogen und danach mit Futter belohnt. Einem Elefanten, der einen Handstand oder das Sitzen lernen soll, muß durch Handanlegen das geforderte Verhalten «verständlich» gemacht werden (Abb. 35 u. 36). Oftmals reichen menschliche Kräfte nicht aus, so daß ein Artgenosse oder ein Kran zu Hilfe genommen wird. In der dem Publikum vorgeführten Kannphase genügen schließlich optische und akustische Zeichen des Dompteurs, um die Tiere zu den entsprechenden Verhaltensmustern zu veranlassen.

Vom Menschen kennen wir kinästhetische Lernprozesse aus dem Ballettunterricht oder der Turnstunde. Die Methode ist beim Lernen von Tänzen weltweit verbreitet (Abb. 37). Auch hierbei erfahren die Lernenden durch eine andere Person gestellte Passivbewegungen, die sie danach aktiv ausführen. Die solche Prozesse unterstützenden Verstärkungen lassen beim Menschen eine außerordentliche Vielfalt auf verschiedenen Ebenen erkennen.

Über eine ganz besondere Form kinästhetischen Lernens berichtet Lorenz (1943). Gehaltene Wasserspitzmäuse sprangen auf einem bekannten Weg stets über ein etwa 8 cm hohes, querliegendes Hindernis. Als dieses eines Tages entfernt war, beobachtete er etwas Erstaunliches. Die Tiere sprangen «auf das nicht mehr vorhandene Hindernis hinauf» und stürzten demzufolge. Danach stellten sie sich an der betreffenden Stelle auf die Hinterbeine und tasteten 8 cm hoch in der Luft herum. Eine operante Konditionierung hatte zu einem reaktionsspezifischen Verhalten geführt, bei dem die optische Wahrnehmung nicht mehr beteiligt war. Als Programm für den Ablauf der Bewegungskoordination in der Kannphase galten allein die über Propriozeptoren gespeicherten Informationswerte. Taxonomisch sind derartige Beobachtungen nach den oben angeführten Kriterien der Nachahmung nicht zuzuordnen, obgleich die Beteiligung ähnlicher Mechanismen angenommen werden darf.

Abb. 35: *Ein Elefant lernt nach der »putting through«-Methode.* Das Tier soll Handstand bzw. Kopfstand lernen. Das Postament verhindert während der Lernphase das Weglaufen (aus Hediger 1961).

Abb. 36: *Ein Elefant lernt nach der «putting through»-Methode.* Ein alter Arbeitselefant unterstützt das Handanlegen (aus Hediger 1961).

6. Prägung

Wir wissen, daß frühkindliche Erfahrungen bei Tieren und beim Menschen zahlreiche Verhaltensweisen im Erwachsenenstadium entscheidend beeinflussen. Besonderes Interesse gilt in den letzten Jahren jenen Lernprozessen, die sich auf eine bestimmte ontogenetische Phase beschränken und durch eine hohe Stabilität gekennzeichnet sind. Ihre Bedeutung erkannten bereits Craig und Heinroth. Danach widmete sich Lorenz (1935, 1937) dem gleichen Lernphänomen und bezeichnete es als Prägung. Seine besondere Aufmerksamkeit galt der Nachfolge- und Geschlechtspartnerprägung. Gerade zu diesen speziellen Prägungsformen liegen inzwischen zahlreiche experimentelle Analysen vor. Gering sind unsere Kenntnisse über Prägungsleistungen im Rahmen anderer Funktionskreise, wie z. B. beim Nahrungserwerb oder beim agonistischen Verhalten. Zweifellos wird diese besondere Lernform eine weitreichende Bedeutung für unterschiedliche Verhaltenskomplexe haben.

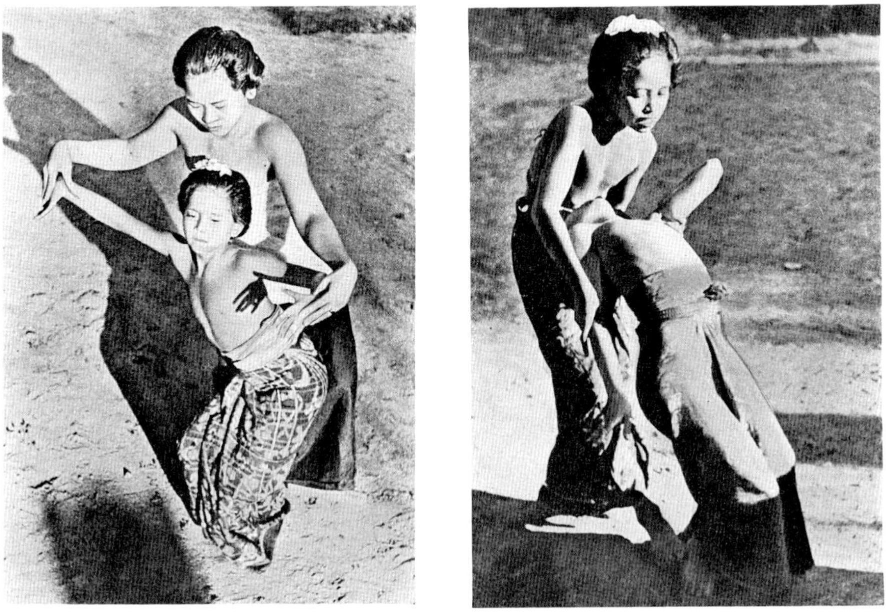

Abb. 37: *Kinästhetisches Lernen.* Durch unmittelbares Führen einer Lehrerin lernen Mädchen auf Bali Ritualtänze. Das Training ist langwierig und schmerzhaft (aus Schuh 1941).

Zusammenfassende und vergleichende Arbeiten über die bisher gewonnenen Befunde machen die Schwierigkeiten im Bemühen um einheitliche Definitionen deutlich (u. a. Hess 1964, 1972, Bateson 1966, Klinghammer 1967, Schutz 1968, 1971, Immelmann 1971 a, b). Zahlreiche Ergebnisse müssen aufgrund der Verfahrensweisen kritisch betrachtet werden.

Lorenz spricht von angeborenen Triebhandlungen, deren Zielobjekte durch Prägung erworben und festgelegt werden müssen. Er kennzeichnet diese besondere Form obligatorischen Lernens durch 4 Kriterien:

1. Nur während einer bestimmten Altersstufe in der ontogenetischen Entwicklung kann die Prägung erfolgen (sensible Periode).
2. Nur überindividuelle Merkmale werden geprägt.
3. Die Festlegung des Zielobjektes findet zu einer Zeit statt, in der die dazugehörige Reaktion noch nicht ausgebildet ist.
4. Die Prägung ist irreversibel.

Im Zusammenhang mit diesen Kriterien setzt Lorenz voraus, daß eine Prägung jeweils nur Merkmale beinhaltet, die einer einzelnen bestimmten Reaktion zugeordnet sind.

Inzwischen gewonnene Ergebnisse fordern eine Einschränkung dieser Prägungskriterien. Fest steht, daß es während der ontogenetischen Entwicklung sensible Phasen gibt, in denen Merkmale, die bestimmten Funktionskreisen zugeordnet sind, gelernt werden. Nur ein begrenztes Zeitintervall kann für eine spezifische Lernphase genutzt werden. Hierfür müssen wir entsprechende genetische Dispositionen voraussetzen, die für die zu fordernden physiologischen Konstellationen verantwortlich zu machen sind. D. h., in Abhängigkeit von einem definierten physiologischen Wechsel erfährt jeder Organismus während seines juvenilen Stadiums eine Reihe sensibler Phasen, in denen er jeweils Informationen für unterschiedliche Funktionskreise zu speichern vermag. Unsere Kenntnisse über die zugrundeliegenden physiologischen Mechanismen sind bis heute gering. Wir dürfen annehmen, daß hormonale Zustandsänderungen und zentralnervöse Reifungsprozesse für die sukzessive Ausbildung sensibler Perioden verantwortlich sind. Die charakteristische physiologische Abhängigkeit ist vermutlich auch der Grund für eine hohe Stabilität dieser Lernform. Zahlreiche Befunde sprechen sogar für eine Irreversibilität. Sowohl ein Umlernen als auch ein Gedächtnisverlust muß für eine Reihe von Fällen ausgeschlossen werden.

Abweichend von dem Kriterium 1 (n. Lorenz) gibt es Prägungsvorgänge, die im Erwachsenenstadium zu beobachten sind (S. 84). In den entsprechenden untersuchten Einzelfällen handelt es sich um Elterntiere, die auf Merkmale ihrer Jungen fixiert werden. Offenbar gibt es hierfür eine hormonal bedingte Handlungsbereitschaft im Funktionskreis der Brutpflege, die derjenigen ontogenetischer Phasen adäquat ist. Auch die Kannphasen dieser Prägungsform zeichnen sich durch eine besonders hohe Stabilität bzw. Irreversibilität aus. Das gilt jedenfalls für Vertreter bestimmter Tierarten.

Das von Lorenz genannte Kriterium (2), welches die Prägung auf überindividuelle Merkmale betont, gilt offenbar nicht in jedem Fall. Eine Prägung auf individuelle Kennzeichen ist besonders bei höher entwickelten Säugern und vor allem beim Menschen wahrscheinlich. Die «Vorzeitigkeit» des Lernens von Merkmalen (Kriterium 3) betrifft unterschiedlich lange Zeitintervalle. Der Nachweis eines extrem kurzen Zeitintervalls ist in manchen Fällen, aufgrund experimenteller Schwierigkeiten, ausgeschlossen. Dennoch ist dieses Kriterium theoretisch zu fordern.

Stellt man die Frage nach der Beteiligung unterschiedlicher zentralnervöser Instanzen, lassen sich grundsätzlich 3 Möglichkeiten aufzeigen. Die ursprünglich besonders berücksichtigte *neurosensorische Prägung* (Abb. 38a) setzt eine Informationsspeicherung voraus, die das datenverarbeitende System beeinflußt (SB). Die Funktionen der Auslösemechanismen, Selektivität und Verrechnung, werden eine Veränderung erfahren. Da die Möglichkeit einer Informationsaufnahme und -speicherung auf eine bestimmte ontogenetische Phase beschränkt ist, muß man zu dieser entsprechenden Zeit eine spezifische Handlungsbereitschaft fordern (HB 1). Sie unterscheidet sich von derjenigen Handlungsbereitschaft (HB 2), die zu einem späteren Zeitpunkt zugeordnete motorische Koordinationszentren in Gang setzt. Außerdem kennen wir Hinweise für Prägungsformen, bei denen die Informationsspeicherung eine nachfolgende Veränderung von Handlungsbereitschaftswerten (HB 2) bedingt (Abb. 38b). Eine derartige Bereichsverstellung ist ebenfalls nur unter Einbeziehung von HB 1 über den sensorischen Bereich während einer ontogenetischen Phase denkbar. Allerdings könnte man eine zusätzliche Koppelung zwischen HB 1 und HB 2 annehmen. Schließlich gibt es eine dritte Modellvorstellung, die durch einschlägige Befunde im Rahmen der Gesangsprägung unterstützt wird (Abb. 38c). Neben einer Spezifizierung afferenter datenverarbeitender Funktionen, infolge einer Informationseinspeicherung, führt diese Prägungsform zugleich zu einer Veränderung des motorischen Koordinationsmusters. Zweifellos werden diese gegenübergestellten Funktionsmodelle auf ethologischer Ebene nicht immer getrennt voneinander zum Ausdruck kommen. Mischformen bereiten im Rahmen analytischer Verfahrensweisen besondere Schwierigkeiten.

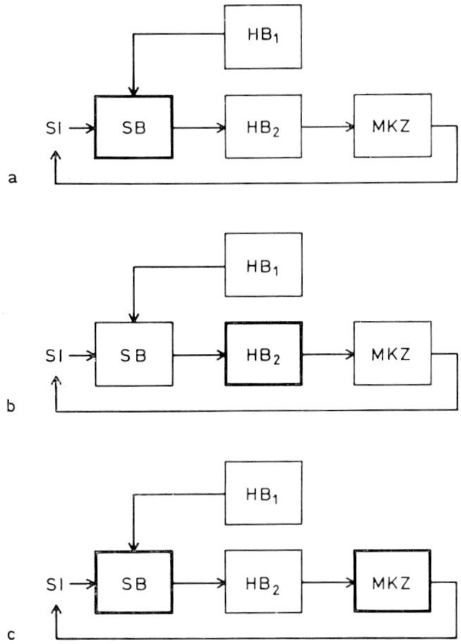

Abb. 38: *Funktionsdiagramme unterschiedlicher Prägungsformen.* a. Neurosensorische Prägung. b. Prägungseinfluß auf die Größe der Handlungsbereitschaft. c. Motorische Prägung. Die stark umrandeten Funktionseinheiten unterliegen dem Informationseinfluß (vgl. Text). SI = spezif. Input. NS = neurosensorischer Bereich. HB_1 = spezif. ontogenetische Handlungsbereitschaft. HB_2 = für motor. Aktivität verantwortliche Handlungsbereitschaft. MKZ = motorisches Koordinationszentrum.

a) Neurosensorische Prägung

Die bei Tieren früher oder später auftretenden artspezifischen Verhaltensweisen werden jeweils durch adäquate Reizkombinationen ausgelöst. Die Auswahl bestimmter Umweltmuster für die Aktivierung unterschiedlicher Funktionskreise ist oftmals durch die Informationsaufnahme in einer sensiblen Phase der ontogenetischen Entwicklung bedingt. Ein solcher Lernvorgang erweist sich als obligatorisch, um entsprechende Verhaltensweisen, die die Voraussetzung zur Individual- und Arterhaltung bilden, zum Zuge kommen zu lassen. Erst aufgrund der Spezifizierung eines AMs ergibt sich die Chance eines sinnvollen Objektbezugs, wie das Finden der Nahrung oder des Geschlechtspartners. Infolgedessen wird diese Form der Prägung auch als Objektprägung bezeichnet. Solche Lernprozesse sind uns aus dem ökologischen und sozialen Bereich bekannt.

α) Lebensraumprägung

Die Bedeutung frühontogenetischer Erfahrungen für eine Prägung auf einen Lebensraum, an den bestimmte Funktionen geknüpft sind, haben einzelne Untersuchungen deutlich gemacht. Allerdings fehlen in der Regel detaillierte Angaben zur sensiblen Phase bzw. zum Ausmaß der Stabilität.

Carr (1965) konnte mit Hilfe von Markierungsversuchen an Suppenschildkröten (Chelonia mydas) das regelmäßige Auffinden der Eiablageplätze verfolgen. Als echte Meeresschildkröten sind sie fast ausschließlich im Salzwasser zu Hause. Zur Eiablage allerdings schwimmen sie ans Land, um ihre zahlreichen Eier im Ufersand zu vergraben. Dabei legen Tiere Wege von 2000 km zurück, schwimmen von der brasilianischen Küste bis zu ihrer Geburtsstätte, der mitten im Atlantik gelegenen Ascension-Insel.

Lachse wandern vom Süßwasser ins Meer. Im Süßwasser werden sie geboren und suchen dieses auch wieder zum Ablaichen auf, während das Adultwerden ausschließlich im Meer erfolgt. Der Laich verbleibt in den seichten Gewässern oberer Flußläufe oder in Seen, wo auch die Brut ihre erste Lebenszeit verbringt. Der atlantische Lachs zieht erst im Alter von etwa 2 Jahren ins Meer. Markierungs- und Verfrachtungsversuche haben gezeigt, daß die Fische während ihrer Jugendentwicklung auf den Geruch ihres Geburtsgewässers, in dem sie auch ihre Jugend verbracht haben, geprägt werden (Hasler 1962). Obgleich sie bei ihrer Wanderung einer Vielzahl von olfaktorischen Einflüssen ausgesetzt sind, finden sie ihr Heimatgewässer wieder. Das setzt neben äußerst sensitiven chemorezeptorischen Fähigkeiten einen stabilen Informationsspeicher voraus, der während der Jugendentwicklung ausgebildet wird. Offen bleibt dabei die Frage nach der Fernnavigation, dem Auffinden der Flußmündung.

Entsprechende Befunde basieren auf ornithologischen Untersuchungen. Bei jungen Halsbandschnäppern (Ficedula albicollis) erfolgt die Prägung auf das Heimatterritorium zwei Wochen vor dem Flug ins Winterquartier (Löhrl 1959). Pazifische Kurzschwanz-Sturmtaucher (Puffinus tenuirostris), die in unterirdischen Höhlen brüten, werden ebenfalls als Jungtiere auf den Brutbereich geprägt, zu dem sie in den folgenden Jahren wiederholt zurückkehren.

Auch der Auswahl von Nistmaterial können bei Vögeln frühkindliche Lernvorgänge zugrunde liegen. Sargent (1965) beobachtete, daß Zebrafinken beim Bau ihres Brutnestes eine bestimmte Farbe bei der Materialauswahl bevorzugen. Die Farbtönung entspricht dem Nest, in dem sie aufgewachsen sind.

Klopfer (1968) berichtet von Versuchsergebnissen an einer nordamerikanischen Baumfinkenart (Spizella passerina). Im Freiland gefangene adulte Spizellas wurden in Volieren gehalten, die mit Kiefern und Laubbäumen bepflanzt waren. Andere Tiere der gleichen Art wurden nicht später als 24 Stunden nach dem Öffnen der Augen aus dem Nest genommen und handaufgezogen. Einige Baumfinken dieser Gruppe hielt man in Laboratorien optisch isoliert und reizarm, den anderen standen Eichenzweige und -blätter zur Verfügung. Ein Vergleich der 3 unterschiedlich behandelten Gruppen in Testsituationen führte zu folgendem Ergebnis: Die erste Gruppe zeigte im Testkäfig eine klare Bevorzugung von Kiefernnadeln. Die optisch isoliert gehaltenen Tiere bevorzugten mit 2 bis 4 Monaten ebenfalls nadelbesteckte Sitzstangen, und die dritte Gruppe suchte Eichenblätter auf. Hielt man die zweite und dritte Gruppe danach einige Monate in Außenkäfigen, die mit Laub versehen waren, änderten sie in der Testsituation ihr vorher gezeigtes Verhalten nicht mehr. Danach verfügen Spizellas wahrscheinlich über eine angeborene Bevorzugung für Kiefern. Die im Versuch erworbene Bevorzugung der dritten Gruppe für Eichen erwies sich als sehr stabil. Ob in diesem Fall sogar eine Irreversibilität vorliegt, müssen weitere Beobachtungen im Rahmen längerer Zeiträume klären helfen.

β) *Nahrungsprägung*

Vertreter derselben Tierart zeichnen sich oftmals durch die Aufnahme jeweils unterschiedlicher Nahrung aus. Eine wenn auch geringe Anzahl von Untersuchungen gibt uns einen Hinweis dafür, daß das Auffinden der ersten Nahrung in der frühkindlichen Phase für die spätere Wahl entscheidend sein kann. Untersuchungen an Schnappschildkröten (Chelydra serpentina) machen den Vorgang einer Nahrungsprägung besonders deutlich (Burghardt u. Hess 1966, Burghardt 1967). Die Versuchstiere wurden jeweils mit unterschiedlichem Futter, wie mit Würmern, Fischen oder Fleisch aufgezogen. In anschließenden Tests wählten sie diejenige Nahrung, deren Merkmale sie gelernt hatten. Entscheidend waren die ersten 12 Lebenstage, die dem Begriff der sensiblen Phase entsprechen. Selbst dann, wenn die Schildkröten nach dieser Zeit mit andersartigem Futter ernährt worden waren, bevorzugten sie im Wahlversuch das in den ersten Lebenstagen angebotene spezifische Futter. Ähnliche Ergebnisse teilten Allen und Littleford (1955) nach Untersuchungen an Diamantschildkröten (Melaclemys terrapin) mit. Auch Rabinowitch (1968) führt die zu beobachtende individuelle Futterspezialisierung bei Möwen auf frühkindliche Erfahrungen zurück. Hierfür sprechen seine Befunde nach unterschiedlicher Fütterung bei der Aufzucht von Silbermöwen (Larus argentatus) und Ringschnabelmöwen (Larus delawarensis).

Eine besondere Form der Prägung kommt dann zum Ausdruck, wenn ein Organismus Informationen, die im Funktionskreis des Nahrungserwerbs gespeichert wurden, zu einem späteren Zeitpunkt als Programm bei der Auswahl des Eiablageplatzes verwendet. Pimentel und Mitarbeiter (1967) züchteten Stubenfliegen (Musca domestica) ausschließlich auf Fischmehl oder reifen Bananenschalen. Die Imagines zeigten später, entsprechend der unterschiedlichen Fütterung während ihrer Entwicklung, eine deutliche Bevorzugung des betreffenden Substrates für die Eiablage.

Genaue Analysen zu diesem Thema, unter Berücksichtigung der Prägungskriterien, wären besonders bei tierischen Parasiten wünschenswert.

γ) *Prägung auf Artgenossen*

Tiere können ihre Artgenossen nicht immer angeborenermaßen als solche erkennen. Die Spezifität der jeweils auslösenden Reize ist oft derartig gering, daß eine zweckmäßige Partnerwahl nicht gewährleistet wird. Diese kann unterschiedliche Funktionskreise betreffen, wie das Nachfolgen von Jungtieren den Eltern, das Brutpflege- oder das Sexualverhalten. Infolgedessen ist es in solchen Fällen notwendig, bestimmte Merkmale seiner Artgenossen hinzuzulernen.

Nachfolgeprägung. Zahlreiche Jungtiere, die sogleich nach der Geburt das Nest verlassen, lernen frühzeitig Merkmale ihrer Eltern. Erst durch die Prägung werden sie in die Lage versetzt, in unterschiedlich schwierigen Situationen den Anschluß an die Eltern bzw. Elterntier weitgehend zu sichern. Das Prägungsengramm verliert seine Bedeutung jeweils zu dem Zeitpunkt, zu dem das Folgeverhalten beendet wird und die Jungtiere selbständig werden. Bisher ist eine solche Fixierung auf Elterntiere bei Fischen, Vögeln und Säugetieren nachgewiesen worden.

Die Bindung der Jungfische der Gattung Tilapia an ihre Eltern erfolgt in den ersten 12 Tagen nach dem Schlüpfen (Brestowsky 1968). Danach ist jede weitere Möglichkeit der Fixierung auf die Eltern ausgeschlossen.

Besonders weitreichende Analysen von Prägungsprozessen wurden an Vertretern unterschiedlicher Vogelarten durchgeführt. Gerade sie haben zu einem besseren Verständnis der in Frage stehenden Lernform geführt. Wir dürfen annehmen, daß bei Vögeln, wahrscheinlich bei allen Nestflüchtern, für das Nachfolgeverhalten Prägungsvorgänge verantwortlich zu machen sind (u.a. Fabricius 1951, Hess 1959, Moltz 1960). Das Mutterobjekt verfügt in der Regel über keine auffallenden Merkmale. Es müssen also in den ersten Stunden nach dem Schlüpfen Reizqualitäten besonderer Art gespeichert werden, die anschließend für eine orientierende Einstellung des Nachfolgeverhaltens maßgebend sind. Über die dabei wirksamen Parameter wissen wir kaum etwas. Die genetische Disposition für das Hinzulernen von Reizen reicht so weit, daß es möglich ist, junge Enten während der sensiblen Phase auch auf den Menschen oder auf ein an einer Schnur gezogenes Kistchen zu prägen. Die Nachfolgereaktion zeichnet sich auch in solchen Fällen durch hohe Stabilität aus. Bei Versuchen mit verschieden gefärbten Attrappen zeigte sich ein unterschiedlich starker Prägungseinfluß (Schäfer u. Hess 1959). James (1959) wies auf die Bedeutung von Flackerlicht für die Prägung hin. Untersuchungen über die Wirksamkeit akustischer Reize zeigten eine maximale Beeinflussung bei kurzen unterbrochenen Geräuschen.

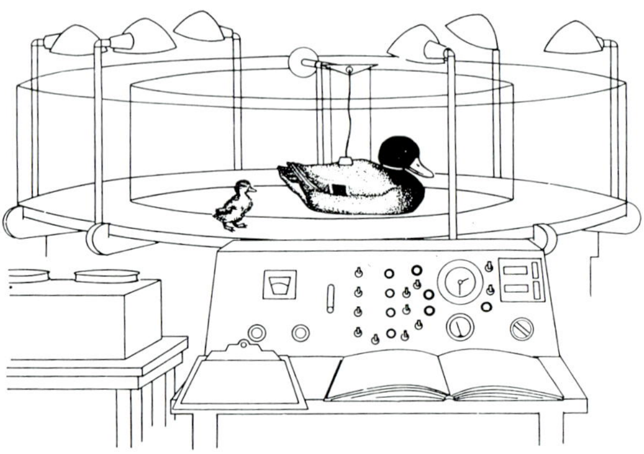

Abb. 39: *Versuchsanordnung zur Nachfolgeprägung.* Die 1–35 Stunden nach dem Schlüpfen isoliert gehaltenen Küken werden 1 Stunde zu der auf einer Kreisbahn bewegten und mit einem Lautsprecher ausgestatteten Attrappe gesetzt (aus Hess 1959).

Hess (1959) untersuchte die Nachfolgereaktion junger Stockenten (Anas platyrhynchos). Entenküken sprechen auf die Lockrufe ihrer Eltern sehr selektiv an, hingegen nicht auf die optischen Merkmale. Auf diese müssen sie frühzeitig geprägt werden, um sich beim Nachfolgen sicher orientieren zu können. Mit einer besonderen Prägungsapparatur gelang es Hess, diesen Lernvorgang genauer zu kennzeichnen (Abb. 39). In der Anlage konnte auf einer Kreisbahn eine Stockerpelattrappe mit einem eingebauten Lautsprecher für das Aussenden von Lockrufen mechanisch bewegt werden. Die nach dem Schlüpfen isoliert im Dunklen gehaltenen Küken wurden zu verschiedenen Zeiten zu der bewegten und rufenden Attrappe gesetzt. Sie mußten ihr jeweils 1 Stunde lang folgen. Danach wurden sie wieder im Dunklen isoliert. In anschließenden Tests bot man den Küken jeweils 2 Attrappen zur Wahl an; nämlich ein männliches und ein weibliches Elterntier. Dieses geschah jedoch in unterschiedlicher Weise.

Im 1. Test schwiegen beide Attrappen und bewegten sich nicht. Im 2. Test blieben die Attrappen ebenfalls noch unbewegt, riefen allerdings dabei; das Männchenmodell «gock, gock, gock, gock», wie beim Vorversuch, das Weibchenmodell den natürlichen Lockruf der Mutter. In einem 3. Test blieb die männliche Attrappe unbewegt und die weibliche rief, während in dem 4., dem letzten Test, die weibliche Attrappe bewegt und rufend gegenüber der unbewegten und schweigenden Erpelattrappe angeboten wurde. In allen vier Prüfungssituationen galt eine Auswahl der Erpelattrappe als positive Antwort. Beantwortete ein Versuchstier die gesamte Testserie positiv, galt der Prägungserfolg als 100 %. Er liegt für diejenigen Tiere am höchsten, die im Alter von 13–16 Stunden nach dem Schlüpfen in den Vorversuch kamen, in dem sie die Erpelattrappe kennenlernten. Bei Tieren, die im Vorversuch jünger oder älter waren, erwies sich die Lernleistung als geringer. So gelang z. B. im Alter von 8 bzw. 12 Stunden ein hundertprozentiger Prägungserfolg nicht, obgleich auch bei diesen Tieren ein Lerneffekt registriert werden konnte. Die Möglichkeit der Prägung beginnt bereits in der 1. Stunde nach dem Schlüpfen und endet mit der 32. Stunde (Abb. 40). Die Ergebnisse machen deutlich, daß innerhalb der

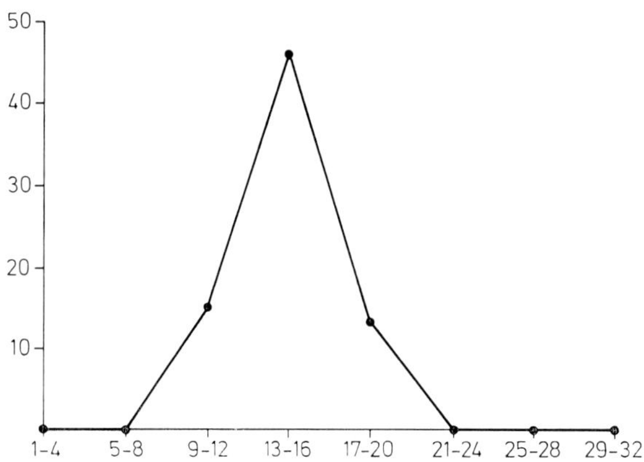

Abb. 40: *Sensible Periode bei Stockenten.* Abszisse: Alter in Stunden. Ordinate: Fehlerlose Ergebnisse in %; vgl. Text (nach Hess 1959).

sensiblen Phase, nämlich im Alter von 13–16 Stunden, ein Maximum der Prägbarkeit zum Ausdruck kommt. Wie Hess (1959) und Fabricius (1964) annehmen, sind für die Verringerung der Lernleistung danach auftretende Fluchttendenzen verantwortlich zu machen. Gleichzeitig reduziert sich die Prägungsstabilität. Andererseits scheint kurz nach dem Schlüpfen die für das Nachfolgen erforderliche Motorik noch nicht voll entwickelt. Außerdem wird in jedem Fall das Ausmaß des Prägungserfolges durch die Dauer des Nachfolgens bestimmt.

Schutz (1964a) arbeitete mit einer ähnlichen Prägungsapparatur wie Hess und stellte die Frage nach der erforderlichen Minimalzeit für eine Prägung bei Stockentenküken. Bei manchen gut prägbaren Individuen ist eine Expositionszeit von 1 Minute ausreichend, um eine Mutterbindung herzustellen. In einigen Fällen folgten Küken nach einer derart kurzen Lernphase noch nach 10 Tagen der entsprechenden Attrappe. Außerdem beobachtete er bessere Prägungserfolge bei Küken, die auf eine Ersatzmutter geprägt worden waren, als bei solchen, denen die natürliche Mutter zur Verfügung stand. Einige attrappengeprägte Tiere zeigten Nachfolgeverhalten noch in einem Alter von 32 Wochen in der Prägungsapparatur. Zu dieser Zeit waren sie bereits adult. Schutz vermutet, daß in diesen Fällen die Attrappe gleichzeitig als Sozialpartner gewirkt hatte.

Im Rahmen der Nachfolgeprägung sei schließlich auf einen besonderen methodischen Ansatz von Peterson (1960) hingewiesen, der den Lernvorgang der Prägung mit einer operanten Konditionierung kombinierte. Nach der Prägung junger Enten auf eine bewegte farbige Attrappe mußten die Tiere nach einer Taste hacken, um das Objekt der Prägung zu sehen. Das Sehen des Prägungsobjektes nach dem Hakken führte zu einer Verstärkung der Aktion.

Brutpflegeprägung. Viele Buntbarsche sind in der Lage, die arteigenen Jungen von artfremden bei Beginn des ersten Brutpflegeverhaltens zu unterscheiden. Hierzu sind sie angeborenermaßen befähigt. Sie beschützen ihre eigene Brut, fressen hingegen artfremde. Anders verhalten sich die Eltern von Hemichromis bimaculatus (Myrberg 1964). Sie werden zu Beginn des ersten Brutzyklus auf das Objekt ihres Verhaltens geprägt. Normalerweise handelt es sich dabei um die eigenen Nachkommen. Vertauscht man im Experiment die arteigenen Eier der ersten Brut mit artfremden, erfolgt eine Fehlprägung der Eltern. Die Objektfixierung ist irreversibel, sie wird auch in den nachfolgenden Brutzyklen aufrechterhalten.

Auch bei Säugetieren sind uns entsprechende Prägungsphänomene von Elterntieren auf ihre Jungen bekannt; aber diesmal auf individuelle Merkmale. Smith, van Toller und Boyes (1966) untersuchten die Aufzucht bei Schafen. Sie stellten fest, daß Schafmütter in einer sensiblen Phase gleich nach der Geburt der Lämmer olfaktorisch geprägt werden. Dieser für die Mütter entscheidende Lernvorgang vollzieht sich bereits in den ersten 20–30 Minuten nach der Geburt, während sie die Jungtiere lecken. Allein durch diese olfaktorische Informationsaufnahme beim Pflegeverhalten wird eine Unterscheidung der eigenen von fremden Jungen möglich. Trennt man sofort nach der Geburt ein Lamm vom Muttertier länger als 8 Stunden, so wird es nicht mehr angenommen, sondern zurückgestoßen. Außerdem konnten Hersher, Richmond und Moore (1963) Fremdprägungen bei Schafmüttern auf junge Ziegen und bei Ziegenmüttern auf Lämmer erreichen. Die Stabilität der Prägung erstreckt sich hierbei wahrscheinlich auf eine Aufzuchtperiode. Blauvelt (1955) machte darauf aufmerksam, daß die Fixierung der Ziegenmütter auf ihre Jungen durch die Gegenwart Fremder gestört werden kann. Das gilt besonders für die Zeit während und kurz nach der Geburt.

Betrachtet man den Gesamtverlauf des mütterlichen Verhaltens, muß man bemüht sein, exogene Einflüsse von Seiten des Kindes von endogenen zu unterscheiden. Rosenblatt und Lehrmann (1963) nahmen Rattenmüttern die eigenen Jungen fort und ersetzten sie durch Pflegejunge. Diese verblieben kurze Zeit bei dem Weibchen und wurden dann wiederum mit einer anderen Gruppe von Rattenkindern vertauscht. Auf diese Weise wurden während des gesamten Mutterzyklus sukzessiv neue, immer etwa gleich alte Rattenkinder hinzugesetzt. Das Pflegeverhalten der Mütter nahm rapide ab. Zwischenzeitliche Zuführung der eigenen Jungen regte das Pflegeverhalten in begrenztem Maße an. Isoliert von den Merkmalen der eigenen Kinder wird der mütterliche Zyklus rasch beendet. In anderen Versuchen trennten Rosenblatt und Lehrmann (1963) die Jungen von der Mutter sogleich nach der Geburt und gaben sie in verschiedenen Abständen in das Nest zurück. Nur wenige

Tage der Trennung führen zu einer schnellen Reduktion des Brutpflegeverhaltens. In jedem Fall zeigen die Ergebnisse dieser Untersuchungen die Bedeutung von erlernten Merkmalen für die Aufrechterhaltung des mütterlichen Pflegeverhaltens. Die Befunde bei den Ratten sprechen für eine sensible Phase, in der Merkmale der eigenen Jungen kurz nach der Geburt gelernt werden. Gleichzeitig erkennt man eine Korrelation zu hormonalen Steuerungsprozessen.

Geschlechtspartnerprägung. Die von Lorenz (1935, 1937) aufgestellten Prägungskriterien gelten in besonderem Maße für die Geschlechtspartnerprägung. Sexuelle Prägungen sind überall dort von entscheidender Bedeutung, wo ein Lebewesen nicht angeborenermaßen über die Kenntnisse des Geschlechtspartners verfügt. Das gilt besonders für Vögel, z. B. für die meisten Entenerpel. Während sie selbst durch auffallende Farb- und Strukturmerkmale gekennzeichnet sind, tragen die Weibchen eine unauffällige Tracht. Immelmann (1970a) vermutet, daß in solchen Fällen eine genetische Übermittlung der Kenntnis von Signalreizen stark begrenzt ist. Das selektive Ansprechen auf komplexe Merkmalsqualitäten muß wahrscheinlich immer hinzugelernt werden. D. h., daß Erpel Merkmale ihres zukünftigen Sexualpartners frühzeitig kennenlernen müssen. Die Fixierung erfolgt in einer bestimmten sensiblen Phase während der ontogenetischen Entwicklung.

Einschlägige Befunde wurden zunächst bei nestflüchtenden Vogelarten gewonnen. Eine Reihe von Autoren diskutierten die hierbei maßgeblichen Faktoren (u. a. Fabricius 1951, Moltz 1963, Hess 1964b, Schutz 1964b, 1965 a, b, 1968, 1971, Bateson 1966). Mit entsprechenden Untersuchungen bei nesthockenden Vögeln befaßten sich Nicolai (1956, 1959, 1964) und Immelmann (1969, 1970a, 1971 a, b).

Die auf breiter Basis durchgeführten Prägungsanalysen von Schutz (1964 a, b, 1965 a, b) wurden unter Berücksichtigung unterschiedlicher Verwandtschaftsgrade durchgeführt. Es gelang ihm, Stockerpel (Anatini) auf Kolbenenten (Aythyini), Brandenten (Tadornini), Braut- und Warzenenten (Cairinini) sowie auf Gänse (Anserini) zu prägen. Schwierigkeiten bereitete eine sexuelle Fixierung von Stockerpeln auf Hühner und Bläßhühner. Andererseits waren Haus- und Bankivahühner (Phasianidae) und Bläßhühner (Rallidae) auf Stockenten recht gut prägbar. Insgesamt zeigen die Ergebnisse interartlicher Prägungsexperimente eine weitgehende Abhängigkeit vom jeweiligen Verwandtschaftsgrad.

Schutz zog in seinen Untersuchungen junge Stockerpel mit Fremdgenossen auf, entweder mit einer Ziehmutter oder mit Ziehgeschwistern. Die Haltung mit einer Ziehmutter führte zur Ausbildung einer höheren Stabilität des Gelernten. Wahlversuche zu einem späteren Zeitpunkt sprechen dafür, daß hierbei eine persönliche Bindung an das Muttertier nicht von Einfluß ist. Nach unterschiedlichen Isolierungsbedingungen wurden die Versuchstiere auf einem See, den zahlreiche Vertreter unterschiedlicher Arten besiedelten, freigelassen. Im Rahmen dieser Testsituation wählten die Erpel jeweils einen Partner der Aufzuchtart. Auch gegenüber Weibchen der eigenen Art wurde dieser deutlich bevorzugt. Nach einer 50tägigen Aufzucht mit Fremdgenossen, die sofort nach dem Schlüpfen begann, verpaarten sich $^2/_3$ der Versuchstiere mit Vertretern der Aufzuchtart. Von Stockerpeln, die erst im Alter von 1–3 Wochen ihr Prägungsobjekt kennengelernt hatten und mit diesen isoliert 5–6 Wochen verbrachten, erwiesen sich lediglich $^1/_3$ als geprägt. Danach muß die Zeitspanne höchster Prägbarkeit im Rahmen der sensiblen Periode zwischen dem 1. und 7. Tag nach dem Schlüpfen liegen. Das Ausmaß der Stabilität von Fremdprägungen konnte über mehrere Jahre verfolgt werden. Die Ergebnisse erwiesen sich in der Mehrzahl der Fälle als irreversibel.

Diejenigen Versuchstiere, bei denen eine Fremdprägung von vornherein nicht gelang, wählten für ihre sexuellen Beziehungen arteigene Weibchen. Auch Versuche, in denen männliche und weibliche Stockenten optisch und akustisch isoliert im Kaspar-Hauser-Experiment aufgezogen wurden oder aber mit einem arteigenen und artfremden Partner gleichzeitig, führten zur Bevorzugung eines arteigenen Geschlechtspartners. Danach kann man annehmen, daß die Tiere über einen entsprechenden AAM verfügen. Die angeborene neurosensorische Selektivität wird infolge von Prägungsprozessen erhöht. Es kommt zur Ausbildung eines EAAMs.

Schutz (1965b) kommt nach seinen Untersuchungen zu dem Ergebnis, daß im Rahmen natürlicher Bedingungen bei dimorphen Arten allein die Männchen sexuelle Prägungsprozesse vollziehen. Weibchen sind im Experiment kaum prägbar. Die Wahl des Geschlechtspartners erfolgt also bei ihnen, entsprechend den auffallenden Merkmalen des Prachtkleids arteigener Männchen, fast ausschließlich auf der Grundlage eines AAMs. Die hierin zum Ausdruck kommende arterhaltende Funktion bestätigen Untersuchungen an der chilenischen Krickente (A. flavirostris). Bei dieser Art tragen nicht nur die Weibchen, sondern auch die Männchen eine unauffällige Tracht (Abb. 41). In diesem Fall sind sowohl die Erpel als auch die Weibchen

Abb. 41: *Ein Pärchen Chilenischer Krickenten.* Es fehlt jeglicher Geschlechtsunterschied in Gestalt und Farbe (aus Schutz 1965).

gut prägbar (Abb. 42). Ebenfalls führte Schutz (1965a) umfangreiche Prägungsversuche zur Frage der Homosexualität durch (Abb. 43). Stockerpel, die mit einem männlichen Partner der eigenen oder einer fremden Art aufgezogen wurden, ließen im adulten Stadium einen hoch stabilen Prägungseffekt erkennen. Die Stabilität des Engramms wird durch mißlingende Begattungsversuche in keiner Weise beeinträchtigt. Diese Beobachtung schließt eine Beteiligung von Verstärkermechanismen im Rahmen des geschlechtlichen Verhaltens für den Paarzusammenhalt aus. Auch bei gleichzeitiger Anwesenheit arteigener Weibchen erweisen sich Prägungen auf männliche Sexualpartner jahrelang als resistent. Im Unterschied zur heterosexuellen Prägung sind dabei persönliche Bindungen frühzeitig kennengelernter Partner von Bedeutung. Prägungsbedingte Homosexualität beruht offenbar allein auf erworbenen Selektivitätsmechanismen neurosensorischer Datenverarbeitung.

Diesen an nestflüchtenden Vogelarten durchgeführten Experimenten stehen solche an nesthockenden gegenüber. Umfangreiche Untersuchungen hierzu stammen von Immelmann (1966, 1969, 1970a) an verschiedenen Arten der Prachtfinken (Estrildidae). Vertreter dieser Gruppe sind bei uns als farbenprächtige Käfigsingvögel aus

Abb. 42: *Ein verpaartes, auf Stockerpel geprägtes Weibchen der Chilenischen Krickente* (aus Schutz 1965).

Abb. 43: *Ein Pärchen homosexueller Stockerpel schwimmt wie ein heterosexuelles Pärchen stets zusammen* (aus Schutz 1965).

Afrika, Südasien und Australien bekannt. Ihre relativ leichte Haltung und jahreszeitlich unabhängige Züchtungsmöglichkeit bietet Vorteile für das Experiment. Wechselseitige Austauschexperimente führte Immelmann vor allem mit dem australischen Zebrafinken (Taeniopygia guttata castanotis) und dem Japanischen Mövchen (Lonchura striata) durch. Infolge der Züchtungsverfahren in Gefangenschaft entwickelten sie typische Domestikationsmerkmale in Form und Farbe. Zusätzlich erweist sich die Selektivität gegenüber den das Brutpflegeverhalten auslösenden optischen Reizen als reduziert. Infolgedessen ziehen sie nicht nur arteigene, sondern ebenfalls artfremde Jungvögel ohne Schwierigkeiten auf.

In unterschiedlichen Versuchsreihen ließ Immelmann Zebrafinken von Japanischen Mövchen aufziehen, um Prägungseinflüsse näher zu analysieren. Jedoch auch umgekehrt gelang vielfach die Aufzucht von Mövchen durch Zebrafinken. In den Experimenten wurden jeweils brütenden Stiefeltern zu den arteigenen artfremde Eier untergeschoben. Nach dem Selbständigwerden der Versuchstiere trennte man sie von den Stiefeltern und -geschwistern, um sie anschließend isoliert zu halten. Nach Beendigung der Jugendmauser und dem damit gleichzeitigen Erreichen der Geschlechtsreife im Alter von 12 bis 14 Wochen erfolgten Tests in Form von Zweifachwahlversuchen. So wurden balzenden männlichen Versuchstieren jeweils ein Weibchen der eigenen und eines der stiefelterlichen Art zur Wahl gestellt. Um persönliche Bekanntschaften auszuschließen, wechselte man die angebotenen Weibchen aus. Um den Einfluß von Bewegungskoordinationen und Lautäußerungen zu eliminieren, erfolgten zusätzliche Prüfungen mit Weibchenattrappen. Die Tests erbrachten eindeutige Ergebnisse. Die von einer fremden Art aufgezogenen Männchen balzten Weibchen bzw. Attrappen der Stiefelternart an (vgl. Abb. 44 u. 45). Schließlich

Abb. 44: *Balzende Zebrafinken.* Das Männchen hüpft singend auf das arteigene Weibchen zu (aus Immelmann 1970).

führten Fremdprägungen bei Tieren, die mit der Hand aufgezogen worden waren, so weit, daß sie später, selbst in Anwesenheit eines arteigenen Weibchens, den Pfleger umwarben. Weitere Isolierungsexperimente während der Ontogenese machten deutlich, daß die Objektfixierung frühzeitig und rasch erfolgt. Auch im Alter von 33 Tagen isolierte Versuchstiere, die ihr Nest erst vor ca. einer Woche verlassen hatten, erwiesen sich als geprägt. Immelmann (1970a) vermutet, daß die Prägung bereits im Nest beginnt, also zu einer Zeit, in der die Tiere noch lange nicht geschlechtsreif sind. Das Ende der sensiblen Phase liegt im Alter von etwa 40 Tagen, also noch mehrere Wochen vor dem Adultwerden. Nach diesem Zeitpunkt ist eine Korrektur ausgeschlossen. Das Prägungsengramm erweist sich als sehr stabil. In einem Versuch lag auch noch nach 19 Monaten Irreversibilität vor.

Abb. 45: *Ein von Mövchen aufgezogener Zebrafink im Wahlversuch.* Er balzt die Attrappe eines Mövchenweibchens an, beachtet die arteigene Attrappe nicht (aus Immelmann 1970).

Zwingt man von Japanischen Mövchen aufgezogene Zebrafinken dazu, mit arteigenen Weibchen zu brüten, indem ihnen ein solches allein zur Verfügung gestellt wird, finden schließlich Paarung und Brutpflege statt. Selbst nach mehrmaliger Wiederholung dieses Experiments (in einem Fall innerhalb von 6 Jahren), wurden in anschließenden Wahlversuchen Mövchen den Zebrafinken bevorzugt. Stellt man dabei allerdings im Test das zuletzt gekannte Zebrafinkenweibchen zur Verfügung, sind die Balzkoordinationen zunächst auf dieses gerichtet. Dann also überwiegt die persönliche Bekanntschaft. Die während des Brutzyklus im adulten Stadium erlernten Merkmale arteigener Weibchen werden jedoch schnell wieder vergessen und haben mit einem Prägungsphänomen nichts zu tun. Das erfolgreiche Brüten mit einem arteigenen Weibchen bei fremdgeprägten Zebrafinken beginnt mit einer starken Verzögerung und ist im Sinne einer Schwellenerniedrigung verständlich. Das persönliche Kennenlernen dieses Weibchens läßt sich als operante Konditionierung interpretieren, bei der individuelle Merkmale von Bedeutung sind. Der sexuelle Prägungsvorgang hingegen erstreckt sich nicht auf individuelle, sondern auf Artmerkmale.

Schließlich gelang es Immelmann, selbst in Anwesenheit von Artgenossen Zebrafinken auf Mövchen zu prägen. Mehrere Zebrafinkenpaare und ein Mövchenpaar wurden in einer Voliere zusammengehalten und dem Mövchenpaar dabei ein junger Zebrafink untergeschoben. Dieser Zebrafink konnte also in diesem Fall Artgenossen sehen und hören und nach Verlassen des Nestes auch mit diesen in Kontakt treten. Dennoch erwies sich das Versuchstier später ebenfalls als fremdgeprägt. Dieser Befund macht in besonderem Maße den Einfluß der Bindung zwischen Jungvogel und Elterntier während der Aufzucht deutlich. Eine spezifische Handlungsbereitschaft im Rahmen dieses Kommunikationssystems muß für die Informationsaufnahme des

Jungvogels entscheidend sein. Sie erweist sich als derart dominierender Einfluß, daß die angeborenermaßen bevorzugten Lautäußerungen der Artgenossen bedeutungslos werden. Bei einer solchen Fremdprägung wird der entsprechende AAM durch einen EAM ersetzt.

Weitere Untersuchungen zur Geschlechtspartnerprägung bei Nesthockern liegen von Warringer, Lemon und Ray (1963) vor. Sie verwandten schwarze und weiße Taubenrassen. Schwarzen Eltern schob man zusätzlich zu dem eigenen Gelege Eier weißer Tauben unter und umgekehrt. Im Alter von 40 Tagen wurden die Versuchstiere von ihren andersfarbigen Geschwistern und den Stiefeltern getrennt und anschließend bis zur Geschlechtsreife isoliert gehalten. In anschließenden Wahlversuchen bevorzugten männliche weiße Tauben, die von schwarzen Eltern aufgezogen worden waren, schwarze Weibchen und männliche schwarze Tauben, die weiße Pflegeeltern hatten, weiße Weibchen. Weibliche Tiere zeigten jedoch nach entsprechenden Experimenten keine derartige Bevorzugung. Da die Männchen beim Paarungsverhalten allein den aktiven Teil übernehmen, scheint es bei dieser Art fraglich, ob die Weibchen überhaupt über eine Selektivität gegenüber verschieden gefärbten Männchen verfügen.

b) Prägungseinflüsse auf die Größe der Handlungsbereitschaft

Immelmann (1971b) hat auf erfahrungsbedingte Einflüsse aufmerksam gemacht, die während der ontogenetischen Entwicklung wirksam sind und das Niveau einer spezifischen Handlungsbereitschaft im adulten Stadium beeinflussen. Leider sind unsere Kenntnisse hierüber bis heute gering Das ist besonders bedauerlich, wenn man die Bedeutung frühkindlicher Erfahrungen beim Menschen unter diesem entscheidenden Aspekt zu berücksichtigen versucht. In diesem Zusammenhang bleibt außerdem zunächst die Frage offen, ob erfahrungsabhängige Einflüsse Handlungsbereitschaften auch qualitativ modifizieren. Gerade hierzu erscheinen methodische Ansätze außerordentlich schwierig.

α) *Agonistische Prägung*

Immelmann (1971b) beobachtete frühkindliche Einflüsse auf die Handlungsbereitschaft agonistischen Verhaltens bei Prachtfinken. Männchen des australischen Zebrafinken (Taeniopygia guttata) sind unterschiedlich stark aggressiv. Austauschversuche während der Brutpflege von Eiern bzw. Jungtieren ergaben, daß für unterschiedliche Größen der entsprechenden Handlungsbereitschaft nicht allein genetische Grundlagen verantwortlich zu machen sind. Auch Kinder wenig aggressiver Eltern zeigten später eine hohe Aggression, wenn man sie von stark aggressiven Stiefeltern aufziehen ließ. Immelmann vermutet eine Abhängigkeit von der Erfahrung besonders insofern, als die Jungtiere, wenn sie selbständig werden, von den eigenen Vätern bzw. von den Stiefvätern mit unterschiedlich intensivem aggressivem Verhalten vertrieben werden.

Sackett (1967) versuchte bei jungen Rhesusaffen aggressive Verhaltenskomponenten quantitativ zu erfassen. Dabei verglich er 2–3 Monate alte Tiere friedlicher Mütter mit solchen, die bei sehr aggressiven Müttern aufgewachsen waren. Der Einfluß besonders aggressiver Mütter kam im Vergleich desjenigen friedlicher Mütter in mehr als doppelt so vielen agonistischen Verhaltensäußerungen der Jungtiere zum Ausdruck.

β) *Kohäsive Prägung*

Antiagonistische Prägungseinflüsse, die für das spätere Sozialverhalten von entscheidender Bedeutung sind, werden in zahlreichen Fällen bei unterschiedlichen Arten, besonders bei Säugetieren wiederholt angeführt. Genauere Untersuchungen liegen leider nicht vor. Analysen, die spezielle Fragestellungen des Prägungsmechanismus beantworten könnten, wären wünschenswert. Die methodischen Schwierigkeiten basieren auf der Vielfältigkeit kohäsiven Verhaltens, die in außerordentlich unterschiedlichen sozialen Bezügen und Situationen zum Ausdruck kommt.

Collias (1956) zeigte, daß Haushuhnküken, die in ihren ersten 10 Lebenstagen keinen Artgenossen kennengelernt hatten, sich später von Gleichaltrigen absonderten. Haushunde weisen eine sensible Phase während der 3. bis 14. Lebenswoche auf, in der die kohäsive Prägbarkeit in der 7. Woche am stärksten zum Ausdruck kommt. Soziale Erfahrungen während dieser Entwicklungszeit sind für den späteren Sozialkontakt von entscheidender Bedeutung (Freedmann, King u. Elliot 1961).

Immelmann (1969) trennte Prachtfinken im Alter von etwa 5 Wochen mit dem Selbständigwerden von ihren Eltern und hielt sie anschließend bis zur Geschlechtsreife im Alter von 3–4 Monaten, völlig isoliert. Danach wurde eine Beeinträchtigung sozialer Verhaltensstrukturen gegenüber normal Aufgewachsenen deutlich. Z. B. waren Kontaktsitzen und Gefiederkraulen stark reduziert. Nach Fremdprägungen treten derartige Kommunikationsformen in Erscheinung und unterscheiden sich offenbar von denjenigen nicht, die nach Aufzucht durch arteigene Eltern zu beobachten sind (Abb. 46). Prachtfinken, die nach dem Schlüpfen handaufgezogen wurden, starben nach Einsetzen in Gemeinschaftsvolieren. Sie waren der sozialen Situation nicht gewachsen.

Abb. 46: *Ein von Mövchen aufgezogener Zebrafink krault eine Weibchenattrappe aus der Art seiner Zieheltern* (aus Immelmann 1970).

c) Motorische Prägung

Im Rahmen von Analysen zur neurosensorischen Prägung bei Prachtfinken, die das Kennenlernen optischer Merkmale des zukünftigen Geschlechtspartners berücksichtigen (vgl. S. 85), stellte Immelmann (1966) gleichzeitig die Frage nach dem Einfluß akustischer Reize während der Kindheits- und Jugendentwicklung.

Der Gesang adulter Prachtfinken dient niemals der Reviermarkierung, sondern ist neben optischen Auslösern ein wesentliches Element des Werbeverhaltens der Männchen (Immelmann 1959, 1962). Die Gesangsstrophen sind einfach, umfassen jedoch einen weiten Frequenzbereich. Für die Untersuchungen wurden frisch abgelegte Eier von australischen Zebrafinken (Taeniopygia guttata castanotis) Gelegen domestizierter Formen Japanischer Mövchen (Lonchura striata) untergeschoben. Nach dem Schlüpfen und der Aufzucht bis zur Selbständigkeit im Alter von 25–30 Tagen trennte Immelmann die jungen männlichen Zebrafinken von ihren Stiefeltern und -geschwistern und hielt sie bis zur Geschlechtsreife optisch und akustisch isoliert. Etwa 10 Tage danach beginnen die Versuchstiere ihren Jugendgesang zu formen, was sich in einem Aneinanderreihen einzelner leiser Töne ausdrückt. Später, in den darauffolgenden Wochen entwickelt sich daraus in kontinuierlicher Weise der eigentliche Gesang. Es kommt zur Ausbildung von Motiven und kurzen Strophen und zu einer Steigerung der Lautfrequenz. Sie ist spätestens im Alter von 9–11 Wochen abgeschlossen. Teilelemente der Balz sind frühestens mit 6–9 Wochen zu beobachten. Alle die von Japanischen Mövchen aufgezogenen Zebrafinken ließen als adulte Tiere einen Gesang hören, der weitgehend demjenigen der Stiefeltern entsprach.

Andererseits zeigten völlig vorbildlose Aufzuchten von Zebrafinkenmännchen, die mit Hilfe von arteigenen bzw. artfremden Weibchen oder durch Menschenhand aufgezogen worden waren, daß die Tiere gleichfalls über ein angeborenes, wenn auch sehr unvollständiges Strophengerüst verfügen. Insgesamt liegt eine große individuelle Variabilität vor, die wahrscheinlich genetisch bedingt ist.

Das angeborene Strophengerüst wird im wesentlichen durch Hinzulernen von Gesangsmerkmalen der Art- bzw. Fremdgenossen zum adulten Motivgesang.

Durch das Auffinden einer sensiblen Phase und den Nachweis hoher Stabilität des Prägungsengramms gelang es Immelmann (1966) den zur vollständigen Entwicklung des Gesangs notwendigen Lernmechanismus als typischen Prägungsvorgang zu kennzeichnen. Er stellte fest, daß die Aufnahme von Motiven vor dem Gesangsbeginn liegt und mit dem Anfang des Jugendgesangs abgeschlossen wird; also zu einer Zeit, in der die betreffenden Elemente noch lange nicht zu hören sind. Die durchgeführten Isolierungsexperimente nach dem Selbständigwerden der Tiere machen deutlich, daß die Engrammausbildung lange Zeit vor dem Auftreten des Phänomens der Kannphase vollzogen ist. Am 38. Lebenstag, also zu Beginn des Jugendgesanges, kann die Aufnahme der Motive bereits beendet sein. Die zeitliche Länge der Motive, ihre Aufeinanderfolge und ihre Zeitfrequenz werden dagegen zwischen dem 40. und 80. Lebenstag, d. h. während der eigentlichen Gesangsentwicklung, allmählich festgelegt. Spätestens zwischen dem 80. und 90. Lebenstag ist die sensible Phase abgeschlossen. Die Gesangsqualität erweist sich als außerordentlich stabil (Abb. 47). Damit ist die Lernform, die der Gesangsentwicklung bei Prachtfinken zugrundeliegt, durch die entscheidenden Prägungskriterien, nämlich durch eine sensible Phase und die Irreversibilität gekennzeichnet. Experimente zur Frage einer spezifischen Bevorzugung von Gesängen während der Ontogenese machen deutlich, daß die Tiere über ein relativ einfaches angeborenes Sollmuster verfügen. Es wird bei arteigener Aufzucht durch Hören des väterlichen Gesangs ergänzt oder aber durch Hören eines artfremden Pflegevaters überdeckt. Dabei wird eine Präferenz für arteigene Gesangsmotive und zusätzlich eine solche für die Motive des persönlich bekannten Vaters deutlich. Es werden also ebenfalls individuelle Merkmale übernommen.

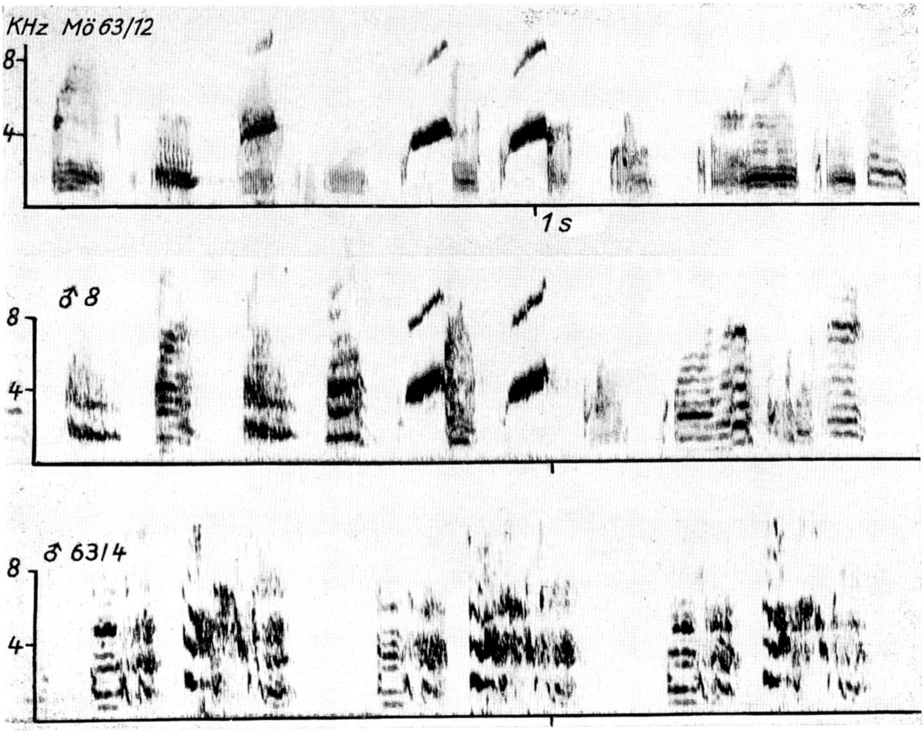

Abb. 47: a) *Gesang eines japanischen Mövchens.* b) Gesang eines von einem japanischen Mövchen aufgezogenen Zebrafinken. c) Gesang eines normal aufgezogenen Zebrafinken (Vater von b). Abszisse: Zeit in sec. Ordinate: Frequenzspektrum in KHZ. Originalspektogramme (aus Immelmann 1966).

Inwieweit das Lernen des Gesangs bei Prachtfinken zusätzlich eine Unterstützung in Form einer Rückmeldung der eigenen Lautäußerung erfährt, wissen wir nicht. Ertaubungsexperimente, wie sie bei anderen Vogelarten durchgeführt worden sind, gelangen bisher nicht (S. 70).

Außer den weitreichenden Befunden über die Gesangsprägung bei Prachtfinken kennen wir kaum Hinweise für andersartige motorische Prägungsprozesse.

De Lannoy (1967) stellte in einer Arbeit über Prägungsvorgänge bei der Stockente (Anas platyrhynchos) und der Kolbenente (Netta rufina) die Frage nach der Anpassung artspezifischer Instinkthandlungen. Nach Prägungen auf Art- und Fremdgenossen führte er Bewegungsanalysen der Prägungsreaktionen durch, um die Abhängigkeit der Verhaltensweisen von dem Objekt zu prüfen, auf das diese durch die Erfahrung orientiert ist. Dabei wurde das Sozial- und speziell das Paarbildungsverhalten berücksichtigt. Nach Prägungen auf Art- oder auf Fremdgenossen unterscheiden sich die ontogenetische Entwicklung wie auch die Bedingungen des Auftretens von Balz- und Gesellschaftsspielen nicht. Andererseits zeigen die vergleichenden Beobachtungen eine Häufung nicht arttypischer Ausdrucksbewegungen bei auf Fremdgenossen geprägten Enten. Normalerweise oft auftretende Balzkoordinationen können reduziert erscheinen. Ähnliche Interaktionen zwischen artfremden Entenpartnern sind bisher nur nach monate- oder jahrelangem Lernen bekannt. Das weist auf die Schwierigkeit des Umlernens von den der Art eigenen Wechselbeziehungen hin, um Kontakt zu einem Fremdgenossen zu gewinnen. Die Untersuchungsergebnisse von DeLannoy kennzeichnen daher die Bedeutung einer sensiblen Phase für die Herausbildung einer spezifischen Häufigkeit unterschiedlicher Verhaltensmuster in Abhängigkeit von dem Prägungsobjekt, das in diesem Fall der Geschlechtspartner ist.

Leyhausen (1965) macht auf einen Vorgang bei Katzen aufmerksam, bei dem er von einer «Art motorischer Prägung» spricht. Tragen Katzenmütter ihren Kindern nicht in einem entscheidenden Zeitraum, zwischen der 6. und 20. Lebenswoche, lebende Beute zu, kann das Töten später ausbleiben oder aber sie müssen es langsam erlernen. Entscheidend ist dabei die Kraft und die Orientierung des Tötungsbisses. Inwieweit dieses Phänomen den Prägungskriterien im einzelnen entspricht, wissen wir nicht.

d) Prägungsähnliche Vorgänge bei Primaten

Humanpsychologische Untersuchungen der letzten Jahre beschäftigen sich, teilweise durch ethologische Befunde angeregt, in zunehmendem Maße mit der Bedeutung frühkindlicher Erfahrungen. Allerdings beruhen Kenntnisse über prägungsähnliche Vorgänge beim Menschen vorwiegend auf psychopathologischen Analysen, die an Hand klinischer Beobachtungen gewonnen worden sind. Eine solche Forschungsmethode erweist sich verständlicherweise als sehr begrenzt. Eine rückwirkende Aufschlüsselung kindlicher Engrammbildungen muß mit schwerwiegenden Fehlbeurteilungen belastet sein. Einflüsse einer Vielzahl von Sozialpartnern, wie z. B. durch Spielgefährten, sind kaum oder gar nicht rekonstruierbar. Hinzu kommen unerkannte vorübergehende hirnpathologische Prozesse. Kontinuierliche Studien einzelner Individuen bereiten gleichfalls, allein schon durch die Länge der Beobachtungsdauer, unüberwindliche Schwierigkeiten. Experimentelle Verfahrensweisen, wie die bei Tieren durchgeführten Isolationsversuche, sind beim Menschen von vornherein ausgeschlossen. Andererseits bieten tierethologische Befunde zweifellos eine Hilfestellung, um unsere Kenntnisse über Prägungsphänomene beim Menschen zu fördern. Wenn auch die Übertragung der an Tieren gewonnenen Ergebnisse auf den Menschen mit äußerster Vorsicht und Kritik betrachtet werden muß, ist ihnen für die Humanpsychologie trotzdem ein großer arbeitshypothetischer Wert beizumessen. Eine sinnvolle Zusammenarbeit im Sinne eines dringend notwendigen Erfahrungsaustausches zwischen der zoologischen Verhaltensphysiologie und verschiedenen den Menschen betreffenden Forschungsrichtungen, wie der Psychologie, Medizin, Soziologie, Anthropologie und Pädagogik wäre für die Zukunft außerordentlich wünschenswert.

In diesem Zusammenhang erweist sich eine zunehmende Erweiterung unserer Kenntnisse über Kind- und Jugenderfahrungen nichtmenschlicher Primaten als besonders förderlich. Allein die umfangreichen Untersuchungen der Harlow-Schule an der Universität Wisconsin/USA an Rhesusaffen haben das diesbezügliche klassische psychologische Konzept wie auch die Freudsche Psychoanalyse wertvoll ergänzt (Schmalohr 1968). Dabei geht es in erster Linie um die Folgen der Mutterentbehrung. Rhesusaffen- und Menschenkinder sind in der ontogenetischen Entwicklung zahlreicher Verhaltenselemente recht ähnlich und daher teilweise gut miteinander vergleichbar.

Unterschiedlich durchgeführte Trennungsverfahren bei Rhesusaffenkindern von der mütterlichen Umgebung führten zu aufschlußreichen Ergebnissen. Zunächst wurden 60 Tiere 6–12 Stunden nach der Geburt von ihren Müttern getrennt, um danach von Menschenhand aufgezogen zu werden. Im Vergleich zu nomal aufgewachsenen Kontrolltieren entwickelten sie sich bis zu 25 % größer und schwerer. Gleichzeitig durchgeführte Attrappenversuche, in denen Affenkinder mit künstlichen Ersatzmüttern zusammenlebten, erbrachten weitere Aufschlüsse (Harlow 1958, Harlow u. Zimmermann 1959). Einerseits konnten die Kinder an einer solchen Attrappe Milch saugen, also ihren Hunger stillen. Außerdem waren die Ersatzmütter mit weichem Material, wie z. B. mit Stoff bezogen und wurden zusätzlich von innen erwärmt. Diese Maßnahme diente zur Befriedigung des Kontaktbedürfnisses. Die von den Rhesusjungen zu den Attrappen aufgebauten Beziehungen entsprachen der Normalentwicklung.

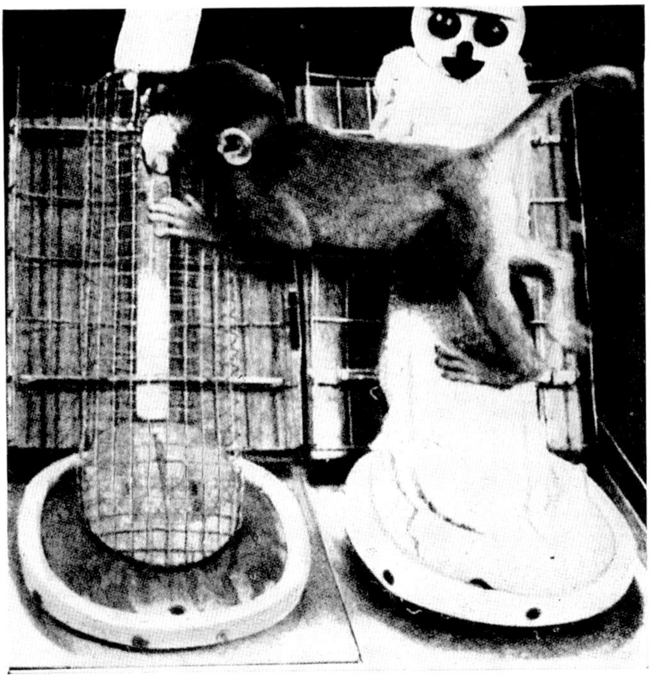

Abb. 48: *Konflikt zwischen Nahrungs- und Kontaktbedürfnis* (aus Harlow und Harlow 1966).

In weiteren Versuchen, in Form von Wahlexperimenten, standen den Versuchstieren jeweils zwei Ersatzmütter zur Verfügung; nämlich eine Draht- und eine Stoffattrappe. Entweder trug während einer Aufzucht die Drahtattrappe die Nahrungsquelle oder aber die Stoffattrappe. In jedem Fall stellte man eine deutliche Bevorzugung der Stoffattrappe fest. Wenn die Stoffmutter gleichzeitig Milch- und Kontaktspender war, kümmerten sich die Jungen um die Drahtattrappe kaum. Sie verbrachten bei diesen Bedingungen in den ersten 165 Tagen durchschnittlich 12–18 Stunden an der Stoffattrappe und etwa 1 Stunde an der Drahtattrappe. Gab es bei der Drahtattrappe die Milch, führte die Situation zu einem Konfliktverhalten (Abb. 48). Die an der Drahtmutter verbrachte Zeit betrug insgesamt nur wiederum 1 Stunde. Bei der Stoffmutter hingegen blieben die Affenkinder in den ersten 5 Tagen durchschnittlich 7 Stunden, verlängerten ihre Anhänglichkeit in zunehmendem Maße, hielten sich in der 4. Woche z. B. durchschnittlich 17 Stunden am Tag bei ihr auf. Das Ergebnis macht die *Dominanz des Kontaktbedürfnisses* im Rahmen der Kind-Mutter-Beziehung deutlich. Die gleichzeitig Sicherheit spendende Stoffattrappe suchten die Tiere in allen aufregenden Situationen, wie z. B. beim Erschrecken vor neu zugesetzten Gegenständen, gezielt auf (Abb. 49). In Anwesenheit dieser Ersatz-

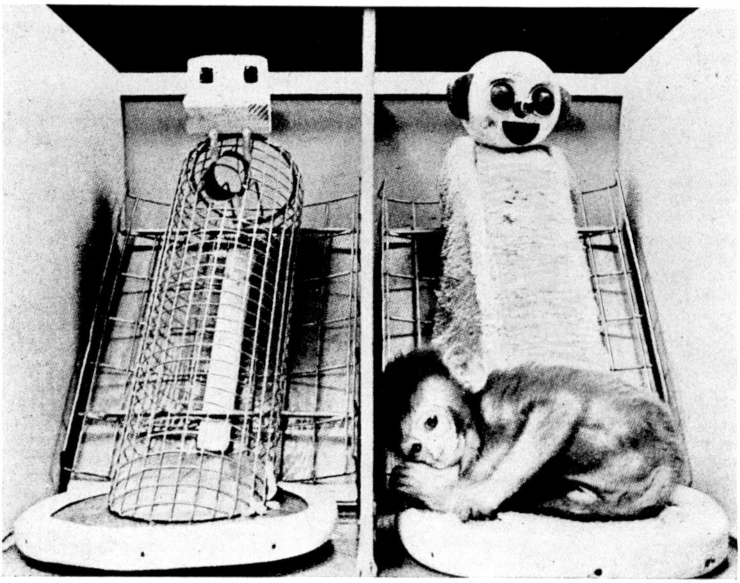

Abb. 49: *Draht- und Stoffmutterattrappen* (aus Harlow und Zimmermann 1959).

mutter erhöhte sich auch das Erkundungsverhalten fremden Objekten gegenüber. Nahm man die Attrappe fort, gerieten die Jungen in eine angstvolle Lage, die sich bis zur Bewegungslosigkeit steigern konnte. Ersatzweises Hinstellen einer Drahtattrappe reduzierte die Angst nicht. Die erforderlichen Auslöser für das Körperkontaktverhalten fehlten. Danach vermutet Harlow (1958), daß die Bindung an die Mutter nicht allein von der Nahrungsaufnahme hergeleitet werden kann.

Im weiteren Verlauf der Entwicklung zeigten jedoch die mit Ersatzmüttern aufgezogenen Rhesusaffen, auch bei gleichzeitiger Befriedigung von Kontakt- und Nahrungsbedürfnis, Verhaltensstörungen (Harlow u. Harlow 1962a, b). Im ersten Halbjahr oder während des ganzen ersten Jahres mit Attrappen isolierte Affenkinder wiesen nach Zusammensetzung mit anderen Artgenossen in jedem Fall Neurosen auf. Sie beachteten gleichaltrige Partner nicht. Manche saßen teilnahmslos da und starrten ins Leere. Andere liefen stereotyp hin und her. Viele Versuchstiere umfaßten Kopf und Körper in zusammengekauerter Haltung, teilweise in schaukelnder Bewegung. Es fehlte an fremdbezogenem aggressivem Verhalten. Selbstbezogene

Stereotypien, wie aggressives Reiben und Zerren, konnten zu Verletzungen führen (Abb. 50). Verhaltensstörungen beobachtete man in einigen Fällen bis zum 7. Jahr (Cross u. Harlow 1963). Selbst Versuchstiere, die jahrelang mit Partnern zusammenlebten, zeigten weder die sonst häufig zu beobachtenden sexuellen Spiele noch Paarungsverhalten. Die Schädigungen erwiesen sich teilweise als irreversibel. In Gegenwart von Stoffmüttern aufgezogene Affen waren kaum erfolgreicher als diejenigen, denen nur Drahtmütter zur Verfügung gestanden hatten.

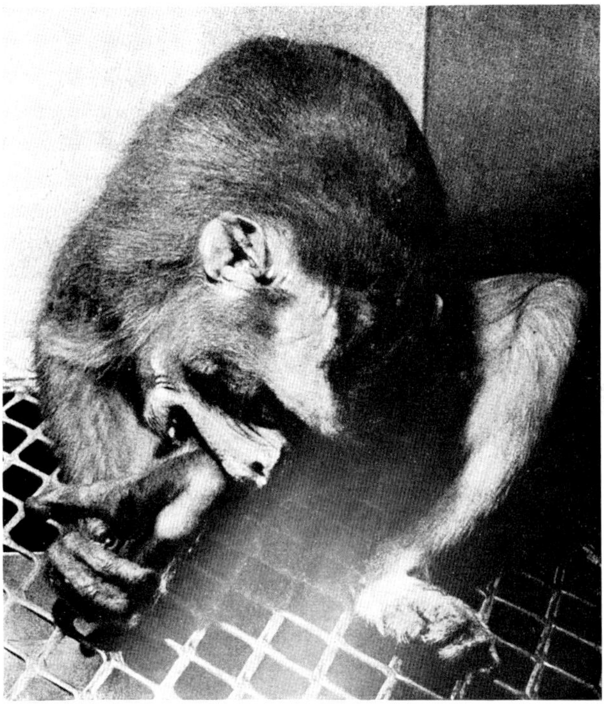

Abb. 50: *Adulter Rhesusaffe nach partieller Isolation bis zum 6. Monat richtet aggressive Verhaltensweisen gegen sich selbst* (aus Harlow und Harlow 1962).

Trotz des erörterten Fehlverhaltens versuchte man unter besonderen Bedingungen, Paarungen zwischen weiblichen Versuchstieren und normal aufgewachsenen männlichen Rhesusaffen herbeizuführen (Harlow 1962, Harlow u. Harlow 1962, Seay, Alexander u. Harlow 1964, Harlow, Dodsworth u. Arling 1966). In geeigneten Käfigen und mit sehr geduldigen Männchen hatte man Erfolg. Bis 1966 brachten schließlich 20 Tiere Kinder zur Welt. Jedoch kam es zu keiner normalen Mutter-Kind-Beziehung. Die Mütter verhielten sich ihren Kindern gegenüber desinteressiert oder sie waren aggressiv. Eine der Versuchsmütter biß ihrem Kind in den ersten Stunden nach der Geburt 6 Finger ab, bevor ein Wärter eingreifen konnte. Zu einem späteren Zeitpunkt der Aufzucht fehlte die Phase der Kontaktlösung, die die in Anwesenheit von Attrappen aufgezogenen Mütter selbst nie erlebt hatten. Normalerweise wird die Mutter-Kind-Bindung durch Aktivitäten der Mutter nach und nach gelöst. Dieses Verhalten der Mutter begünstigt in zunehmendem Maße den Kontakt zu anderen Artgenossen. Erstaunlicherweise konnten solche mütterlichen Verhaltensstörungen nach der 2. Geburt korrigiert werden (Harlow u. Seay 1966, Harlow u. Harlow 1966). Eine überzeugende Interpretation für derartige Nachentwicklungen gibt es nicht.

Eine andere Form von Kompensationsmöglichkeiten bei Tieren, welche ohne Mutter und auch ohne Ersatzattrappen isoliert aufgewachsen waren, beobachtete man, wenn Affenkinder während ihrer Entwicklung Sicht- und Hörkontakt mit Gleichaltrigen zur Verfügung stand. Dadurch ließen sich soziale Verhaltensstörungen weitgehend vermeiden. In dieser Aufzuchtsituation wird das Fehlen des mütterlichen Kontakts teilweise durch die Altersgenossen ersetzt. Die Befunde weisen auf die Bedeutung des gleichzeitigen Kontaktes mit Spielgefährten hin.

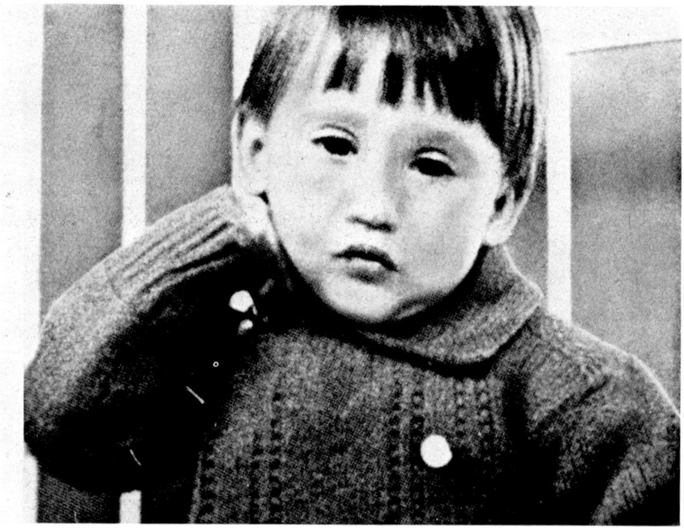

Abb. 51: *Deprivationsschaden nach Muttertrennung. Entzug* 3 Monate zwischen dem 6. und 8. Lebensmonat (aus Spitz 1967).

Die geschilderten Symptome nach Mutterentbehrung, bzw. auch nach der Entbehrung von gleichaltrigen Artgenossen bei Rhesusaffen, betreffen sehr unterschiedliche soziale Verhaltenssysteme. Die Vielschichtigkeit sozialer Bezüge während der Kind- und Jugendentwicklung erschwert die Reichweite des analytisch experimentellen Vorgehens. Danach werden die Schwierigkeiten zur Kausalforschung des Deprivationssyndroms beim Menschen besonders deutlich. Die auch als Hospitalismus bezeichneten Fehlentwicklungen sind durch mannigfaltige Symptome gekennzeichnet (Abb. 51).

Hassenstein (1972) erkennt echte Prägungsprozesse im Rahmen der Kind-Mutter-Beziehung beim Menschen unter besonderer Berücksichtigung sexueller Entwicklungseinflüsse. Für unentschieden hält er die Beteiligung von Prägungen an der Ausbildung «der inneren Haltung im Sozialbereich», wie der Eigenschaften «Mitleid, Verantwortungsgefühl, Wahrheitsliebe, Achtung fremden Besitzes».

Im 1. bis 2. Lebensmonat beginnt der menschliche Säugling zu lächeln (Koehler 1954 a, b). Nachdem zunächst beliebige Gesichter auslösend wirken können, lernt er in zunehmendem Maße Merkmale der Gesichter seiner näheren Umwelt kennen und erreicht im 8. Lebensmonat aufgrund dessen das Stadium des sogenannten «Fremdelns». Spitz (1967) hat auf die stark verringerte Fähigkeit des Umlernens von Gesichtern hingewiesen, die in Kinderheimen bei Wechsel der betreuenden Schwestern besonders strapaziert wird und zu starken Störungen führen kann. Die Gesamtsituation der bekannten Gesichtsmerkmale beinhaltet, hinsichtlich der Auslösung, eine umfangreiche Wertigkeit, die wir mit Geborgenheit umschreiben.

Besondere Erfahrungen eines späteren Alters zwischen 4 und 7 Jahren sind für sexuelle Störungen verantwortlich gemacht worden. Nach Meves (1967, 1971) findet in dieser Zeit eine allgemeine Prägung für den zukünftigen Partnerbereich statt. Bereits Freud hat die Zeit zwischen dem 4. und 6. Lebensjahr, in der in der Regel der gegengeschlechtliche Elternteil zum bevorzugten Ziel für Partnerschaftsverhalten wird, als «oedipale Phase» bezeichnet. In diesem Zusammenhang ist wiederholt Homosexualität als Fehlprägung interpretiert worden. Inwieweit es sich hierbei allerdings gleichzeitig bzw. allein um eine Sozialpartnerprägung handeln könnte, wissen wir nicht.

7. Primär neukombiniertes Verhalten

Höchste Lernleistungen bei Tieren bereiten analytischem Vorgehen größte Schwierigkeiten. Hierbei wird fast ausschließlich das Phänomen der Kannphase sichtbar. Diese informationsverwertende Verhaltensform hat man auch als «zielbedingt neukombiniertes Verhalten» (Hassenstein 1969) oder als «primäre Aufgabenlösung» (u. a. Fischel 1967) bezeichnet. Köhler, der nach Versuchen auf Teneriffa 1917 auf diese Fähigkeit bei Schimpansen ausführlich aufmerksam machte, sprach von «einsichtigem Handeln». Rensch (1965a) zieht es vor, da der Begriff «Einsicht» beim Menschen weitergehende Denkleistungen beinhaltet, vom «Erfassen kausaler und logischer Zusammenhänge» und von «Voraussicht» zu sprechen. Jedenfalls entzieht sich bei dieser Leistung der Verlauf der Lernphase jeder experimentellen Kontrolle. Das zu beobachtende neukombinierte Verhalten in bezug auf Objekte der Umwelt basiert auf den zur Zeit der Situation vorhandenen Informationswerten. Zur Verfügung stehende ererbte und erworbene Möglichkeiten im neurosensorischen und neuromotorischen Bereich sind für die Lernphase verwertbar. Diese Phase ist durch eine weitgehende Inaktivität der Tiere gekennzeichnet. In ihr vollzieht sich allein endogen eine Vorwegnahme zukünftiger räumlicher und zeitlicher Handlungsmuster. Das geschieht jeweils im Rahmen einer spezifisch ausgestatteten Umwelt und führt zu einem primär erfolgreichen Verhalten. Nur wenn wir das theoretisch charakterisierte Intervall im weitesten Sinne als Lernphase betrachten, die eine bestimmte Lernleistung in der Auffassung einer Kannphase zur Folge hat, läßt sich die Fähigkeit einsichtigen Verhaltens prinzipiellen Mechanismen des Lernens zuordnen.

Bei der Erörterung derartiger Fähigkeiten muß allerdings ausdrücklich auf die Schwierigkeiten der Zuordnung von Einzelfällen hingewiesen werden. Zunächst setzt die Beurteilung Kenntnisse über die Verhaltensgenese voraus. Auch muß das sensorische Angebot weitgehend bekannt sein. Zahlreiche in der Literatur dargestellte experimentelle Befunde, die als primäre Aufgabenlösung interpretiert werden, sind infolgedessen kritisch zu betrachten. Hierzu gehören u. a. Freilandbeobachtungen, in denen der Gebrauch von Werkzeugen beschrieben wird. Die jeweils davor liegende Verhaltensgenese, die sehr unterschiedliche Lernmechanismen beinhalten kann, ist uns in solchen Fällen unbekannt. Lawick-Goodall (1971) beobachtete freilebende Schimpansen (Pan troglodytes) am Gombe-Strom. Einzelne Tiere brachen Halme ab, liefen damit zu Termitenhügeln, steckten sie eine Weile in deren Öffnungen, um sie danach wieder herauszuziehen und die daran festsitzenden Termiten abzulutschen (Abb. 52). Hierbei muß es sich nicht, entgegen häufig zu

Abb. 52: *Eine Schimpansin verwendet einen Halm als Werkzeug zum «Angeln» von Termiten* (aus Lawick-Goodall 1971).

lesenden Interpretationen, um primär neukombiniertes Verhalten handeln. Nachahmungsprozesse im Sinne einer Tradition oder operante Konditionierungen können auch zugrundeliegen. Entsprechendes gilt für den Werkzeuggebrauch von Savannenschimpansen, wie ihn Kortlandt (1960, 1962) gegenüber einer Leopardenattrappe demonstrierte. Mit aufgesuchten Stöcken schlagen oder werfen sie gezielt auf den scheinbaren Feind.

Hinzu kommt die Notwendigkeit kritischer Beurteilung von experimentellen Befunden, die die Möglichkeit zufälliger primär richtiger Aufgabenlösungen nicht ausschließen. Das betrifft vor allem zahlreiche Umwegversuche, die mit Säugern durchgeführt worden sind. Zwischen dem Tier und einem Futterangebot befindet sich eine Barriere, die zur Wahrnehmung des Futters durchlässig gestaltet ist. Das Versuchstier sieht oder riecht das Futter, kann es aber nicht auf direktem Wege erreichen. Um es erlangen zu können, muß es sich zunächst davon abwenden und die Barriere umlaufen. Die Wahl des Umweges kann allein zufällig erfolgen. Andererseits zeigte Fischel (1941), daß ein Hund, der einen Umweg nach rechts zu laufen gelernt hatte, bei anschließendem nur möglichen Umweg nach links zunächst falsch lief. Die Schwierigkeit der einsichtigen Aufgabenlösung beruht in diesem Experiment auf einer vorangegangenen operanten Konditionierung. Diese und andere Ergebnisse warnen vor einer überschnellen Zuordnung zu höheren Lernleistungen.

Gekäfigte Schimpansen können in der Lage sein, Gegenstände ihrer Umgebung,

Abb. 53: *Schimpansin holt sich eine nicht direkt erreichbare Banane mit einem Stock heran* (aus Zoll 1971).

wie Stöcke oder Kisten für das Heranschaffen nicht unmittelbar erreichbaren Futters zu verwenden (Abb. 53). Allerdings stellt sich auch hier wiederum die Frage nach Vorerfahrungen, deren Beantwortung in zahlreichen dargestellten Einzelfällen nicht möglich ist. Köhler (1921) erleichterte bei seinen einschlägigen Untersuchungen auf Teneriffa den Schimpansen das Erfassen von Zusammenhängen insofern, als eine bestimmte Betätigung relativ «nahegelegt» wurde. Zu den nicht direkt erreichbaren Früchten legte man z. B. einen Stock oder stellte eine Kiste. Ein solches Verfahren reduziert Möglichkeiten des Verhaltens. Die relativ starke Einschränkung der Objektwahl fördert sicherlich in nicht unerheblichem Maße die Lösung der Aufgabe. Dennoch liegen bei den Köhlerschen Schimpansen zweifellos primäre Aufgabenlösungen vor. Hierfür sprechen u. a. die Schilderungen über die Merkmale der weitgehend inaktiven Phase, die der Handlung vorausgeht. Oftmals saßen die Tiere ruhig da, schauten von der angebotenen Frucht zu dem Stock bzw. der Kiste und wiederum zu der Frucht. Dieses sind Anzeichen der Lernphase, die rein endogen stattfindet. Danach führt der Schimpanse zügig die Kannphase durch, die Neukombinationen beinhaltet.

Birsch (n. Döhl 1970) versuchte einen Teil der von Köhler durchgeführten Schimpansenversuche zu wiederholen. Er verwandte allerdings in Gefangenschaft geborene Tiere. Bei ihnen waren vor der Durchführung der Experimente gesammelte Erfahrungen kontrolliert. Noch nie hatten sie einen Stock in der Hand gehabt. Diese Schimpansen verstanden es nicht primär, sich eine damit möglicherweise heranzuschaffende Frucht zu holen. Sie lernten Entsprechendes allerdings aufgrund operanter Konditionierungen. Das Ergebnis gibt einen Hinweis auf die Bedeutung vorangegangener Erfahrungen; wenn man danach auch nicht notwendigerweise annehmen muß, daß die Schimpansen, mit denen Köhler gearbeitet hat, entsprechende oder ähnliche Aufgabenlösungen bereits früher, vor den Experimenten, vollzogen hatten. Wahrscheinlich gibt es auch eine Unterstützung primär neukombinierten Verhaltens durch vorangegangene Übungsphänomene genereller Art. Außerdem könnte eine reizreiche Umwelt Problemlösungen begünstigen (S. 125).

Unter Berücksichtigung angeführter kritischer Bemerkungen erscheint es zweckmäßig, solche experimentellen Befunde in den Mittelpunkt des Interesses zu stellen, die besonders komplexe Aufgabenstellungen einbeziehen. In diesen Untersuchungen übertreffen die gestellten Ansprüche bei weitem diejenigen unter natürlichen Bedingungen. Hierbei werden potentielle Lernleistungen geprüft. Da unter den Primaten die Schimpansen (P. troglodytes u. P. paniscus) dem Menschen am nächsten stehen, werden Befunde an ihnen für den humanpsychologischen Vergleich von besonderer Bedeutung sein.

Methodisch *komplexe Aufgaben* ersannen Rensch und Döhl (1967, 1968 u. Döhl 1968, 1969, 1970), um primär neukombiniertes Verhalten in seiner Leistungskapazität an der von ihnen gehaltenen Schimpansin Julia zu prüfen. Eine ihrer Verfahrensweisen führte zu einem komplizierten sukzessiven Werkzeuggebrauch. Dabei handelte es sich um kleine stabile Holzkästchen, die mit aufklappbaren Deckeln versehen waren. Sie konnten durch unterschiedliche Mechanismen verschlossen werden, wie durch ein Türschloß, eine dicke Schraube, eine Schraubenmutter mit Überfall oder durch einen Riegel. Zum Öffnen war jeweils ein entsprechendes spezielles Werkzeug notwendig, wie Schlüssel, Schraubenzieher usw. Manchmal auch ließ sich ein Kasten nur durch unterschiedliche Manipulationen öffnen, die eine bestimmte Reihenfolge haben mußten. Solch ein Öffnungsmodus wurde der Schimpansin schrittweise beigebracht. Ihre danach verwendeten Koordinationen erwiesen sich als außerordentlich variabel (Abb. 54 a, b).

rungen imstande, bei 60 Versuchen 54mal eine richtige Vorplanung zu treffen. Das sah folgendermaßen aus. 10 Kästen standen auf dem Boden zur Verfügung. Der sukzessive Werkzeuggebrauch an 5 von den 10 Kästen führte beim letzten zur Belohnung. Die anderen 5 Kästen bildeten ebenfalls eine Folge, jedoch enthielt der letzte Kasten kein Futter. Julia mußte also nach Einblick in die Wahlkiste, die in jedem Abteil ein Anfangswerkzeug für die beiden Folgen enthielt und nach Betrachtung der 10 am Boden stehenden Kästen, die richtige, zur Belohnung führende Entscheidung an dem Wahlbehälter treffen. Von einem Versuch zum nächsten wechselte die Anordnung. Für die Vorplanung benötigte Julia zuletzt 30 Sekunden. Dieses Zeitintervall ist also einer Lernphase adäquat; insofern nämlich, als in ihr die neu

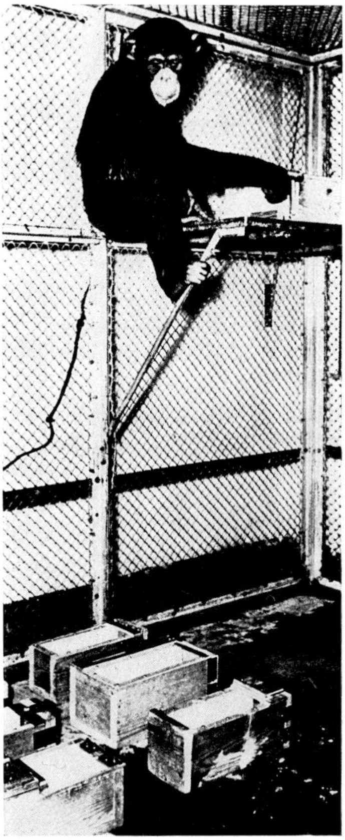

Abb. 55: *Die Schimpansin sitzt auf einem erhöhten Brett vor der Wahlkiste und betrachtet die zu öffnenden Kisten am Boden* (aus Döhl 1970).

zu kombinierende Handlungskette durch Vergleich unterschiedlicher Möglichkeiten vorweggeplant wird. Sichtbar wird danach sogleich die Kannphase. Allerdings hat die Schimpansin dabei gelernt, in welcher Weise die Neukombination zielorientiert zu treffen ist. D. h., sie hat gelernt, nach welchem Grundprinzip die Neukombination zu erfolgen hat, um eine Belohnung zu erhalten. Zweifellos handelt es sich um Leistungen, die unter dem Begriff des einsichtigen Verhaltens verstanden werden.

Vergleichbare *Planungsphasen* beobachteten Rensch und Döhl (1968) in einer einfallsreichen Handhabung von Labyrinthversuchen. Auch hierbei war die Schimpansin Julia das Versuchstier. Es handelte sich um variable Labyrinthanlagen. Sie bestanden jeweils aus einer weißen Schaumstoffplatte, auf der rechteckige graue Klötze so angeordnet werden konnten, daß dazwischen 5 mm hohe Gänge frei blieben (Abb. 56). Darüber lag eine Plexiglasscheibe. In den Labyrinthgängen konnte mit Hilfe eines Magneten ein flacher Eisenring bewegt werden (Abb. 57). In einem Vor-

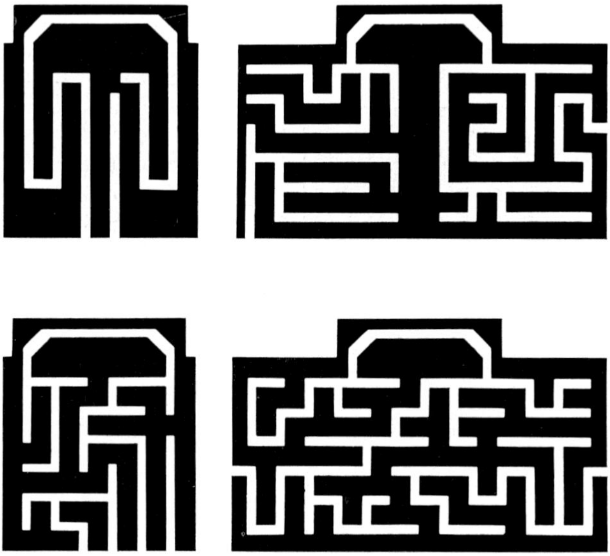

Abb. 56: *Einfache und komplexe Labyrinthmuster* (aus Döhl 1970).

Abb. 57: *Schimpansin bei der Labyrintharbeit.* Mit Hilfe eines Magneten, den sie in der Hand hält, kann sie durch die Labyrinthgänge einen flachen Eisenring bewegen (aus Döhl 1970).

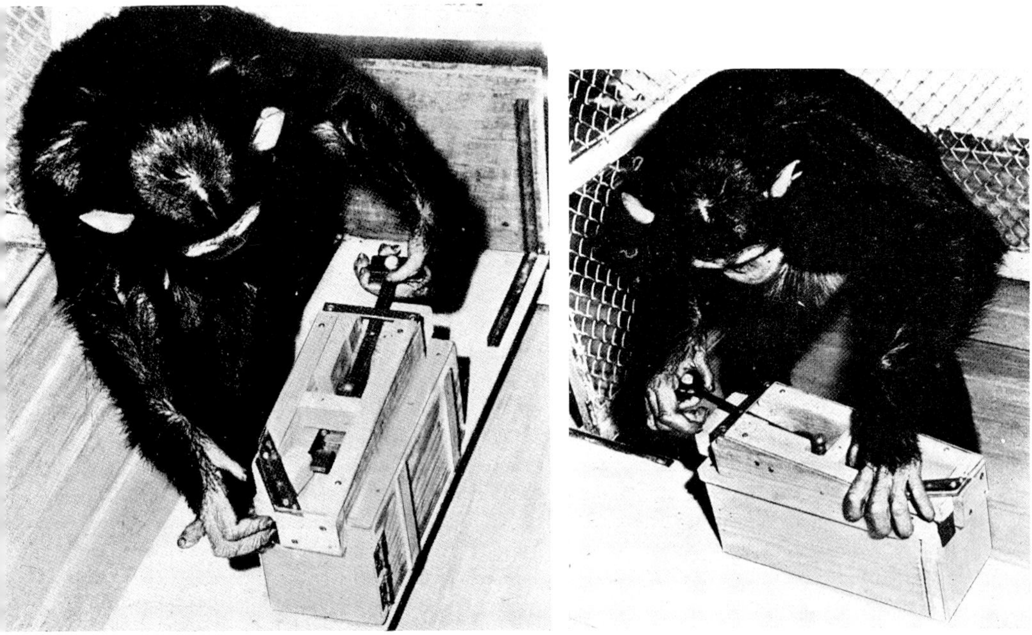

Abb. 54a u. b: *Schimpansin öffnet Kästen, in denen jeweils ein Werkzeug für einen weiteren Behälter liegt.* Dasselbe Werkzeug wird mit der linken (a) oder rechten Hand (b) benutzt (aus Döhl 1970).

Julia sollte schließlich lernen, mehrere Kästen nacheinander zu öffnen. In jedem Kasten war das jeweilige Werkzeug für den nächsten zu öffnenden Kasten enthalten. Im letzten Kasten fand die Schimpansin eine Futterbelohnung. Die Versuchsreihe wurde sukzessiv um weitere Kästen ergänzt; die Belohnung rückte dementsprechend immer weiter. Das führte schließlich zu einer Folge von 14 Kästen. Hatte Julia die Kannphase erreicht, irritierte sie eine Umordnung der Kastenreihenfolge wenig; obgleich dabei auch die Werkzeuge jeweils unterschiedlichen Kästen zugeordnet waren. Döhl (1968, 1970) schließt nicht aus, daß die Schimpansin auch noch eine größere Anzahl von Behältern erfolgreich nacheinander geöffnet hätte. Bei diesen Versuchsserien orientierte sie sich durch das Finden eines speziellen Werkzeuges zu einem bestimmten Kasten. Es war daher nicht notwendig, den Handlungsablauf von vornherein insgesamt zu überblicken.

Infolgedessen stellte sich die Frage, inwieweit Julia einen Handlungsablauf vor Beginn zu übersehen vermochte. Sie hatte inzwischen gut gelernt, die Werkzeuge den jeweiligen Kästen zuzuordnen. Danach sollte die Schimpansin mit Hilfe einer Wahlvorrichtung eine neue Situation beherrschen. Der Wahlkasten befand sich auf auf einem Sitzbrett (Abb. 55). Er war in zwei von oben einsehbare Fächer geteilt. In diesen lag jeweils ein Werkzeug zum Öffnen bekannter Kästen, die auf dem Boden standen und in die man hineinsehen konnte. Einer von ihnen enthielt Futter. Julia war vor die Aufgabe gestellt, die richtige Abteilung der Wahlkiste zu öffnen, um am Boden nach entsprechenden Manipulationen an den anderen Kästen die Belohnung erreichen zu können. Schließlich war die Schimpansin aufgrund ihrer Erfah-

versuch hatte die Schimpansin gelernt, beim Versuchsleiter den Eisenring gegen Futter einzutauschen. In vorausplanender Weise mußte Julia den Eisenring im Labyrinth also derart bewegen, daß sie nicht in eine Sackgasse geriet. Bei richtiger Verschiebung konnte sie am Ende den Eisenring aus der Anlage herausholen. Die Labyrinthmuster wechselten von einfachen zu komplexen. Jeder Versuch wich vom vorherigen ab, um ein primär neukombiniertes Verhalten testen zu können.

Bemerkenswert war das Verhalten der Schimpansin in der Zeit vor dem Beginn gezielten Handelns. Sie setzte sich neben dem Labyrinth nieder und führte Blick- und Kopfwendungen durch. Teilweise schien sie das System vom Startpunkt, teilweise von den Ausgängen her zu beurteilen. Orte im Labyrinth, an denen mehrfach gewinkelte oder gegabelte Sackgassen an der richtigen Bahn ansetzten, fanden besondere Beachtung. Bei komplexen Aufgaben betrug die Dauer des Vorplanens bis zu 75 Sekunden, die Zeit der anschließenden Handlung bis zu 61 Sekunden. Vergleichsweise benötigten 6 Studenten bei komplexen Aufgaben durchschnittlich etwas weniger als die Hälfte der Zeit, die Julia brauchte, um den richtigen Verlauf herauszufinden. Die Planungszeiten einzelner Studenten lagen in 10 Fällen zwischen 1 und 58 Sekunden. Teilweise aber auch brauchten sie längere Zeit.

Bei den erörterten Versuchsanordnungen handelt es sich um einen weitgehend vorgeschriebenen Weg zum Erreichen des Zieles. Infolgedessen ersann Döhl (1970) eine zusätzliche Methode, um die Fähigkeiten Julias zu prüfen. Er verwendete eine sogenannte «Schlittenkiste» (Abb. 58), deren sachgerechte Handhabung weitaus höhere Anforderungen stellte. Die Experimentierkiste enthält an einer Schmalseite ein Futterteil, welches sich verriegeln läßt. An der gegenüberliegenden Schmalseite

Abb. 58: *Die Schimpansin soll mit dreieckigen Holzplatten den Rahmen der Schlittenkiste so gut füllen, daß der Schlitten verschoben werden kann.* Nur dann erhält sie eine Futterbelohnung (aus Döhl 1970).

befindet sich ein auf Schienen beweglicher Schlitten. Dazwischen liegt eine 30 × 30 cm große Vertiefung. Die Entriegelung des Futterabteils kann nur durch Heranschieben des Schlittens an das Futterabteil erfolgen. Bei dieser Verschiebung muß der Schlitten die Vertiefung passieren. Er gleitet jedoch nur darüber, wenn die Vertiefung durch 1 cm dicke Holzplatten gänzlich ausgefüllt wird. Zunächst wurde ein einziges in die Vertiefung passendes Brett angeboten. Die Schimpansin konnte diese gestellte Aufgabe selbständig nicht lösen. Die gleiche Aufgabe beherrschten von 14 Studenten lediglich 6. Julia lernte daher zunächst in 50 Versuchen unter Anleitung. Danach gelang es ihr, ohne Hilfe auch kleinere Platten gleicher oder unterschiedlicher Größe in die Vertiefung richtig einzuordnen, so daß der Schlitten darübergleiten konnte. Allerdings glückte das nicht immer. Es führte teilweise auch zu «chaotischer» Handhabung. Die Grenze der Leistungsfähigkeit wurde oftmals durch mangelnde Konzentrationsstärke bestimmt.

Eine besondere Form neukombinierten Verhaltens kann, wenn auch selten, in Primatenverbänden beobachtet. werden. Dabei handelt es sich um die *Aktivierung von Sozialpartnern,* mit deren Hilfe dann gemeinsam eine Aufgabe gelöst wird. Crawford (1937) berichtet, daß ein Schimpanse eine mit zwei Stricken versehene Futterkiste vergeblich an das Käfiggitter heranzuziehen versuchte. Seine Kräfte reichten nicht aus. Daraufhin forderte er einen Artgenossen zur Mithilfe auf. Sie zogen anschließend beide, jeder an einem Strick, so daß das Heranschaffen der Kiste gelang.

Das Auffordern und Miteinbeziehen von Sozialpartnern zur Beherrschung von Aufgaben im Sinne primär neukombinierten Verhaltens ist uns vom Menschen besonders gut bekannt. Hierzu gehören gemeinsame Verfahrensweisen praktischer Art wie auch solche, die theoretische Problemlösungen anstreben. Durch die Gegebenheit zahlreicher Kommunikationsformen, vor allem durch die Sprache und die ausgeprägte Fähigkeit, in die Zukunft zu planen, vermag der Mensch in besonderem Maße auf Partner-Basis differenzierte Leistungen zu erreichen.

V. Transfer beim Lernen

Die Fähigkeiten zur Verwertung aufgenommener Information wären sehr begrenzt, wenn sie nur jeweils identische Umweltsituationen betreffen würden, also die Wahrnehmung derselben Reizkonstellation voraussetzten. Das ist wohl in zahlreichen Experimenten der Fall. Im natürlichen Biotop jedoch begegnen einem Tier erlernte Reize nicht wiederholt in derselben Anordnung und der gleichen Spezifität. Die Beute eines Räubers wird z. B. im Bereich der optischen Modalität unterschiedlich aussehen. Entfernung bzw. Größe, Helligkeits- und Farbverhältnisse oder aber formale, von der Lage und Blickrichtung abhängige Konfigurationen unterliegen Veränderungen. Lernprozesse können nur dann lebenserhaltende Anpassungsfunktionen erfüllen, wenn ein Organismus in der Lage ist, aus der ständig wechselnden räumlichen und zeitlichen Vielfalt der Erscheinungen entscheidende und zugleich konstant bleibende Reizgrößen herauszufiltern. Im Rahmen des Reizwechsels der Umgebung müssen Invarianten gebildet und transferiert werden. Allein auf dieser Basis ist das Wiedererkennen von Objekten denkbar. Das entsprechende Leistungsvermögen wird auch als *Abstraktion, Generalisation* oder *Klassifizierung* bezeichnet.

Diese spezielle Lerndimension macht besondere Mechanismen erforderlich. Sie müssen gleichfalls für alle diejenigen Reize postuliert werden, die ein bestimmtes Verhalten angeborenermaßen, also aufgrund genetischer Programmierung auslösen. In diesem Zusammenhang sei auf einschlägige neurophysiologische Arbeiten zur Invariantenbildung hingewiesen (Lettvin, Maturana, McCulloch u. Pitts 1959, 1960, 1961, Hubel u. Wiesel 1965, Grüsser u. Grüsser-Cornehls 1970).

1. Das Verwerten von Invarianten in Wahlversuchen

Den angesprochenen Transfer beim Lernen sollte man im Tierreich als weit verbreitet voraussetzen. Der artspezifische Umfang wird von der stammesgeschichtlich ausgebildeten zentralnervösen Differenzierung abhängig sein. Erst in den letzten Jahren konnten bei Insekten durch operante Konditionierungsexperimente entsprechende Befunde gewonnen werden. Sie gelten u. a. für die Honigbiene. Wehner und Lindauer (1967) dressierten Bienen auf einen vor einer vertikalen Wand angeordneten schwarzen schrägen Streifen bzw. auf ein horizontal angeordnetes schwarzes Streifenkreuz. Die Futterzeichen wurden im Sinne sekundärer Verstärker angeboten (S. 45). In anschließenden Tests mußten die Tiere jeweils zwischen einem geometrisch gleichen, jedoch in der Schwerefeldposition veränderten Muster und einem

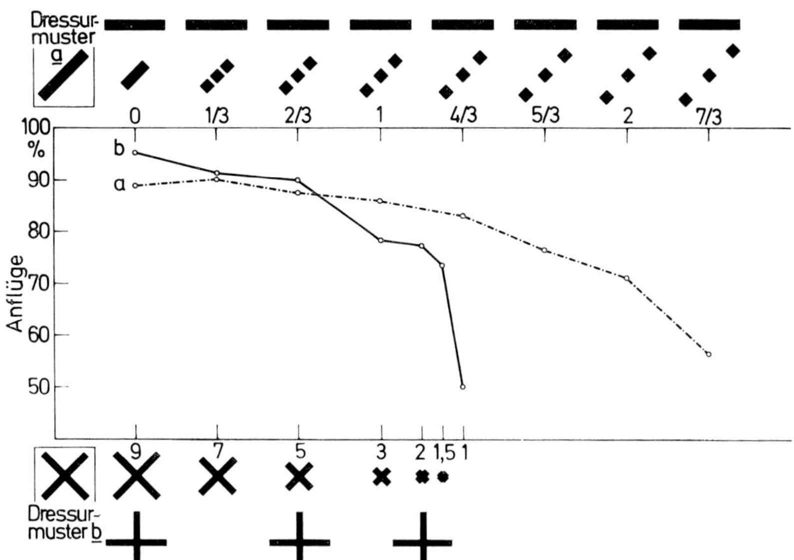

Abb. 59: *Transfer beim Lernen der Honigbiene.* Dressurmuster a = vertikaler, schrägstehender Streifen, b = horizontales Streifenkreuz. Die Kurven geben die Entscheidungen zwischen dem jeweiligen Dressurmuster (veränderte Winkelstellung) und einem in Form bzw. Größe abgeändertem Muster im Wahltest wieder. Untere Abszisse: Relativwerte der Balkenlängen. Obere Abszisse: Breite der in das schwarze Schrägband eingeschalteten weißen Intervalle in Bruchteilen der Kantenlängen der 3 schwarzen Quadrate (aus Lindauer 1970).

in Form, Größe und Streifenbreite abgeänderten wählen; auch das Hell- und Dunkelfeld konnte vertauscht werden. Die Entscheidungen der Anflüge machen deutlich, daß allein die Winkelstellung als invariantes Merkmal kodiert wird (Abb. 59). Streifen, die um 10 Grad und Kreuzmuster, die um 4 Grad voneinander abweichen, vermögen die Bienen zu unterscheiden. Die Registrierung der Winkelstellung basiert nicht auf den Schwarz-Weiß-Kontrastgrenzen, sondern auf der räumlichen Anordnung der Schwarzflächen. In anderen Versuchen dressierte man Bienen auf einen schwarzen Streifen in horizontaler Lage (Wehner 1967). In anschließenden Wahlversuchen wurde der Streifen stufenweise aus der horizontalen in die vertikale Position verlegt. Verwendete Vergleichsmuster sind Streifen, deren Lage gegenüber dem Dressurmuster um 45 oder 90 Grad verändert ist. Die Befunde zeigen einen deutlichen Transfer zugunsten der Invariante «liegender Streifen».

Mazochin-Porshnvakov (1969) gelang es, Bienen auf ein invariantes Merkmal «zergliedert» zu konditionieren. In einer ersten Phase dressierte er die Tiere so, daß sie bei einer grünen gegliederten Figur Futter erhielten, bei einer gegenübergestellten grünen kompakten Figur jedoch nicht belohnt wurden. Danach, in einer nächsten Dressurphase standen entsprechend die Merkmale «blau-zergliedert» und «blau-kompakt» gegenüber. Im anschließenden Test bevorzugten die Bienen das invariante Kennzeichen «gegliedert»; sie wählten «blau-gegliedert» neben «blau-kompakt» und «gelb-kompakt».

Die bei Insekten in den letzten Jahren aufgezeigten generalisierenden Leistungen sind uns von höher entwickelten Tieren, von Wirbeltieren, speziell Säugern, seit langem bekannt. Zunehmende Differenzierungen informationsverarbeitender Prozesse gestatten einen zunehmenden Grad komplexer Transferleistungen.

Bereits Pawlow machte bei der Lernform der klassischen Konditionierung auf Reizgeneralisationen aufmerksam. Wir wissen, daß nach Ausbildung der Kannphase auch solche dem bedingten Reiz ähnliche Reize die entsprechende Reaktion auslösen können. Die Stärke der Reaktion ist offenbar abhängig von der Ähnlichkeit zwischen dem konditionierten und experimentellen Reiz. Auch hierbei handelt es sich um das Erkennen von Gleichem, von Übereinstimmungen in variierenden Konstellationen.

Eine Reihe von Autoren haben aufgrund operanter Konditionierungen *einfachste Generalisationsvorgänge bei Wirbeltieren* aufgezeigt. Dabei handelt es sich um Musterwahlversuche. Forellen (Saxena 1960), ein Elefant (Rensch u. Altevogt 1953) und Unpaarhufer (Giebel 1957) konnten nach einer Dressur auf ein gleichschenkliges schwarzes Kreuz gegenüber andersartigen Mustern in Tests, bei denen das Kreuz unterschiedlich verändert wurde, das invariante Merkmal «gekreuzte Linien» erkennen.

Auch bestimmte Beziehungen zwischen Merkmalen können erkannt und auf andere Situationen transponiert werden. Möglicherweise handelt es sich dabei um zuverlässige Relationen im Rahmen natürlicher Bedingungen. Rensch und Dücker (1959) untersuchten einen Nicht-Primaten, eine Zibethkatze (Viverricula malaccensis indica). Zunächst lernte das Versuchstier ein Ausgangsmusterpaar zu unterscheiden. Das positive Muster trug 2 ungleichgroße, das negative Muster 2 gleichgroße schwarze Kreisflächen. Danach stellte sich bei zunehmend abweichenden Musterpaaren die Frage, inwieweit ein Transfer der Invariante «Gleich gegen Ungleich» beherrscht wird. Um eine möglichst vielfältige und weitreichende Versuchsserie aufbauen zu können, konditionierten die Autoren vor Anbieten eines neuen Musterpaares die Zibethkatze auf zuvor getestete Musterpaare. Es wurde also jeweils eine Nachdressur eingeschaltet. Die Befunde aufgrund dieser Methode waren überraschend (Abb. 60). Bei Mustern, die schließlich aus 3 bis 4 oder gar 9 Schwarzkomponenten zusammengesetzt waren, wählte die Schleichkatze nach dem Unterschied «Gleich gegen Ungleich» zu einem hohen Prozentsatz ohne Zögern richtig. Auch bei Zahlen- und Buchstabenzeichen sowie bei einem schwarzen und grauen Punkt gegenüber zwei schwarzen Punkten gelang das Ansprechen der Invarianten. Die beste Leistung kam darin zum Ausdruck, daß bei 9 in drei Reihen angeordneten Quadra-

Nr.	Ausgangsmuster		
1.			
	Testmuster	Anzahl der Tests	Prozentsatz der „Richtig-Wahlen"
2.		100	70
3.		95	87
4.		70	99
5.		50	90
6.		60	80
7.		60	85
8.		110	75
9.		50	78
10.		60	73
11.		50	90
12.		50	80
24.	DR DD	50 [35]	(52) [43]
25.	FB AA	50 [19]	(46) [47]
26.	51 22	50 [21]	76 [48]
27.	73 88	50 [21]	78 [62]
28.*		32	87
29.*		51	(30)
30.*		70	70
31.		67	(58)
	Dressurmuster		Dressur-Test
32. A		100	79
	Testmuster		Generalisations-Test
32. B		91	76

Abb. 60: *Transfer beim Lernen einer Zibethkatze* (vgl. Text). Erstes und letztes Drittel der Experimente. Werte bei mangelnder Signifikanz in Klammern. Beim 28.–30. Musterpaar Ungleichheit dadurch, daß jeweils die Musterkomponente am weitesten links grau war (aus Rensch 1966).

ten wahrgenommen wurde, daß alle Komponenten gleich, ein Quadrat jedoch durch einen Punkt ersetzt war. Diese und ähnliche Befunde sprechen für eine *averbale Begriffsbildung*.

Wir müssen annehmen, daß derart weitreichende Transfer-Leistungen bei Vertretern der Primaten die höchste Ausbildung erfahren haben. Lehr (1967) experimentierte mit Affen, um etwas über das Ausmaß der Generalisation bei Freilandobjekten, wie Insekten und Blüten, zu erfahren. In den Mittelpunkt seines Interesses stellte er visuelle Lernprozesse. Zunächst ging es um die Gegenüberstellung von Insektendarstellungen und andersartigen gleichgroßen und -farbigen Naturobjektabbildungen. Die unerfahrenen Versuchstiere sollten 3 Musterpaare schnell hintereinander zu unterscheiden lernen (Abb. 61). Eine dreijährige Rhesusäffin wählte die angebotenen Muster zunächst gleich häufig, bevorzugte dann jedoch zunehmend die Insektenbilder. Bei anschließend gezeigten, entsprechend gegenübergestellten Mustern gelang zu einem hohen Prozentsatz sofort eine richtige Wahl. Wiederholungen

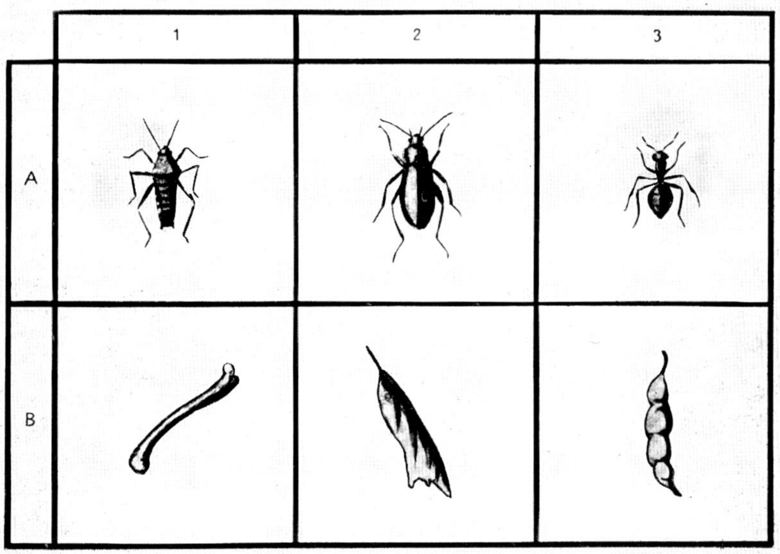

Abb. 61: (A) *Insekten- und* (B) *Gegenmuster der Andressur* (aus Lehr 1967).

führten zu einer weiteren Verbesserung. Drehen der Abbildungen um 90, 180 und 270 Grad irritierte die Äffin nicht. Zunehmend differenzierte Wahlserien ließen hohe Transferleistungen erkennen. Grundsätzlich Gleiches galt für die Gegenüberstellung von Blütenabbildungen und gleichfarbigen Bildern anderer Pflanzenteile. Hierbei erfolgte die Andressur allerdings viel schneller als auf Insektenabbildungen. Nachdressuren auf Blütenbilder verbesserten das Ergebnis kaum. Infolgedessen kann bei diesen Serien eine Mitwirkung angeordneter Auslösemechanismen nicht ausgeschlossen werden.

Gegenüber den Befunden von Lehr und anderen Autoren, die einen Transfer im Rahmen gleicher Modalität beinhalten, gibt es die Fähigkeit der Übertragung von

Merkmalen, die einen Modalitätswechsel einschließt. Ein Schimpanse von Kohts (zit. n. Rensch 1965 a) war in der Lage, einen gesehenen flächigen oder dreidimensionalen Gegenstand anschließend aus einem Sack herauszutasten.

Schließlich sind in diesem Zusammenhang die von Ferster (1964) bei Schimpansen aufgezeigten Leistungen beachtenswert. Allerdings setzten sie verschiedene Vorkonditionierungen voraus. Seine Tiere konnten in Symbolen dargestellte Anzahlen von 0 bis 7 als binäre Zahlen wiedergeben (Abb. 62). Sie schalteten von drei nebeneinander stehenden runden Lichtern in bestimmter Anordnung so viele an oder aus, daß die darüber stehende gesehene Anzahl von z. B. Dreiecken abgebildet wurde.

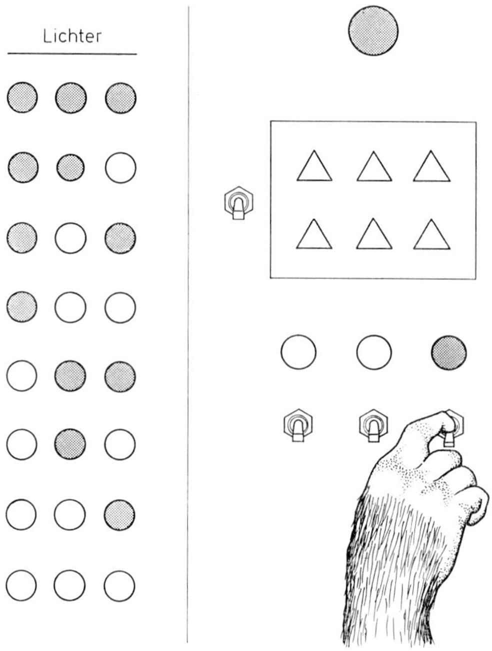

Abb. 62: *Entsprechend des links dargestellten Schemas können Schimpansen gesehene Anzahlen von 0–7 durch das Ein- und Ausschalten von 3 Lichtern wiedergeben* (nach Ferster 1964).

2. Das simultane Erfassen und das sukzessive Abhandeln von Anzahlen

Eine ganz besondere Form von Transfer beim Lernen, die über generalisierende Leistungen hinausführt, kommt bei «Zähl»-Versuchen zum Ausdruck. Koehler (1941, 1943, 1949, 1952, 1955 a, b) konnte in einschlägigen Experimenten den Nachweis über folgende Fähigkeiten bei Tieren erbringen:

1. Simultane Unterscheidung von Mengen nach unterschiedlichen Anzahlen ihrer Glieder.
2. Transponierbarkeit von Anzahlen unterschiedlicher Darstellungsweise auf die Anzahl von Futtereinheiten.
3. Sukzessives Abhandeln von Anzahlen.

Koehlers Untersuchungen basieren auf der Lernform der operanten Konditionierung. Die einfachste Versuchsanordnung bestand aus einem *Körner- bzw. Köderbrett,* auf das nebeneinander zwei Gruppen von Körnern oder andersartigen Futtereinheiten unterschiedlicher Anzahl gelegt wurden; z. B. 2 und 3 Körner. Versuchstiere wie Tauben durften hiervon nur die Zweiergruppe, nicht jedoch die Dreiergruppe fressen. Orientierten sie sich zur Dreiergruppe hin, scheuchte man sie fort. Es gelang eine Unterscheidung bis zu 5 : 4 Körnern einwandfrei. Die Grenze lag bei 6 : 5 Körnern, wobei jeweils der Wahl der erstgenannten Anzahl die Belohnung folgte. Eine derart angelegte Dressur erweist sich als relativ einfach, da die Glieder der Anzahlen freßbar sind.

Größere Schwierigkeiten bereitet es Tieren, wenn sie die Körner in *verdeckelten Kästchen* finden sollen. Die auf Deckeln in unterschiedlicher Form markierten Anzahlen müssen in einem solchen Experiment auf die Belohnung transponiert werden. Hinzu kommt die an das Versuchstier gestellte Forderung, den Deckel abzuwerfen. Danach erst erfolgt die Verstärkung. Eine Erleichterung des Lernens kann in der Weise stattfinden, daß die markierten Anzahlen auf den Deckeln zunächst in unterschiedlicher geometrischer Anordnung zu sehen sind. Bei einer Wahl zwischen 4 und 3 wäre dementsprechend eine Anordnung Quadrat zu Dreieck hilfreich. Später kann die Markierung der Punkte in beliebiger Verteilung getroffen werden. Das gilt jedenfalls für Tauben und Wellensittiche. Dohlen hingegen lernten nach Koehler sogleich, ohne jede Figurenhilfe 3 von 4 Punkten im Kästchenversuch zu unterscheiden. Das Ausmaß der Transponierbarkeit ist artabhängig. Ebenfalls gibt es individuelle Unterschiede. Einem Kolkraben, der zunächst nach der einfachsten Methode am Köderbrett bis zu 7 : 6 gelernt hatte, bereitete die Kästchenwahl größte Schwierigkeiten. Später wählte er von fünf Deckeln, die mit 3, 4, 5, 6 und 7 Punkten versehen waren, selbst ohne Figurenhilfe den richtigen.

Die Fähigkeiten dieses Kolkraben führten zu der sogenannten *Wahl nach Muster.* Dabei lag vor den verdeckelten Kästchen ein mit wechselnder Anzahl bepunktetes Muster (3, 4, 5, 6 oder 7). Das Versuchstier wählte dabei dasjenige Kästchen, dessen Punktzahl dem jeweils gelegten Muster entsprach. Das gelang dem Kolkraben auch nach weitreichenden Variationen von Lage, Größe und Form der Punkte. Dieser und andere Befunde sprechen für ein weitreichendes Abstraktionsvermögen, welches der Transponierbarkeit zugrunde liegen muß.

Schließlich konnte Koehler in seinen Untersuchungen sogar sukzessives Abhandeln von Anzahlen erreichen. Er bewertete diese Leistung als ein «Erfassen reiner Zeitgestalten». Die Experimente hierzu bauten sich wiederum auf dem Grundversuch auf. Nachdem eine Taube am Brett bereits simultan 2 : 1 unterscheiden konnte, wurde das innere Korn der Zweiergruppe nach und nach zur Einergruppe so weit gerückt, daß zuletzt die Körner in einer Reihe gleich weit voneinander getrennt lagen. Jetzt fraß die Taube wie zuvor jeweils zwei Körner und ließ das dritte liegen. Das nicht gefressene Korn konnte jedes der drei angebotenen Körner sein. Die *Simultanwahl* hatte das Versuchstier also selbst *in eine Sukzessivwahl* transformiert.

Diese Verfahrensweise wurde zu ansteigenden Aufgabenreihen differenziert. Tauben lernten dabei eine Anzahl bis zu 6 abzuhandeln. Wellensittiche wählten von 100 und mehr Hirsekörnern allein 2 bzw. 3. Danach hörten sie auf zu picken, obgleich das Angebot außerordentlich war. Bei diesen sukzessiven Experimentierserien konnte Koehler jede Rhythmushilfe ausschließen; oftmals z. B. war ein wiederholtes Picken für die Aufnahme eines einzigen Futterkornes notwendig. Danach darf man annehmen, daß nicht der Pick-, sondern der Schluckvorgang die entscheidende Rückmeldung darstellt. Eine weitreichende Leistung wurde bei einem Kolkraben sichtbar, der das Abhandeln von Anzahlen beim Kästchenversuch löste. Er lernte bei einem vorgeplanten Wechsel von 24 verschiedenen Verteilungsmodi Deckel auf sieben Ködern zu öffnen. Auch konnten Tiere mehrere Aufgaben direkt hintereinander richtig lösen, wenn zuvor auf einem Muster die Aufgabenstellung demonstriert wurde. Weiterhin gelang eine entsprechende Lernleistung auch bei akustischer Aufgabenstellung. Ein Graupapagei wählte so viele Köder als er davor Töne gehört hatte.

Nach Untersuchungen verschiedener Tierarten scheint die Grenze der Höchstzahl im simultanen und sukzessiven Auswahlverfahren für Vertreter einer Art gleich zu sein.

Die Maximalwerte betragen für:

Tauben	8.
Wellensittiche und Dohlen	6–7,
Elster, Kolkrabe, Eichhörnchen	6,
Graupapagei	5–6,

Der Mensch erreicht ohne die Verwendung von Zahlwörtern Werte von 7–8.

Koehler interpretiert die erörterten Fähigkeiten mit dem Begriff des «unbenannten Denkens». Offenbar handelt es sich um eine phylogenetische Vorstufe der Sprache. Zeier (1966, 1967), Zeier, Tschannen, Seitz u. Akert (1966) betrachten Sequenzen gleichartiger Handlungen als vorzüglich geeignete Versuchsmodelle für das Studium vorsprachlichen Zählens. Hervorragendes Interesse gewinnen ihre Experimente bei progressiven Skalen logischer Schritte im programmierten Unterricht.

Die Autoren untersuchten die Wirkung von Lernhilfen bei sequentiellen Konditionierungen im Diskriminationsverfahren. Dabei wird z. B. von einer Taube nicht allein eine Unterscheidung zwischen einer roten und blauen Leuchtscheibe verlangt, sondern zusätzlich soll eine bestimmte Folge von Diskriminationen erlernt werden; wie 7mal hintereinander die Wahl von Rot, dann 1mal die Wahl von Blau. Nach Anwendung von Lernhilfen gelang diese Konditionierung, die hohe Anforderungen stellt. Es wurden 6 unterschiedliche Lernhilfen geprüft:

1. «Motivation». Tauben, deren Hungerzustand kontrolliert wird, erhalten eine Futterbelohnung. Eine physische Strafe erfolgt nicht. Das Kennenlernen der Lernapparatur geht dem Beginn der Versuche voraus.

2. «Führungsphase». Zwei verschiedene Reize werden nacheinander geboten, nicht gleichzeitig (Abb. 63). Reiz 1 wird so lange gezeigt, bis das Versuchstier die verlangte Picksequenz ausgeführt hat. Danach ist Reiz 0 sichtbar. Die Taube orientiert sich auf diese Reizquelle. In der «Testphase» erscheinen beide Reize simultan. Art und Reihenfolge müssen selbst gewählt werden. Bei Vorausgehen der Führungsphase vor der Testphase ist die Lerneffektivität weitaus größer.

3. «Stufenweises Vorgehen». Hierbei wird der Einfluß eines stufenweisen Programmaufbaus geprüft. Z. B. lernen 6 Tauben die Stufe 3 (Rot–Rot–Rot–Blau) im Direktbeginn; 6 weitere Tiere ebenfalls, nachdem sie vorher auf die Stufen 1 und 2 konditioniert worden waren. Der Lernaufwand (erforderliche Sequenzanzahl «75 % Richtig» in einem Block von 20 Sequenzen) ist bei schrittweisem Vorgehen geringer.

4. Informationsgehalt der Reizsignale. Es können Farbe und Position einzeln oder in Kombination gelernt werden. Entsprechend werden 3 Taubengruppen bei unterschiedlichem Informationsangebot nach dem stufenweisen Verfahren geprüft (Abb. 64). Der Lernaufwand (Definition wie bei 3) ist bei alleinigem Angebot von Farbe am größten, bei der Darbietung von Position geringer; am geringsten allerdings bei einer Kombination von Farbe und Position. Diese entspricht dem größten Informationsgehalt (vgl. S. 45).

5. *Information durch falsches Verhalten.* Die jeweils verlangte Picksequenz kann über- oder unterschritten werden. Durch geeignete Programmierung kann man der Versuchstaube dieses mitteilen. Die Mitteilung führt zu einem geringeren Lernaufwand.

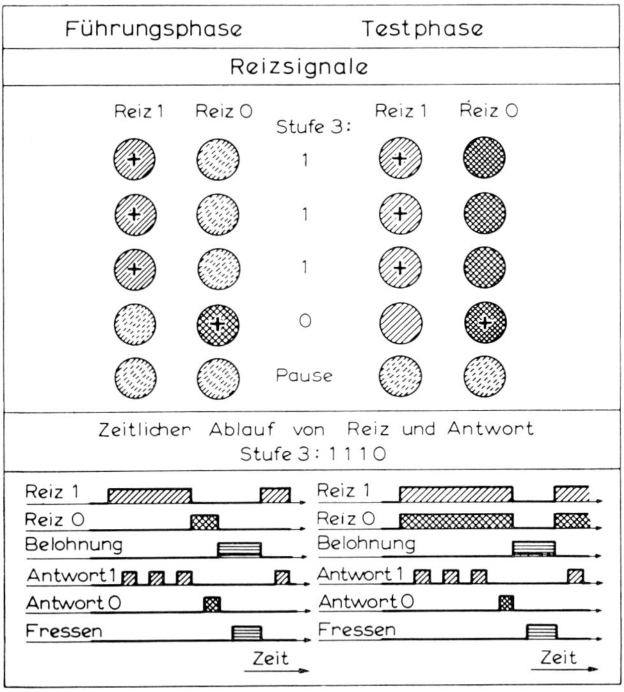

Abb. 63: *Synopsis der Funktionsabläufe des Lehrgerätes und bei der Taube während Führungs- und Testphase* (aus Zeier u. a. 1966).

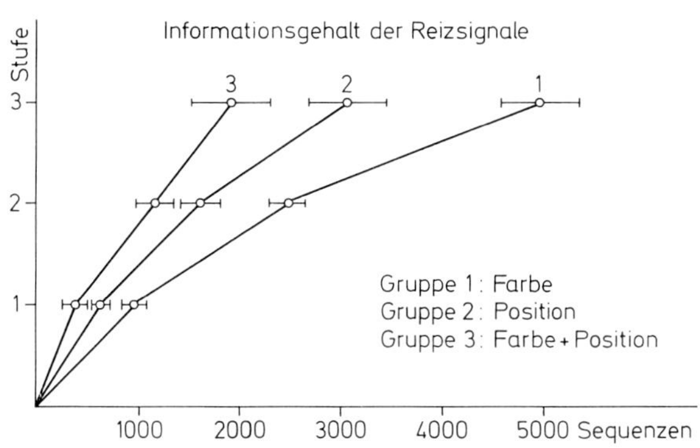

Abb. 64: *Lernaufwand von 3 Taubengruppen (je 6 Tiere) für die Stufen 1–3 bei unterschiedlichem Informationsgehalt der Reizsignale* (aus Zeier u. a. 1966).

6. *Zusatzsignale.* Werden die Antworten der Taube durch einen Ton unterschiedlicher Höhe quittiert, wird der Lernaufwand geringer. Die Differenz gegenüber Kontrolltieren ist um so größer, je mehr Pickbewegungen die verlangte Sequenz erfordert. Das resultierende Modell für das Zählverhalten der Taube enthält folgende Vorstellung (Abb. 65). Um eine geplante bestimmte Anzahl gleicher Handlungen ausführen zu können, müssen alle dem Ende der letzten Handlung vorausgehenden gespeichert werden. Hierfür sind Erregungen im Kurzzeitspeicher verantwortlich zu machen (S. 131). Zu Beginn der Konditionierung probiert das Tier unterschiedliche Pickfolgen aus. Das Auftreten oder Nichtauftreten der positiven Verstärkung nach

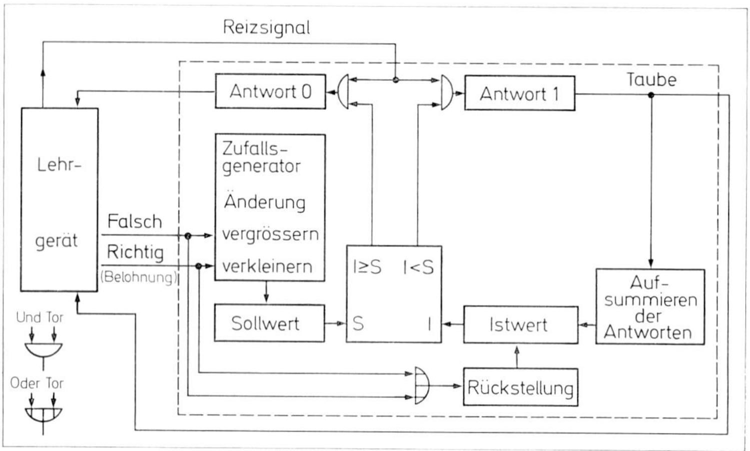

Abb. 65: *Kybernetisches Modell zur Simulation von Sequenzen binärer Entscheidungen* (aus Zeier u. a. 1966).

der zuletzt durchgeführten Pickbewegung ist entscheidend. Bei Auftreten der Belohnung wird die Pickfolge gemerkt, andernfalls gelöscht. Die Verstärkung muß allerdings nach der letzten Pickhandlung erfolgen; nämlich solange die Erregungen im Kurzzeitspeicher noch erhalten sind. Nach Wiederholung gleicher Reihenfolgen wird die Informationsübertragung vom Kurzzeit- zum Langzeitspeicher (S. 131) stattfinden. Das hier gespeicherte Sollwert-Engramm beinhaltet also die geforderte Sequenz. Die jeweils im Kurzzeitspeicher aufsummierten Nachbilder werden als Istwert mit dem Sollwert verglichen. Vor der nächstfolgenden Picksequenz muß man die Löschung des Istwertes fordern. Die «Zähl»Grenze hängt wahrscheinlich vom Umfang des Kurzzeitspeichers ab. Die Dauer der Verwertung des Sollwert-Engramms im Langzeitspeicher wurde durch die Methode des Wiedererlernens geprüft. Die «Vergessens»-Kurve fällt exponentiell ab. Pausen von 4 oder 12 Monaten ergeben keinen Unterschied (Abb. 66).

Zweifellos sind derartige Befunde über *sequentielle Lernvorgänge* bei Tieren für die Entwicklung programmierten Unterrichts in Schulen von Bedeutung. Neben einer Berücksichtigung des Handlungsbereitschaftssystems werden weitere Maßnahmen erforderlich, die in didaktische Überlegungen einbezogen werden müssen. Man darf annehmen, daß auch beim lernenden Menschen Verfahrensweisen in Programmabfolgen den Lernerfolg unterschiedlich beeinflussen. Wieweit der Umfang des primären Informationsangebots jeweils reichen darf, um noch eine Leistungssteigerung zu bewirken, wird von Fall zu Fall geprüft werden müssen. Sicher ist, daß auch beim Menschen Rückmeldungen und verstärkende Zusatzsignale für den Lernaufwand eine Rolle spielen.

Vieles spricht in diesem Zusammenhang dafür, daß *beim Menschen die informationsverwertenden Systeme denjenigen von Tieren ähnlich sind.* Das wird besonders für die Ebene des unbenannten Denkens zutreffen. Wie Koehler wiederholt betont hat, könnte ein Kind ohne diese Ebene nicht sinnvoll zählen oder sprechen. Beim Lernen des Zählens und beim Lernen der Verwendung von Worten müssen unbenannte Begriffe vorausgehen. Erst hierauf können die den Menschen auszeichnenden Fähigkeiten aufgebaut werden.

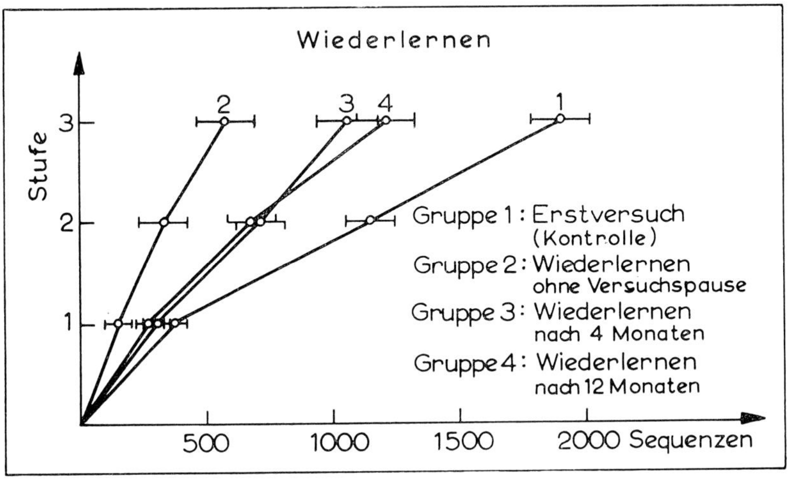

Abb. 66: *Lernaufwand von 4 Taubengruppen (je 6 Versuchstiere) für die Stufen 1–3* (aus Zeier u. a. 1966).

3. Höchste Transfer-Leistungen

Leistungen primär neukombinierten Verhaltens setzen komplexe Transfer-Mechanismen voraus. Hierzu gehört u. a. die Bildung averbaler Wertbegriffe. Kapune (1966) konnte für niedere Primaten erstmals nachweisen, daß sie imstande sind, verschiedene Muster oder Farben nach ihrem abgestuften Belohnungswert bei Mehrfachwahlversuchen zu unterscheiden. Einer Rhesusäffin wurden auf einem Wahlbrett 12 verschiedenfarbige Ringe angeboten (Abb. 67). Die Anordnung und Anzahl der Ringe wechselten. Die Äffin lernte nach der Wahl eines Ringes diesen in einen Futterautomaten zu stecken. Aus diesem wurde sie bei richtiger Aufgabenlösung mit einer Menge Erdnußstückchen belohnt. Jeder Ringfarbe entsprach eine bestimmte Portion. Z. B. erhielt sie für einen gelben Ring 15, einen weißen 6 und einen grünen 3 Erdnußanteile; für die Wahl eines roten Ringes hingegen gar nichts. Insgesamt konnte die Rhesusäffin schließlich 6 Ringe nach ihrem Belohnungswert unterscheiden. Entsprechend der Wertskala nahm sie diese vom Wahlbrett und steckte sie in den Futterautomaten. Auch qualitativ abweichende Belohnung (Banane statt Erdnuß) vermochte sie in die Wertskala einzuordnen. Nach einer Zeit von 7 Monaten, in der die Äffin die Versuchsanlage nicht sehen konnte, wählte sie, bis auf den niedrigsten Positivwert, noch signifikant richtig. Im gleichen Experiment erwiesen sich ein Kapuzineraffe (Cebus apella) und ein Halbaffe (Lemur catta) gegenüber der Rhesusäffin als weit unterlegen.

Abb. 67: *Rhesusaffe wählt einen farbigen Ring vom Wahlbrett* (aus Kapune 1966).

Entsprechende Verfahrensweisen verwandten Wolfe (1936) und Cowles (1937) bei Untersuchungen von Schimpansen. Wurden Spielmarken unterschiedlicher Farbe und Form in einen Automaten gesteckt, erhielten die Tiere verschiedene Anzahlen von Weinbeeren. Erweiterte Versuche führten schließlich dazu, daß die Schimpansen lernten, nach Erhalt einer jeweils bestimmten Marke entweder Futter zu bekommen, sich aus der Käfiganlage zu befreien oder aber mit dem Pfleger spielen zu können.

Ein besonders differenziertes Vermögen zeichnet sich in allen jenen Fällen ab, in denen Schimpansen sinngemäße Reaktionen auf menschliche Worte erlernten, bzw. diese selbst zweckmäßig zu verwenden imstande waren. Die Schimpansin Vicky gebrauchte die Worte «mama» und «papa» gegenüber ihren Pflegeeltern oder ordnete das Wort «cup» einem Trinkgefäß zu (C. Hayes 1952). So hielt sie z.B. eine leere

Tasse hin und sagte «mama cup», wenn sie zu trinken verlangte. Außerdem verstand sie eine Reihe von Worten als Anweisungen, die sie jedoch selbst nicht nachzuahmen vermochte. Vicky zeigte entsprechend orientiertes Verhalten, wenn man sagte «give it to me», «turn off the light», «close the door» oder «go to the bathroom». Das Ehepaar Kellogg (1933) zog gleichzeitig mit einem Sohn die Schimpansin Gua auf. Im Alter von 16 Monaten konnte Gua etwa 100 Worte verstehen. Allerdings gelang auch ihr ein Nachsprechen kaum. In geringem Umfang sind uns derartige Reaktionen auch von Nicht-Primaten bekannt. Hunde und Pferde verblüffen oftmals durch ihr «verständiges» Verhalten gegenüber Gesprochenem. Allerdings muß in jedem Einzelfall, um anthropomorphe Interpretationen auszuschließen, die Ursache solcher Verhaltensantwort geprüft werden.

In diesem Zusammenhang sei an bekannt gewordene «Wunderpferde» erinnert, die durch scheinbar richtige Lösungen komplexer Aufgaben verblüfften. Hierzu gehörten zu Beginn dieses Jahrhunderts der «Kluge Hans» des Herrn von Osten sowie die Araberhengste «Muhamed» und «Zarif» des Herrn Kralls. Die Tiere konnten angeblich rechnen, buchstabieren und lesen. Sie brachten ihre Antworten durch Scharren oder Treten zum Ausdruck. Auffallend war jedoch, daß die Reaktionen der Pferde nur dann richtig ausfielen, wenn der Dresseur selbst die Aufgabe beherrschte. Auch ergab eine nähere Untersuchung des Phänomens, daß die optische Gegenwart des Dresseurs erforderlich war. Inzwischen wissen wir, daß Pferde über eine außerordentlich feine Beobachtungsgabe verfügen. Sie sehen geringste Anzeichen von Bewegungen, vor allem auch des Mienenspiels und orientieren sich danach. Über entsprechende Fähigkeiten verfügen Hunde. Diffizile Abweichungen optischer und akustischer Art können ihre Reaktionsspezifität beeinflussen. Auf dieser Grundlage beruhen ebenfalls Scheinleistungen «denkender Hunde». Ihre falsche Beurteilung gipfelt in einem historisch gewordenen Beispiel, in dem ein Hund in der Manege von seinem Herrn gefragt wurde «Was sagst du zu Goethe?», und er antwortete klopfend «Ich finde Goethe bewundernswert».

Diese und andere Beispiele machen deutlich, daß auch die Einordnung von Lernleistungen bei Schimpansen bis zur Durchführung entsprechender Kausalanalysen kritisch betrachtet werden muß.

Ein weiterführendes Aufzuchtexperiment eines wildgefangenen Schimpansenmädchens stammt von Gardners (1969). Infolge der Unfähigkeit zur Nachahmung menschlicher Worte wurde ein *anderes Kommunikationsverfahren* versucht. Washoe, eine ungefähr einjährige Schimpansin, beherrschte nach 22 Trainingsmonaten 34 Worte der amerikanischen Zeichensprache ASL für Taubstumme. Dabei bedeutet jedes Bewegungszeichen ein Wort. Die Berührung der Nasenlöcher mit zwei Fingern einer Hand bezeichnet z. B. das Objekt «Blume», wiederholtes Schlagen auf einen Schenkel «Hund». Wird die offene Handfläche der einen Hand über die offene Handfläche der anderen Hand gestrichen, beinhaltet die Geste das, was wir mit dem Wort «sauber» meinen. Washoe lernte in 22 Monaten 34 Zeichen sinngemäß zu verstehen und zu verwenden. Wie Ploog (1972) aufgrund eines Besuches (1970) berichtet, hat die Schimpansin das Zeichenvokabular inzwischen auf über 100 erhöht. Von 64 Bildern bezeichnete sie 56 richtig, auch wenn sie ihren jeweiligen Versuchsleiter nicht sehen konnte. Ebenfalls ist sie in der Lage, Sätze aus mehreren Worten aufzubauen, wie «please come». Auf die Zeichenaufforderung «let me kiss your doll» brachte Washoe ihre Puppe.

Besonders *komplexe sprachähnliche Kommunikationsleistungen* wiesen Ann und David Premack (1972) für ihre Schimpansin Sarah nach. Der Anlaß ihrer gegenwärtig durchgeführten Experimente liegt in der Frage nach Grundprinzipien menschlicher Sprache. Sarah erhält täglich Lernstunden durch unterschiedliche Trainer. Es handelt sich um den Versuch, mit verschieden geformten und gefärbten Plastikkörpern zu lesen und zu schreiben. Jeder Plastikkörper entspricht einem bestimmten Wort. Mit Hilfe eines Magneten lassen sich die Symbole an einer Metalltafel befestigen. Die Lese- und Schreibart erfolgt in senkrechten Kolumnen (Abb. 68). Als Verstärkung erweisen sich Belobigungen und Berührungen erfolgreicher als Futter. Nach dieser Verfahrensweise verfügt Sarah bisher über ein Zeichenvokabular von etwa 130 Worten. Zu 75–80% verwendet sie die Plastikkörper in richtiger Weise. Die Konditionierung erfolgte in einfachen Lernschritten und führte schließlich zur Beherrschung außerordentlich komplexer Aufgaben. Auch Verneinungen versteht die Schimpansin, wenn sie z. B. eine Frucht in einen Topf und nicht in eine Schüssel legen soll. Außerdem lernte sie aufeinander und nebeneinander gelegte farbige Zeichen, wie Rot auf Grün oder Rot unter Grün, Blau neben Gelb mit Hilfe farbloser Plastikkörper an der Tafel wiederzugeben. Washoe vermag sogar einen grünen Plastikkörper, wenn er in seiner Form «Rot» entspricht, in einem «Satz» entsprechend zu verwenden. Die Fähigkeit dieser und anderer Transfer-Leistungen ist überraschend. Es bleibt bei der Fortführung der Trainingsexperimente abzuwarten, wo definitive Grenzen gegenüber sprachlichen Kommunikationsformen des Menschen erkannt werden können.

Abb. 68: *Die Schimpansin «Sarah» liest auf der Magnettafel «Sarah insert apple pail banana dish» und vollzieht entsprechende Aktionen.* Sie legt den Apfel in den Eimer und die Banane in die Schüssel. Die angebrachten Plastikkörper sind unterschiedlich gefärbt (aus Premack u. Premack 1972).

Im Rahmen der Kommunikationsforschung gewinnen ebenfalls Untersuchungen über die Lernleistungen von Walen zunehmendes Interesse. Lilly (1971) stellte in den Mittelpunkt seiner Beobachtungen an Delphinen die Frage nach Möglichkeiten zwischenartlicher Verständigung. Margarete Howe lebte $2^1/_2$ Monate mit einem

Delphin Peter zusammen und versuchte u. a. akustische Kommunikationen zu entwickeln. Wenn die bisherigen Mitteilungen auch teilweise kritisch betrachtet werden müssen, deuten sie doch, wie zahlreiche andere Lernexperimente mit Delphinen, auf höchst differenzierte Fähigkeiten hin. In diesem Zusammenhang muß auf die bei Walen stark entwickelten Cortex-Areale hingewiesen werden.

VI. Lernen beim Erkunden und im Spiel

Betrachtet man die Vielfalt unterschiedlicher Lernformen, setzt der zugrundeliegende Mechanismus in den meisten Fällen eine spezifische Handlungsbereitschaft voraus. Sie ist jeweils bestimmten Funktionskreisen zugeordnet, wie z. B. dem Nahrungserwerb, dem Kampf oder der Werbung. Außerdem gibt es andersartige Aktionen, die Lernmöglichkeiten beinhalten. Sie treten vorzugsweise bei hochentwickelten Tieren in der juvenilen Phase auf, in der die elterliche Betreuung lebenserhaltende Aufgaben übernimmt. Jedoch auch im adulten Stadium, besonders bei Säugern, werden entsprechende motorische Aktivitäten sichtbar. Das gilt vor allem für Tiere, die vom Menschen in Gefangenschaft oder als Haustiere gehalten werden. Die Reduktion agonistischer Verhaltensweisen und derjenigen des Nahrungserwerbs scheint hierfür verantwortlich. Die in Frage stehenden auffallenden Aktionen hat man als Erkunden, Spiel bzw. Neugierverhalten bezeichnet.

Präzise Definitionen der verwendeten Begriffe fallen schwer. Ganz besonders erscheint der Begriff «Neugierverhalten» im arbeitshypothetischen Sinn insofern wenig zweckmäßig, als von vornherein ein subjektives Empfindungskorrelat hineininterpretiert wird, das sich jeder Prüfung entzieht. Aufgrund unserer bisher geringen Kenntnisse sollte allerdings zwischen Erkunden und Spielen unterschieden werden. Diese Trennung gilt zweckmäßigerweise für die theoretische Betrachtung als auch für die experimentelle Methode.

Zur Differenzierung der gegenübergestellten Verhaltenskomplexe bieten sich Aspekte an, die bisher bei der Planung und Durchführung von Experimenten nur vereinzelt berücksichtigt worden sind. Verständlicherweise kann es sich bei einem Definitionsversuch lediglich um die Kennzeichnung injunktiver Begriffe (Hassenstein 1954) handeln. Sowohl das Erkunden als auch das Spielen sind durch orientierende Einstellbewegungen (Rotations- und Translationsbewegungen) auf Reizgrößen gekennzeichnet. Solche Reizgrößen können sogar in vielen Fällen für Erkunden und Spielen identisch sein. Diese Übereinstimmung muß nicht als Hinweis für die Ähnlichkeit zugrunde liegender Funktionsmechanismen gewertet werden (vgl. Marler u. Hamilton 1967).

Erkundungsverhalten tritt bei einem Tier nach Wahrnehmung *neuer* Reizsituationen auf. D. h., es kann dann in Erscheinung treten, wenn zwischen den die Umgebung betreffenden gespeicherten Informationswerten und der Wahrnehmung eine Diskrepanz vorliegt. Man könnte sich vorstellen, daß die zum Vergleich herangezogenen Informationsdaten das Ergebnis von Gewöhnungsprozessen sind. Die für die Lernform der Gewöhnung charakteristische hohe Reizspezifität wurde bereits erörtert (S. 31). Nach vollzogenem «Kennenlernen» der das Erkunden in Gang setzenden Reize ist der Verhaltenskomplex jeweils beendet; also nach einem ersten sensorischen Input, der unterschiedliche Modalitäten betreffen kann. Einzelne Tiergruppen zeigen dabei qualitative und quantitative Verhaltensunterschiede. Mit zunehmender phylogenetischer Entwicklung scheint die Erkundungsintensität anzusteigen (Glickmann u. Sroges 1966).

Der Vorgang des Erkundens schließt allerdings eine Wiederholbarkeit nicht aus insofern, als die dabei gespeicherte Information gelöscht werden kann. Dementsprechend wird sich ein Erkundungsverhalten denselben Umweltmerkmalen gegenüber wiederholen, wenn man ein Lebewesen damit erneut konfrontiert, inzwischen jedoch, mindestens teilweise, eine Extinktion stattgefunden hat. Territorial- bzw. Revierverhalten muß danach nicht notwendigerweise mit Erkundungsaktivitäten identisch sein. Hierfür sprechen ebenfalls die von einer Reihe von Autoren hervorgehobenen charakteristischen Koordinationselemente beim Erkunden. Meyer-Holzapfel (1970) erwähnt die ambivalente Haltung zwischen «Furcht» und dem Versuch, den unbekannten Gegenstand zu ergreifen. Einmal ist diese Spezifität für die Lebenserhaltung unmittelbar erforderlich, um mögliche Gefahrenquellen rechtzeitig zu erkennen. Andererseits können die Objekte sich als biologisch zweckmäßig erweisen. In beiden Fällen werden operante Konditionierungsmechanismen in Funktion treten. In diesem Zusammenhang vertreten Halliday (1966) und Lester (1968) die Vorstellung, daß erhöhte Furchtsamkeit mit einer Verstärkung der Erkundungstendenz einhergeht.

Im Rahmen des Lernens müssen außerdem diejenigen experimentellen Arbeiten von Interesse sein, die sich mit der Frage nach der Bedeutung von Vorerfahrungen für das Erkundungsverhalten beschäftigt haben. Grundsätzlich sind zwei Theorien denkbar: Entweder erweisen sich reizreiche Vorerfahrungen für späteres Erkundungsverhalten als förderlich oder als hemmend. Danach betrifft der diskutierte Einfluß die Instanz der verantwortlichen Handlungsbereitschaft. Offen bleibt dabei, inwieweit der Antriebsmechanismus als für das Erkunden spezifisch aufgefaßt werden kann oder lediglich allgemeine Aktivitäten lokomotorischer Art in Gang setzt. Allein detaillierte Bewegungsanalysen könnten eine Antwort geben. Die zum Einfluß der Vorerfahrung durchgeführten Untersuchungen, in denen eine Differenzierung zwischen Erkundungs- und Aktivitätssteigerung bzw. -senkung schwer fällt, führten zu widersprechenden Ergebnissen (u. a. Charlesworth u. Thompson 1957, Zimbardo u. Montgomery 1957, Halliday 1966a).

Kramer (1970) versuchte eine Analyse des Erkundungsverhaltens bei weißen Ratten. Die Tiere wurden zunächst an unterschiedliche Versuchslabyrinthe gewöhnt. In ihnen befanden sich zwei gleich beduftete Luftströme oder zwei gleiche optische oder aber zwei gleiche taktile Muster. In anschließenden Tests wechselte Kramer die Reize in der Form, daß im Rahmen gleicher Modalität der gewohnte Reiz und demgegenüber ein neuer zur Verfügung stand. Die Bewertung des jeweils neu angebotenen Reizes erfolgte anhand der Erstzuwendung und der Zuwendungszeit. Längere Zeit in reizreicher, täglich wechselnder Umgebung gehaltene Ratten ließen gegenüber reizarm vorbehandelten Tieren in den ersten Minuten zunächst eine höhere lokomotorische Aktivität erkennen. Im weiteren Verlauf jedoch kehrte sich das Verhältnis um. Kurzfristig reizreich vorbehandelte Tiere verhielten sich wie solche, die langfristig in reizarmen Käfigen gehalten worden waren. Inwieweit bei erfahrungsarmen Tieren die nach verzögertem Anlauf sich steigernde Aktivität im Sinne von Kramer als erhöhte Erkundungstendenz zu deuten ist, bleibt zweifelhaft. Eine Schwächung tatsächlicher Erkundungstendenz zeigte sich nach einer Vorbehandlung mit unterschiedlichen Düften bei den Tests im Duftstofflabyrinth.

Es wurde bereits gesagt, daß wie das Erkunden auch das *Spielen* objektbezogen in Erscheinung tritt. Als Objekte gelten im weitesten Sinne auch eigene Körperteile.

Eine Katze spielt z. B. mit ihrem Schwanz. Im Gegensatz zum Erkunden handelt es sich beim Spielen jedoch um eine wiederholbare Kommunikation. Die Wiederholbarkeit setzt eine Extinktion nicht voraus. Die gleichzeitig zu beobachtende Variierbarkeit des Verhaltens beim selben Spiel läßt Gesetzmäßigkeiten erkennen; z. B. eine zunehmend effektivere Verwendung von Koordinationsmustern. Außerdem gibt es für das Spiel kennzeichnende Bewegungssequenzen (u. a. Meyer-Holzapfel 1970). Oftmals zeichnen sie sich durch besonders hohe Intensität aus. Ist das Erkunden durch seinen Ernstbezug gekennzeichnet, findet Spielen im «entspannten Feld» (Bally 1945) statt. Verwendung finden angeborene und erlernte Bewegungskomponenten. Entsprechendes muß für die Programmierung im Bereich der Sensorik gelten.

Meyer-Holzapfel machte erneut auf die Problematik aufmerksam, die sich bei Interpretationsversuchen auf nervenphysiologischer Ebene stellt. Spielverhalten wird in seinem Auftreten und in seiner Durchführung durch endogene und exogene Faktoren bestimmt. Für die Bedeutung endogener Aktivierungskomponenten sprechen vor allem spontan auftretende Aufforderungen an Artgenossen zum Mitspielen. Auch gibt es ein auf Spielen gerichtetes Appetenzverhalten. Infolgedessen muß eine entsprechende Handlungsbereitschaft angenommen werden. Sowohl Tembrock (1958) als auch Leyhausen (1965) setzen einen spezifischen Antrieb voraus. Geht man von dieser Annahme aus, müssen allerdings für diesen nicht ernstbezogenen Funktionsbereich gegenüber elementaren Funktionskreisen besondere Gesetzmäßigkeiten gefordert werden. Inhibitorische Einflüsse der Spielbereitschaft auf direkt lebenserhaltende Funktionskreise sind nur begrenzt zu beobachten. Auch scheint die Programmierung der Bewegungsmuster nur in beschränktem Umfang einer Kontrollinstanz unterworfen zu sein. Ein zusätzliches Charakteristikum ist die relativ schwer zu erreichende Schwellenerhöhung. Außerdem konnte Müller-Schwarze (1968) an Junghirschen Stauungsphänomene der Spielbereitschaft nicht erzielen. Ob dieser Befund grundsätzliche Geltung besitzt, müssen zukünftige Analysen klären helfen. Morris (1956, zit. n. Meyer-Holzapfel 1970) interpretiert die zentralnervösen Grundlagen des Spiels als ein Nicht-eingeschaltet-Sein eines Mechanismus. Im Zustand der Befriedung würde das Abgeschaltet-Sein der lebenserhaltenden Funktionskreise unkontrollierte Abläufe gestatten. Infolgedessen findet eine Abreaktion in anscheinend funktionslosen Spielhandlungen statt.

Die zuletzt angeführte Theorie steht u. a. in Widerspruch mit operanten Konditionierungen, deren primäre Verstärkerwirkung allein auf einer Spielaktion beruht. Dabei beinhaltet die Lernphase eine zunehmend orientierte Einstellung auf ein bestimmtes Objekt, einen kennzeichnenden Verlauf der Häufigkeitsfunktion der Handlung, die eine positive Korrelation zur Geschwindigkeit aufweist, sowie eine Veränderung des Koordinationsmusters im Sinne einer erhöhten Effektivität (S. 59). Buchholtz (1952) berichtet von einer «Spieldressur» mit Hauskatzen. Dabei wurden verschiedenfarbige und graue Beute-Ersatzobjekte in einem Kasten oder an einem Brett zur Wahl gestellt (Abb. 69 a, b). Nach Richtigwahl, z. B. einer roten «Maus», erfolgte Belohnung in Form eines Spiels. Die an einer Schnur befestigte Attrappe konnte vor dem Versuchstier hergezogen werden. Die Reaktion bestand aus einem Hinterherlaufen. Allein die Möglichkeit dieses angebotenen Spieles, nach richtiger Aktion am Wahlort, führte zu einem typischen operanten Konditionierungsverlauf. Ein solcher Prozeß wird nur durch die Annahme einer spezifischen Handlungsbereitschaft verständlich. Die Aktion kann in einer Versuchsserie ausbleiben, wenn zu dem Zeitpunkt eine andere, zu einem Funktionskreis gehörige Handlungsbereitschaft dominiert. Es kann vorkommen, daß eine hungrige Katze in das Dressurexperiment nicht eintritt. Gleiches gilt für einen balzenden Kater. Andererseits kann auch die Spielbereitschaft dominieren. Die in der Literatur oftmals betonte leichte Ablenkbarkeit spielender Tiere oder Menschen ist keinesfalls die Regel. Selbst wahrgenommene Feindreize müssen das Spiel nicht unbedingt unterbrechen (Tembrock 1958).

Abb. 69a u. b: *Hauskatzen bei der Wahl von Mäuse-Attrappen nach einer Spieldressur.* a) Kastenwahl. b) Brettwahl (aus Buchholtz 1952).

Über das *Spielverhalten bei Tieren* berichtet eine Vielzahl von Veröffentlichungen. Die meisten beinhalten deskriptive Ergebnisse. Einige Autoren versuchen außerdem die mannigfaltigen Befunde zu interpretieren (u. a. Inhelder 1955a, Meyer-Holzapfel 1956a, 1970, Tembrock 1960, Leyhausen 1965, Koehler 1965/66). Die von Meyer-Holzapfel aufgestellten Kriterien für das Spielverhalten sind inzwischen anhand zahlreicher Beobachtungen an Säugern grundsätzlich bestätigt worden. Weitaus schwieriger erscheint immer noch die Frage nach der *biologischen Bedeutung*. Die vorliegenden Theorien weichen teilweise erheblich voneinander ab. Das ist besonders dann der Fall, wenn man gleichzeitig nicht-ethologische Erörterungen in Betracht zieht (u.a. Wittgenstein 1953). Groos (1933) sieht im Spiel eine Einübung später bedeutsamer Instinkthandlungen, Bally (1945) hingegen betont die Charakteristik eines «entspannten Feldes». Nach Morris (1956, zit. n. Meyer-Holzapfel 1970) handelt es sich um ein Abreagieren physischer Kraft. Andere Autoren deuten das Spiel als allgemeines Muskeltraining, welches der Kräftigung dient. Meyer-Holzapfel (1970) und Hassenstein (1972) heben die Bedeutung der dabei gesammelten lebensnotwendigen Erfahrungen hervor. Dieser, besonders von humanpsychologischer Seite oftmals widersprochenen Funktionsdeutung, liegen bisher einschlägige Untersuchungsergebnisse nicht zugrunde. Hassenstein äußert sich skeptisch gegenüber möglichen Nachweisen von Einzelfällen. Dennoch sollten genaue Sequenzanalysen des Spielverhaltens und gleichzeitige Bemühungen um die Kontrolle bedeutsamer sensorischer Eingänge mit anschließenden gezielt geplanten Lernexperimenten weiterführen. Forgays und Read (1962) testeten Ratten nach unterschiedlichen beim Spiel gewonnenen Vorerfahrungen in Labyrinthversuchen. Reizreiche Haltung in einer bestimmten ontogenetischen Periode verbesserten den Konditionierungserfolg. Rosenzweig, Benett und Diamond (1972) konnten anatomische und biochemische Unterschiede im Gehirn von Ratten nachweisen, die unter spielinduzierenden Gefangenschaftsbedingungen bzw. ohne solche gehalten worden waren. Ihre Befunde sprechen gleichzeitig für die nicht zu übersehende *Bedeutung von Umgebungseinflüssen* im Rahmen menschlicher Entwicklungsbedingungen.

Zweifellos gibt es zahlreiche Hinweise, daß bei hochdifferenzierten Lebewesen, die das Verhaltensphänomen des Spielens zeigen, im Zusammenhang stehende Lernprozesse für die Lebenserhaltung von Bedeutung sind. Das betrifft besonders Säugetiere und den Menschen, die über komplizierte informationsverwertende Systeme verfügen.

Offenbar schließen unterschiedliche Spielvorgänge jeweils verschiedenartige Lernformen ein. *Einzelspiele* als reine Bewegungsspiele mit dem eigenen Körper oder Körperteilen und solche mit Gegenständen werden vorzugsweise Mechanismen klas-

Abb. 70: *Experimentierspiel eines Delphins* (aus Chapin 1965).

sischer und operanter Konditionierungen beinhalten. Hierzu gehören Experimentierspiele, wie wir sie in besonders ausgeprägter Weise von Delphinen kennen (Abb. 70). Auch Möglichkeiten primär neukombinierten Verhaltens könnten in komplexen Vorgängen enthalten sein. Operante Konditionierungsprozesse werden ebenfalls bei *Sozialspielen* in Funktion treten. Das gilt in besonderem Maße für oftmals wiederholte Kindheits- und Jugendspiele, die eine zunehmende Veränderung beteiligter Bewegungskoordination erkennen lassen (Abb. 71). Sozialspiele, vor allem solche zwischen adulten und juvenilen Partnern, enthalten außerdem Möglichkeiten der Nachahmung. Imitationen bilden auch die Grundlage für sogenannte Modespiele. Köhler (1921) berichtet, daß seine Schimpansen Hühner nach Vorbild mit Brotkrumen fütterten, um ihnen nach Annäherung einen Stock in den Körper zu stoßen.

In der *ontogenetischen Entwicklung* der Säuger kommen *unterschiedliche Spielphasen* zum Ausdruck, die jeweils durch eine spezifische Bezugnahme zur Umwelt und dazugehörige Koordinationsmuster gekennzeichnet sind. Tembrock (1968) beschreibt für den Rotfuchs vier Perioden. Vom 15. bis zum 33. Lebenstag überwiegen Sozialspiele, in denen der Körperkontakt mit Partnern gesucht wird. In einem anschließenden Entwicklungsabschnitt vom 34. bis 42. Tag dominieren ebenfalls Sozialspiele, die jetzt allerdings im wesentlichen Rennspiele einschließen, in denen die Partner abwechselnd verfolgen und fliehen. Daneben treten Formen des Einzelspieles auf. Bei gefangen gehaltenen Jungfüchsen können Bewegungsformen des Spiels um den 40. Lebenstag 50 % des Gesamtverhaltens ausmachen. Danach fällt die Spielbereitschaft ab. In der 3. und 4. Periode, einschließlich bis zum 57. Tag, beobachtet man vorwiegend Einzelspiele. Ab dem 49. Tag erscheinen ausschließlich nur diese. Einzel- und Sozialspiele werden, jedenfalls in Gefangenschaft, auch noch

Abb. 71: *Sozialspiel.* «Tauziehen» zwischen Schakalwelpen (aus Lawick-Goodall 1972).

von adulten Tieren betrieben. Bei ihnen wechselt die Spielhäufigkeit im Verlauf des Jahres. Gleichzeitig ergibt sich ein qualitativer und quantitativer Unterschied zwischen Jahren ohne und mit Aufzucht von Jungfüchsen. Darunter gibt es Koordinationsmuster, die nur im Spiel auftreten. Wie der Rotfuchs lassen auch andere Säuger eine jeweils charakteristische Genese des Spielverhaltens erkennen. Für beobachtete sukzessive Perioden sind sehr wahrscheinlich zentralnervöse Reifungsprozesse unmittelbar verantwortlich. Sie bilden die Grundlage für die Spezifität der Spielformen und damit für die jeweils mögliche Verwendung informationsverwertender Mechanismen.

Infolge der hormonalen Konstitution und der Verlängerung zentralnervöser Reifungsprozesse dauert die *Kindheits- und Jugendphase des Menschen* gegenüber den Tieren sehr lange. Die ausgedehnte ontogenetische Entwicklung beinhaltet potentiell umfangreiche Lernmöglichkeiten. Sie ist gleichzeitig durch vielseitige Spielformen gekennzeichnet, die einen wesentlichen Anteil zur Informationsaufnahme und ihrer Verarbeitung aufgrund unterschiedlicher Mechanismen beitragen. Auch beim Menschen sind einzelnen Entwicklungsstadien bestimmte Spielabläufe zugeordnet. Während sich der Säugling zunächst vorwiegend mit seinem eigenen Körper spielerisch beschäftigt, wird danach entsprechendes Verhalten zusätzlich auf Gegenstände der Umwelt ausgerichtet. Formen des Einzelspiels erfahren mit fortschreitendem Alter Ergänzungen durch Sozialspiele, in denen das Kind wechselweise bestimmte Rollen übernimmt. Schließlich werden Gruppenspiele im Rahmen unserer Schulsysteme in zunehmendem Maße durch Erwachsene organisiert. In diesem Zusammenhang praktizierte erziehungswissenschaftliche Vorstellungen erstreben eine Vielzahl von Ausbildungszielen, die auf Lernfunktionen basieren. Zweifellos ist

Abb. 72: *Saatkrähe bei der Musterwahl* (aus Rensch 1965).

gerade das dem Spielverhalten zugrunde liegende Handlungsbereitschaftsgefüge für informationsverwertende Erfolge von großer Bedeutung. Die Verwendung komplexer Lernmechanismen im Rahmen nicht ernstbezogener Verhaltensaktivitäten erscheint gerade im juvenilen Stadium in besonderem Umfang möglich. Das gilt u. a. vor allem für die Herausbildung sogenannter kreativer Komponenten, die im Sinne neu kombinierter Verhaltensmöglichkeiten verstanden werden können. Infolgedessen sind alle Bemühungen um die initiale Unterstützung von Spielformen für Lernvorgänge im Jugendalter bedeutungsvoll.

Schließlich sollten in diesem Zusammenhang *ästhetische Leistungen,* über die offenbar nicht allein der Mensch, sondern auch Tiere verfügen, genannt werden. Aufgrund von Bevorzugungsexperimenten hat Rensch (1958, 1965b) darauf aufmerksam gemacht, daß bereits Fische und Vögel Kriterien hierfür erkennen lassen. Dohlen, Raben- und Saatkrähen bevorzugen bei der Darbietung regelmäßiger und unregelmäßiger Muster die regelmäßig symmetrischen oder rhythmischen (Abb. 72). Es ist anzunehmen, daß auch für Affenzeichnungen und -malereien ästhetische Faktoren verantwortlich zu machen sind. Kapuziner- und Menschenaffen kann man in Gefangenschaft zum Zeichnen und Malen veranlassen (u. a. Rensch 1958, 1965b, Morris 1962). Rensch sieht darin ein Spielverhalten, «das wohl von der Freude bestimmt wird, sichtbare Spuren hervorzubringen». Als Teilmotiv oder als alleiniges Motiv für bildnerische Darstellungen nennt Morris die «Aktivität als Selbstbelohnung». Dieser Auffassung entsprechen beim Malen auftretende Physiognomien und Laute (Abb. 73). Versucht man bei einem Schimpansen durch Futter die Aktivität zusätz-

Abb. 73: *Der Schimpanse «Congo» beim Malen.* Kennzeichnend sind höchste Konzentration und lustbetonte Laute (aus Morris 1962).

lich zu steigern, erkennt er wohl die Beziehung zu seiner Tätigkeit, wird jedoch davon abgelenkt und gibt das Malen alsbald auf. Eine Leistungssteigerung kann nicht beobachtet werden. Morris konnte bei seinem Schimpansen Congo bildnerische Aktivitäten über drei Jahre hin verfolgen. Congo zeichnete und malte in dieser Zeit mit zunehmender Geschicklichkeit, was zunächst einmal einen operanten Konditionierungserfolg im Sinne einer Übung deutlich macht (Abb. 74 a, b). Ziellose und unzusammenhängende Bewegungen führten ebenfalls zu zunehmend rhythmischen Koordinationsmustern, die immer stärker differenziert werden. Morris spricht von «Bewegungsthemen». Diese Entwicklung fand in entsprechender bildnerischer Darstellung ihren Ausdruck. Es konnte eine umfangreiche Analyse der Zeichnungen und Bilder in bezug auf Kompositions- und kalligraphische Prinzipien durchgeführt und die thematische Variation verfolgt werden (Abb. 75). Themenveränderungen erfolgten meist schrittweise, wobei der Grundcharakter erhalten blieb (Abb. 76).

In jedem Fall eröffnet dieser besondere Forschungsbereich grundsätzlich neue Möglichkeiten für das Kennenlernen biologischer Gesetzmäßigkeiten im Rahmen bildnerischer Produktivität. Die bei Affen sichtbar werdenden ästhetischen Phänomene entsprechen in den Grundprinzipien denjenigen, die wir auch vom Menschen her kennen.

Abb. 74a u. b: *Primitive (a) und fortgeschrittene (b) Pinselhaltung* (aus Morris 1962).

Abb. 75: *Fächerförmig gemaltes Bild mit zentralem Punkt* (aus Morris 1962).

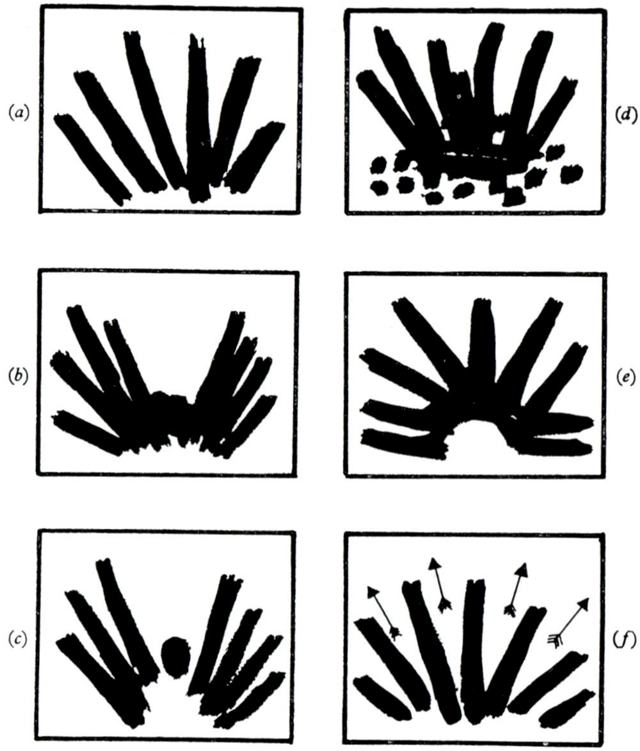

Abb. 76: *Vereinfachte Darstellung der thematischen Variationen in Bildern des Schimpansen «Congo»*. Einfaches Fächermuster (a), aufgelockerter Fächer (b), Fächer mit zentralem Punkt (c), Fächerbündel mit Tupfen (d), Fächer auf kurviger Grundlinie (e), gegenläufiger Fächer (f) (aus Morris 1962).

VII. Zur zentralnervösen Organisation des Lernens

Die Fähigkeit zu jenen hevorragenden Verhaltensleistungen, die wir mit Lernen bezeichnen, wird zweifellos durch Funktionen des Zentralnervensystems gewährleistet. Auch die weitverbreitete Gruppe der Wirbellosen verfügt, mit Ausnahme der Schwämme, über betreffende Systemkomplexe. Zugrundeliegende strukturelle Einheiten, die Neurone oder Ganglienzellen, sind bei niederen und höheren Tieren, wie auch beim Menschen, prinzipiell gleich gestaltet. Allerdings variieren Größe und Form in Abhängigkeit von den Aufgaben außerordentlich. Neurone sind biosynthetisch aktiver als andere Zellen. Man nimmt an, daß die Proteine des Gehirns in etwa 10 Tagen ersetzt werden (Smitt 1967). Eine Anzahl von Ganglienzellen, sensorische und motorische, übernimmt Funktionen der Ein- und Ausgabe von Information. Bei phylogenetisch höher entwickelten Organismen ist dem überwiegend größten Teil der Nervenzellen die dazwischen liegende Leitung und Datenverarbeitung zugeordnet. Schließlich sind von etwa zehn Milliarden Nervenzellen im menschlichen Körper neun Milliarden Schalt- oder Zwischenneurone. Mit ansteigender Hirngröße geht nicht allein eine Erhöhung der Anzahl von Neuronen einher, sondern auch eine solche von Synapsen. Die Steigerung der Kommunikationsmöglichkeiten bedingt eine zunehmend komplexe Organisationshöhe. Mit der stammesgeschichtlichen Entwicklung nimmt gleichzeitig die *Aufgabenteilung von Neuronengruppen* und die Differenzierung ihrer hierarchischen Ordnung zu. Auf der Grundlage dieser Tendenz basieren mannigfaltige Differenzierungen von Anpassungsformen an äußere und innere Reizsituationen. Die dadurch jeweils ermöglichte Plastizität des Verhaltens wird anhand der zur Verfügung stehenden Lernformen sichtbar.

1. Kurzzeit- und Langzeitspeicher

Die Datenverarbeitung im Zentralnervensystem setzt für alle Lernformen sukzessiv erfolgende, miteinander abgestimmte Funktionsschritte voraus; nämlich die Aufnahme, das Einspeichern und Aufbewahren (Gedächtnisausbildung) und schließlich das Abrufen (Erinnern, Ekphorieren) von Information. Wahrscheinlich schließen verantwortliche Teilmechanismen in Abhängigkeit von der Lernform unterschiedliche komplexe Organisationssysteme ein. Außerdem stellt sich auf nervenphysiologischer Ebene gleichfalls die Frage nach dem Verschwinden bereits gespeicherter Information (Vergessen, Extinktion). Hinzu kommt die Schwierigkeit der funktionellen Interpretation derjenigen Prozesse, die durch eine chronologische Ordnung gekennzeichnet sind. Das gilt besonders für Erinnerungsvorgänge beim Menschen an erlebte Abläufe, die Kausalbeziehungen beinhalten. Ohne eine im zeitlichen Zusammenhang stehende Zuordnung von Teilinformationen ist auch bei Tieren eine sinnvolle Erfahrungsverwertung undenkbar. Andererseits gibt es die Möglichkeit, Teilinformationen beliebig zuzuordnen, die in der Verfügbarkeit von Sprach- und Schreibsymbolen zum Ausdruck kommt.

Vom Menschen sind uns grundsätzlich zwei Formen der Gedächtnisausbildung bekannt, die wir auch für Tiere postulieren müssen. In einer Telefonzelle sind wir imstande, eine sechsstellige Anschlußnummer nach erst- und einmaligem Lesen für eine kurze Zeit zu behalten. Jedenfalls so lange, bis wir die Ziffern nacheinander gewählt haben. Meldet sich der gewünschte Fernsprechteilnehmer nicht und wird sogleich eine Neuwahl erforderlich, haben wir meist die Nummer schon vergessen. Bei diesem Vorgang ist also nur ein kurzzeitiges Gedächtnis *(Immediatgedächtnis)* ausgebildet worden. Wollen wir die Anschlußnummer für längere Zeit behalten, werden Wiederholungen in Form von Lesen, verbaler und gedanklicher Art erforderlich. Von der Anzahl der Wiederholungen wird die Dauer der Gedächtnisausbildung abhängig sein. Zweifellos spielen außerdem quantitative und qualitative Werte der Handlungsbereitschaft eine Rolle. Die Ausbildung eines Langzeitgedächtnisses *(Dauergedächtnis)* erweist sich ebenfalls beeinflußt durch gleichzeitig auftretende andersartige Speicherinhalte. Mit einer Ziffer 7 assoziieren wir z. B. ein Kalenderdatum, eine Straßenbahnnummer oder eine Hausnummer. Auch solche assoziierenden Leistungen können die Konsolidierung beim Aufbewahren von Informationswerten unterstützen. Assoziationen leisten auch Hilfestellung beim Ekphorieren von Gedächtnisinhalten; auch wenn sie uns bei Spontanerinnerungen nicht bewußt werden.

Dem Kurz- und dem Langzeitgedächtnis muß man entsprechende Speichereinheiten zugrunde legen. Die Überführung von Informationswerten vom Kurzzeitspeicher in den Langzeitspeicher findet im Rahmen der Lernphase statt. Der Kannphase, welche bei den einzelnen Lernformen durch einen Sättigungswert gekennzeichnet ist, entspricht jeweils eine maximal mögliche Einspeicherung in diejenige Instanz, auf der das Langzeitgedächtnis beruht. Wir wissen, daß bei einem Individuum der erreichbare Maximalwert eines Speichers von unterschiedlichen Faktoren beeinflußt wird. Das gilt in besonderem Maße für den operanten Konditionierungstyp (S. 38).

Für die Überführung von Information vom Kurz- in den Langzeitspeicher ist eine bestimmte Zeit notwendig, die *Fixationszeit.* Ihr Ausmaß kann im Experiment ermittelt werden. Methodisch geht man dabei so vor, daß man nach einem gerade erfolgten Lernakt in mehr oder weniger langen Zeitabständen den Konsolodierungsprozeß zu beeinträchtigen versucht. Das gelingt z. B. durch Elektroschock (Duncan 1949, McGaugh 1966) oder Unterkühlung (Glees 1962 a, b, 1968). Eine entsprechende Erscheinung kennen wir bei der durch Unfälle verursachten retrograden Amnesie. Infolge von Gewalteinwirkungen auf Schädel und Hirn, z. B. Gehirnerschütterung, gelingt es den Betroffenen nicht, sich an die Ereignisse kurz vor dem Eintreten des Unfalls und an diesen selbst zu erinnern. Während der ersten Genesungsphase fallen den Patienten zunächst ältere Gedächtnisinhalte, danach weniger weit zurückliegende ein. Einige Sekunden oder längere Zeit vor dem Unfall bricht bei diesem Prozeß die Erinnerungsleistung ab. McGaugh (1968) konnte durch Experimente feststellen, daß Pharmaka (z. B. Strychnin) auftretende Gedächtnisverluste durch Unterbrechen der Fixationszeit abschwächen können. Im Langzeitspeicher bereits konsolidierte Informationen werden durch «schockierende» Maßnahmen nicht beeinträchtigt. Das spricht für eine erhöhte Stabilität gegenüber kurzzeitigen Speichermechanismen.

Die *Lokalisation* der nach den Befunden zu fordernden Speicherinstanzen ist bisher unzureichend gesichert. Vorstellungen hierüber basieren vorzugsweise auf neurologischen und chirurgischen Befunden. Patienten, die unter dem Korsakowschen Syndrom leiden, können wohl frühere Gedächtnisinhalte nutzen, kaum jedoch im fortgeschrittenen Stadium eine neue Informationsaufnahme und -verwertung vollziehen. Die Ursache ist eine Schädigung von Hirnarealen, bei der stets die Corpora mamillaria und ihre Umgebung betroffen sind. Ein entsprechender Ausfall ist bei Epilepsie zu beobachten, wenn bei einem Patienten durch einen neurochirurgischen Eingriff beidseitig der im Schläfenlappen gelegene Hippocampus entfernt worden ist. Die Operierten sind danach nicht mehr in der Lage, etwas hinzuzulernen, obgleich sie sich an frühere Geschehnisse erinnern. Die beiden in Frage stehenden Hirnareale, Corpus mamillare und Hippocampus, sind durch auffallende Faserstrukturen miteinander verbunden (Abb. 77). Außerdem besteht ein morphologischer Zusammenhang zu stammesgeschichtlich alten Hirnarealen. Der insgesamt gesehen ringförmige Kommunikationskomplex zeichnet sich im limbischen System ab. Zahlreiche Neurophysiologen sind der Ansicht, daß dieses neurale Verschaltungssystem Funktionen des Kurzzeitspeichers beinhaltet. Es ermöglicht auf einer Vielzahl von Bahnen das Kreisen der die Information tragenden Erregung. Hierfür nimmt Smitt (1967) eine Dauer von einigen Sekunden bis 30 Minuten an, die der Fixationszeit entsprechen würde. Denkbar ist, daß während der Zirkulationsphase ein Abzweigen von Information aus den Erregungskreisen in Neuronenketten vonstatten geht, ohne eine Veränderung ihres Informationsgehaltes zu verursachen. Die Entnahme in Form wiederholter Neuronenentladungen kann zur Konsolierung von Engrammen im Langzeitspeicher beitragen. Es fällt auf, daß das limbische System ebenfalls für emotionale Prozesse verantwortlich gemacht wird. Hier drängt sich ein Zusammenhang zu der bei allen Lernformen immer wieder betonten Bedeutung der Handlungsbereitschaft auf.

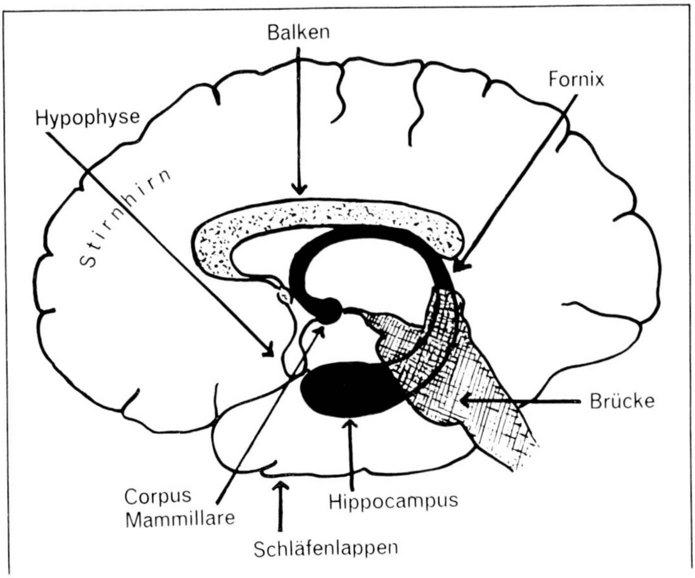

Abb. 77: *Rechte Hirnhälfte von der Mitte her gesehen.* Hippocampus, Fornix und Corpus mamillare (schwarz) bilden zusammen einen offenen Spiralbogen. Er verläuft vom rechten Schläfenlappen zur Hirnmitte. Der Balken verbindet durch querverlaufende Fasern beide Hirnhälften (aus Hess 1964).

Daß das limbische System gleichzeitig auch eine bioelektrische Phase für das Ekphorieren gespeicherter Werte beinhaltet, muß ausgeschlossen werden. Hierfür sprechen genannte Befunde beim Korsakowschen Syndrom und nach operativen Eingriffen bei Epileptikern. Während eine Neuaufnahme von Information bei den Hirngeschädigten nicht möglich ist, verfügen sie über ein Langzeitgedächtnis.

Über den Konsolidierungsprozeß von Engrammen in einem zweiten Speichertyp weichen die theoretischen Vorstellungen voneinander ab. Informationstragende Erregungen in Neuronenketten können hierfür nicht verantwortlich sein. Es wurde bereits auf die Stabilität von langzeitlichen Gedächtnisspuren gegenüber Behandlungen mit Unterkühlungen, Elektroschock oder CO_2-Inhalation hingewiesen. Zweifellos sind bei komplexen visuellen, auditiven oder taktilen Gedächtnisinhalten Großhirnareale beteiligt. Die für verschiedene Sinnesmodalitäten zuständigen Speicherorte sind miteinander verschaltet. Die Verbindung muß bei einer Erinnerung z. B. optischer und gleichzeitig akustischer Art eine Synchronisation gewährleisten.

Penfield und Mitarbeiter (1959) führten während operativer Eingriffe bei Epilepsiekranken elektrische Induktionsversuche durch, um übererregbare Herde zu finden und entfernen zu können. Die ausgelösten Erregungsprozesse in der Hirnrinde setzten bei den Kranken manchmal detaillierte Erinnerungen an Ereignisse, die Jahre zurücklagen, in Gang. Ein junger Mann z. B. sah sich bei seinen Vettern, die in Südafrika lebten. Er hörte sie sprechen und lachen. Obgleich bei den induzierten Erinnerungen die Inhalte trivial waren, kennzeichnete sie eine ganz besondere Lebhaftigkeit. Dennoch verloren entsprechend behandelte Patienten den Kontakt mit der Gegenwart nicht. Es war ihnen bewußt, daß sie im Operationssaal lagen und sich erinnerten. Die implantierten Elektroden befanden sich in Schläfen- oder manchmal auch Scheitellappen. Allerdings entscheidet die Elektrodenlage nicht unbedingt über die Lokalisation gespeicherter Daten. Ein bestehender Erregungszusammenhang zwischen dem temporalen Neokortex zu anderen Hirnarealen, die die eigentliche Speicherleistung übernehmen, ist denkbar.

Sperry (1961) stellte die Frage nach dem Langzeitspeicher bei Katzen, die in Zwei-Musterwahlversuchen in besonderer Weise konditioniert worden waren. Die Versuchstiere lernten z. B. bei verdecktem rechten Auge einen Kreis von einem Quadrat zu unterscheiden. In der Kannphase verdeckte man dann das linke Auge und testete die Lösung der Aufgabe mit Hilfe des rechten. Die Katzen beherrschten danach die Situation gleich gut; dieses Ergebnis entspricht der menschlichen Erfahrung. Bei der Katze und beim Menschen treffen sich die von der Netzhaut kommenden Sehnerven im Chiasma opticum. Von dort ziehen Fasern des linken Auges in die linke Hemisphäre und solche des rechten in die rechte Hälfte des Großhirns. Einige von den Retinae kommende Bahnen wechseln jedoch auch nach der Kreuzung in die gegenüberliegende Seite. Diese strukturelle Grundlage könnte den Befund der Katzenversuche und entsprechender Leistungen beim Menschen erklären. Informationen können beidseitig gelagert werden. Sperry nahm nun einen Eingriff so vor, daß er durch einen Schnitt in die Sehnervenkreuzung den Seitenwechsel von Fasern verhinderte. Die 2–3 Wochen nach der Operation in die Dressuranlage gesetzten Katzen vermochten, wenn auch schlechter als zuvor, verschiedene Muster zu unterscheiden. Überraschenderweise führte diese zweite Versuchsserie zu dem gleichen Ergebnis wie diejenige, die mit gesunden Katzen vorgenommen worden war. D. h., daß die Informationen auch jetzt noch beidseitig gespeichert und verwertet wurden. Infolgedessen durchtrennte man in einer nächsten Serie den Balken, der beide Hemisphären durch Millionen Fasern miteinander verbindet. Danach war das Ergebnis der operanten Konditionierung ein anderes. Die einäugig dressierten Katzen konnten nicht mehr ihr Erlerntes mit dem anderen Auge erkennen. Schließlich gelang es Sperry, chiasma- und balkenoperierte Tiere mit jedem Auge so zu trainieren, daß das Ergebnis widersprüchlich ausfallen mußte. War z. B. für das linke Auge der Kreis das positive und das Quadrat das negative visuelle Zeichen, galt das Umgekehrte für das rechte Auge. Die Länge der Lernphase unterschied sich in beiden Fällen von normalen Tieren nicht. Auch erwies sie sich bei den Versuchstieren, unabhängig von der Reihenfolge der jeweils einäugigen Verfahrensweisen, als gleich lang. Nach Erreichen beider «einäugigen» Kannphasen führte Wechsel der Augenverdeckung zu einem Wechsel auch im Musterwahlverhalten. Diese und entsprechende Untersuchungen bei taktiler Aufgabenlösung sprechen dafür, daß jede Hemisphäre Information speichert. Bestehende Verbindungen zwischen beiden Hemisphären dienen der Übertragung und dem Vergleich. Da wir wissen, daß für die Wahrnehmung optischer Details die Sehrinde verantwortlich zu machen ist, kann man nach diesen Befunden eine kortikale Informationsspeicherung annehmen.

Andererseits haben Resultate nach Lokalisationsexperimenten von Lashley (1950, 1951) außerordentliche Schwierigkeiten deutlich gemacht; nämlich dann, wenn verantwortliche engrammtragende Systeme einen weitverzweigten Bereich umfassen. Zahlreiche Läsionen in unterschiedlichen Hirnarealen trainierter Ratten führten zu der Vorstellung einer vielfältigen Repräsentation von Gedächtnisinhalten. Eine topographische Abhängigkeit ergab sich bei den Versuchen Lashleys nicht. Der Gedächtnisverlust war lediglich der entfernten Hirnmenge proportional.

2. Engramme

Schließlich stellt sich die Frage nach den strukturellen und funktionellen Grundlagen der Gedächtnisspuren innerhalb von Langzeitspeichersystemen auf der Ebene von Zellen, Synapsen bzw. auf makromolekularem Niveau. Konnektivistische Theorien basieren auf der Annahme, daß die morphologische Organisation des Gehirns infolge der genetischen Ausstattung vorgegeben ist. Die Realisierung erfolgt während der Ontogenese. Diese Voraussetzung schließt sämtliche neuralen Verschaltungen ein. Wiederholte bioelektrische Aktivierung der Systemeinheiten verursacht Veränderungen in Zellverbänden, Neuronen oder auch Gliazellen. Außerdem gibt es Hinweise dafür, Modifikationen synaptischer Wirkungsgrade verantwortlich zu machen. Von Russell (1959) und anderen Autoren stammen Überlegungen über die zunehmende Leistungsfähigkeit neuraler Verknüpfungen. Auch werden in diesem Zusammenhang Enzyminduktionen diskutiert (u. a. Ungar 1971). Obgleich eine Vielzahl hypothetischer Erörterungen vorliegt, sind unsere tatsächlichen Kenntnisse gering.

Nach Ergebnissen der molekularen Genetik wissen wir, daß die DNS die Erbinformation beinhaltet. Über RNS-Systeme wird das Programm in Proteine transformiert. Vorstellungen zur molekularen Kodierung individuell erworbener Gedächtnisspuren setzen voraus, daß bioelektrische Parameter die Genwirkung beeinflussen. Hemmstoffe und Aktivatoren könnten Veränderungen der Basensequenz der RNS und damit Umstrukturierungen der Proteine bewirken. Dabei wird eine Beteiligung von Gliazellen an Grenzflächen zu Neuronen vermutet (Hydén 1967). Hydén und Egyházi (1964) dressierten Ratten, auf einem Drahtnetz Futter zu holen bzw. beim Erlangen dessen die bevorzugte Vorderextremität zu wechseln. Nach beiden Lernvorgängen fand man RNS unterschiedlicher Basenzusammensetzung. Auch ergab sich ein Unterschied zu Kontrolltieren.

Versuche zur Hemmung der Proteinsynthese, z. B. durch Puromycin bei lernenden Goldfischen (Agranoff u. Klinger 1964) oder zur Förderung der RNS-Polymerase durch Magnesiumpemolin (Glasky u. Simon 1966), wodurch die Lerneffektivität steigt, sind kritisch zu betrachten. Die Ergebnisse können auf allgemeinen Einflüssen beruhen und müssen mit einer spezifischen Kodierung nichts zu tun haben.

Besonderes Interesse und umfangreiche Auseinandersetzungen haben *chemische Transferexperimente* hervorgerufen. Dabei injiziert man Gehirnextrakte von konditionierten auf unkonditionierte Tiere (Abb. 78). Anschließend werden die Nichtdressierten entsprechend dem spezifischen Lernvorgang ihrer Spendertiere getestet. Bei den verwendeten Präparationen handelt es sich vor allem um gereinigte RNS oder Proteine. Nach einer Reihe derartiger Verfahrensweisen scheint es möglich, einen Übertragungseffekt von Information von Spender- auf Empfängertier zu erzielen (Hydén u. Egyházi 1962 a, b, McConnell u. Mitarb. 1962, 1967, 1968, Fjerdingstad, Nissen u. Røigaard-Petersen 1965, Babich, Jacobson u. Bubash 1965 a, b, Jacobson, Fried u. Horowitz 1966 a, b, Albert 1966, Rosenblatt, Farrow u. Herblin 1966 u. Ungar 1967, 1971). Auf welchen Mechanismen derartige Befunde beruhen, wissen wir nicht. Zweifelhaft ist immer noch die Beteiligung des RNS-Systems selbst. Eine mittelbare Beeinflussung über Bahnungsvorgänge bzw. andersartige Moleküle läßt sich nicht ausschließen.

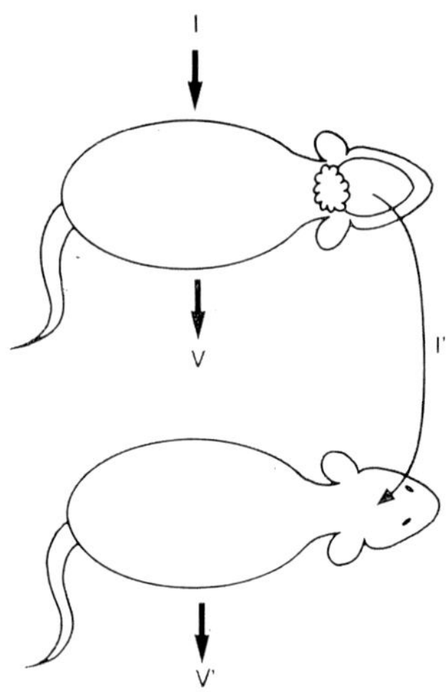

Abb. 78: *Einem Spendertier wird durch einen Konditionierungsvorgang eine Information* (I) *vermittelt.* Das dadurch auftretende neue Verhalten (V) liegt in der zentralnervösen Struktur (I′) verschlüsselt und kann vom Gehirn des Spenders auf ein untrainiertes Empfängertier übertragen werden. Hieraus resultiert beim Empfänger ein dem Spender ähnliches Lernverhalten (V′) (nach Ungar 1971).

Ungar (1971) nimmt an, eines der zahlreichen Kodewörter, welches Information verschlüsselt enthält, gefunden zu haben. Nagetiere bevorzugen angeborenermaßen dunkle gegenüber hellen Aufenthaltsorten. Ungar experimentierte mit Ratten und Mäusen. Ratten erhielten in Wahlversuchen jedesmal einen elektrischen Schlag, wenn sie das Dunkle aufsuchten. Bereits nach 2–3 derartigen Erfahrungen mieden sie dunkle Orte. Zur Festigung der Konditionierung wurden die Tiere danach zwangsweise 5–8 Tage lang 15mal jeweils 5 Sekunden ins Dunkle gebracht und mit einem Elektroschock behandelt. Die Hirnextrakte von 4000 Ratten, mit welchen in der angegebenen Weise verfahren worden war, injizierte man Mäusen. Anschließend stellte Ungar in Wahlversuchen zwischen Hell und Dunkel die Aufenthaltsdauer der Empfängertiere während einer Testzeit von 180 Sekunden fest. Natürlich erhielten die Mäuse nie einen elektrischen Schlag. Betrug die Aufenthaltsdauer der Mäuse vor der Injektion im Mittelwert 130–140 von 180 Sekunden, verblieben sie danach lediglich 50–60 Sekunden lang im Dunkeln. Diese Reduktion erwies sich als proportional der injizierten Dosis. Die Aversion gegenüber dunklen Aufenthaltsorten war also vom Spender auf den Empfänger übertragen worden. Der Übertragungseffekt wurde dann deutlich, wenn bei den Ratten eine sehr stabile Kannphase erreicht worden war. Ungar versuchte den Dunkelstoff zu isolieren und identifizieren. Dafür arbeitete er 5 kg Gehirn von trainierten Ratten auf. Jeder Reinigungsschritt wurde nach Injektion in Kontrolltiere im Lernversuch geprüft. Es stellte sich heraus, daß die untersuchte Substanz ein Molekulargewicht unter 10000 hatte und daß ihre Aktivität durch Trypsin zerstört werden konnte; jedoch nicht mit Ribonuklease, die RNS in Nukleotide spaltet. Isoliert man die mit der RNS einen labilen Komplex bildende aktive Substanz, kann man sie durch Gel-Filtration über Dextransäulen (Sephadex G–25) nach Molekulargewicht auftrennen. Das führte zu einer zweihundertfachen Reinigung. Nach anschließenden weiteren Trennungsschritten mit Hilfe der Dünnschichtchromatographie stellte Ungar fest, daß der in Frage stehende Stoff Peptid-Charakter trug. Es gelang eine weitgehende Aufklärung der Aminosäuresequenz (Massenspektroskopie). Der die spezifische Lerninformation beinhaltende Stoff trägt den Namen «Skotophobin». Weitere entsprechende Analysen nach andersartigen Konditionierungen sind im Gange. Es ist möglich, daß eine außerordentliche Vielzahl derartiger Kodewörter für die Informationsspeicherung im Langzeitgedächtnis verantwortlich zu machen ist. Die Beteiligung auch andersartiger neuronaler Mechanismen wird dadurch nicht ausgeschlossen.

VIII. Zur Phylogenie des Lernens

Versucht man, verschiedene Tierarten bzw. -gruppen anhand der Lernphänomene stammesgeschichtlich miteinander zu vergleichen, kann man grundsätzlich zwei Aspekte in Betracht ziehen. Einmal handelt es sich um die Gegenüberstellung potentieller Lernleistungen und zweitens um die Zuordnung von Lernformen zu phylogenetisch unterschiedlichen Entwicklungsstufen. Zweifellos ist die Beantwortung beider Fragenkomplexe bisher nur begrenzt möglich.

Rensch (1965a) vergleicht aufgrund eigener Arbeiten und derjenigen seiner Schüler die Lernkapazität und Gedächtnisdauer. Die experimentellen Befunde basieren auf Zwei-Musterwahlversuchen, die bei Vertretern unterschiedlicher Tiergruppen mit gut ausgebildeten Augen gewonnen wurden. Vernachlässigt man Differenzen zwischen den angewandten konditionellen Verfahrensweisen, ergeben sich folgende Gegenüberstellungen:

Forellen (Salmo gairdnerii) können 6 Musteraufgaben, kleine Zahnkarpfen (Lebistes reticulatus) nur 4 beherrschen. Zwerghühner lernen 5 Riesenhühner 7 Musterpaare. Richtigwahlen bei insgesamt 7 Wahlaufgaben zeigten auch Mäuse, bei Ratten betrug das Maximum 8. Ein Zebra lernte 10, ein Esel 13 und Pferd sowie Elefant 20 Aufgaben. Einzelne Tests zur Gedächtnisdauer, durch zeitweiligen Entzug der Aufgabenstellung, entsprachen den bei der Prüfung der Lernkapazität gefundenen Leistungstendenzen. Die Ergebnisse deuten darauf hin, daß nicht allein die phylogenetische Zuordnung, sondern teilweise auch die absolute Hirngröße für die Lernfähigkeit verantwortlich zu machen ist. Das gilt, obwohl bei Fischen, Vögeln und Säugern die visuelle Verarbeitung jeweils verschiedene Hirnareale übernehmen.

Die Zuordnung von Lernformen zu phylogenetisch unterschiedlich organisierten Lebewesen ist bisher nur sehr pauschal möglich. Fest steht, daß bereits niedere Würmer, wie Planarien, und höhere, wie Polychaeten und Oligochaeten, über Mechanismen klassischer und operanter Konditionierungen verfügen. Gleiches gilt für Mollusken, unter denen die Cephalopoden infolge ihrer neurologischen Organisationshöhe eine vorrangige Stellung einnehmen. Inwieweit bei Arthropoden, speziell bei Insekten, die Ausbildung bedingter Reaktionen möglich ist, wissen wir bisher nicht. Nachgewiesen ist für einige Vertreter dieser Tiergruppe eine erstaunliche Leistungsfähigkeit im Rahmen operanter Konditionierungen. Das gilt vor allem für soziallebende Insekten, für Ameisen und Bienen. Genauere Kenntnisse über die phänomenologische Seite der Gesetzmäßigkeiten klassischer und operanter Konditionierungsmechanismen stammen von Wirbeltieren. Vorzugsweise sind auch von dieser Gruppe Gewöhnungs-, Nachahmungs- und Prägungsprozesse bekannt. Überzeugende Befunde über primär neukombiniertes Verhaltens konnten an Primaten gewonnen werden.

Unter ihnen nimmt *der Mensch* aufgrund seiner höchsten Zerebralisationsstufe eine Sonderstellung ein. Die Entwicklung des Großhirns, der progressive Ausbau von Assoziationsgebieten in Stirn-, Schläfen- und Scheitellappen, ist mit einer Übermacht von Lernfunktionen gegenüber angeborenen Verhaltenskomponenten verbunden. Das ermöglicht eine weitgehende individuelle Anpassung, basierend auf der Fähigkeit, innerhalb der jeweiligen unterschiedlichen Umweltbedingungen Erfahrungen zu machen. Die besondere hormonale Konstitution, verbunden mit langzeitlichen zentralnervösen Reifungsvorgängen, bedingt beim Menschen eine ausgedehnte Kindheits- und Jugendphase. Offenbar ist ihr in besonderem Maße die potentielle Gegebenheit, zu lernen zuzuordnen.

Der wesentliche Anteil informationsverwertender Prozesse findet sich im Rahmen der Vielfalt menschlicher Kommunikationsformen. Hier ist von größter Bedeutung die Sprache, deren Grundlage – wie O. Koehler wiederholt betont hat – phylogenetisch und ontogenetisch das unbenannte Denken ist (S. 114). Die Abbildung der Sprache führt nicht allein zu einer differenzierten und präzisen intraspezifischen Übermittlung von Gegenstands- und Situationsbezeichnungen. Sie enthält außerdem Verständigungsinhalte über den subjektiven Erlebnisbereich und Ergebnisse kategorialen Denkens unter gleichzeitiger Verwendung abstrakter Begriffsbildungen. Durch die Entwicklung einer gegenüber den Tieren hervorragenden Bewußtseinsstufe erschloß sich eine neue Dimension: die Fähigkeit des Menschen, Vergangenheit, Gegenwart und Zukunft zu unterscheiden. Das Vermögen, sich an Vergangenes zu erinnern und für die Zukunft zu planen, ermöglicht die Beeinflussung individueller und sozialer Prozesse.

Eine Folge dieser Eigenschaften ist die fortschreitende Umgestaltung der ursprünglichen menschlichen Umwelt. Zunehmend rascher vollzogene Umstrukturierungen infolge von Lernmechanismen bergen dort Gefahren, wo die individuelle Anpassung nicht mehr gelingt. Sie ist abhängig von der stammesgeschichtlich bedingten Lerndisposition. Änderungen der genetischen Programmierung, d. h. evolutionäre Abläufe, können sich nur in weitaus längeren Zeitabschnitten vollziehen. Adaptationen auf dieser Grundlage sind daher ausgeschlossen. Die Gefahren einer Dekompensation der individuellen Anpassungsmöglichkeiten können nicht hoch genug eingeschätzt werden. Allein durch die frühzeitige Erarbeitung sinnvoller Maßnahmen, unter Einbeziehung aller den Menschen betreffenden Wissenschaften, ist katastrophalen Zukunftssituationen zu begegnen.

Sicher nutzt der Mensch die ihm zur Verfügung stehenden potentiellen zerebralen Funktionen, um in Zukunft zu überleben, noch nicht optimal aus. Eine Ursache hierfür mag darin zu sehen sein, daß den Möglichkeiten der Erfahrungsbildung durch Lernprozesse Handlungsbereitschaften gegenüberstehen, die uns von Tieren bekannt sind. Sie betreffen die von ethologischer Seite beschriebenen Eigenschaften klassischer Funktionskreise. Die beim Menschen gegenüber den Tieren mögliche Differenzierung des Handlungsbereitschaftssystems erlaubt den Vollzug hoher Komplexitätsgrade von Lernvorgängen. Theoretische und praktische Bemühungen um entsprechende Informationsvermittlungen und um ihre verantwortungsvolle Verwertung, die sich vor allem auf die Kindheits- und Jugendentwicklung konzentrieren, bedürfen einer allseitigen Unterstützung.

Glossar

Adaptation: 1. Anpassung eines Organismus an bestimmte Umweltbedingungen. 2. In der Ethologie Ermüdung einer Reaktion aufgrund eines wiederholten gleichartigen Reizangebotes. 3. In der Nervenphysiologie die zeitliche Abnahme spezifischer Erregungen nach wiederholter Reizung. Die Reduktion kann auf Vorgänge im Rezeptor (→), im afferenten (→), zentralnervösen, efferenten (→) Bereich oder im Effektor (→) selbst zurückzuführen sein.

Afferenz: Die von Rezeptoren (→) zum Zentralnervensystem laufenden Erregungen.

Aktualgenese: Die mehr oder weniger kurzfristige Entwicklung eines räumlich-zeitlichen Verhaltensmusters eines Individuums.

Appetenzverhalten: Endogen induziertes Suchverhalten nach einer adäquaten Reizsituation.

Auslöser: Signalreiz. Ein an seine auslösende Funktion angepaßter Umweltreiz (bzw. Reizsituation).

Biotop: Lebensraum einer bestimmten Art bzw. Rasse.

Cortex: Hirnrinde.

Effektor: Erfolgsorgan, z. B. ein Muskel oder eine Drüse.

Efferenz: Die vom Zentralnervensystem zu den Effektoren (→) laufende Erregung.

Ekphorieren: Erinnern.

Engramm: Gedächtnisinhalt. Voraussetzung hierfür sind Veränderungen in Neuronenverbänden.

Epilepsie: Fallsucht, Krampfanfälle.

Extinktion: «Vergessen» bzw. «Auslöschen» von Engrammen (→).

Hemisphäre: Hälfte des Großhirns bzw. Kleinhirns.

Homöostasie: Gleichgewichtszustand («Fließgleichgewicht») in organischen Systemen.

Hospitalismus: Die Folgeerscheinungen nach Anstaltsaufenthalten; besonders psychische Störungen bei Kindern.

Immitation: Hier identisch mit dem Begriff der Nachahmung verwandt.

Inhibition: Hemmung.

Input: Eingabe.

Invariantenbildung: Begriffsbildung. Grundlage für die Selektivität gegenüber dem Informationsangebot der Umwelt, die das Wahrnehmen und Erkennen gewährleistet.

Istwert: Der jeweilige Wert einer zu regelnden Größe (Regelgröße) zu einem bestimmten Zeitpunkt.

Katatone: Geisteskranke, die unter lange dauernden Muskelkrämpfen leiden.

Kodierung: Die jeweilige Zuordnung eines Zeichenvorrats zu einem bereits vorhandenen, auf dem die Darstellung bestimmter Informationen beruht.

Konditionierung: Eine wiederholte bestimmte Kombination zwischen einer motorischen Aktivität und Merkmalen der Umwelt (oder umgekehrt) führt zu einem Lernerfolg.

Kontiguität: Die zeitliche Nachbarschaft zwischen einem neutralen und einem unbedingten Reiz.

Korsakow-Syndrom: Einprägungsamnesie. Der Patient kann keine neuen Erinnerungsgehalte mehr fixieren. Frühere Erinnerungsgehalte, vor Einsetzen der Krankheit, sind hingegen vollständig erhalten.

Latenzzeit: Reaktionszeit. Zeit zwischen Reiz- und Reaktionsbeginn.

Modalität: Sinnesmodalität. Entsprechend der jeweils unterschiedlichen Empfindung kann man Reize in Modalitäten aufteilen (z. B. Licht, Ton, Geruch oder Geschmack).

Ontogenese: Die Individualentwicklung im Gegensatz zur stammesgeschichtlichen Entwicklung (Phylogenese →).

Output: Ausgabe.

Phylogenese: Die stammesgeschichtliche Entwicklung im Gegensatz zur Individualentwicklung (Ontogenese →).

Population: Gesamtheit der Individuen einer Art bzw. Rasse in einem begrenzten Lebensraum.

Programm: Bestimmte Anweisung für die Lösung einer Aufgabe.

Propriozeptor: Propriorezeptor. Rezeptoren, die auf Zustände oder Zustandsänderungen innerhalb des Organismus spezifische Erregungen ausbilden.

Reafferenz: Eine Afferenz (→), die durch eine Veränderung der Reizsituation hervorgerufen wird infolge eines aktiven Verhaltens.

Regelungsmechanismen: Sie basieren auf Regelkreisstrukturen (Regelkreis). Die zyklischen Kommunikationssysteme gewährleisten die Anpassungsfähigkeit aufgrund von Rückmeldungen (Rückkoppelungen →). Im Gegensatz hierzu handelt es sich bei der Steuerung um eine lineare Wirkungskette.

Retina: Netzhaut des Wirbeltierauges und entsprechende Gewebsschicht von Augen Wirbelloser, die lichtempfindliche Rezeptoren (→) enthalten.

Rezeptor: Sinneszelle, die Reize der Umwelt in Erregung transformiert (= Exterozeptor oder Exterorezeptor und Propriozeptor →).

Rückkoppelung: Die Ausgangsgröße wird mit der Eingangsgröße über eine rückmeldende Schaltung nach unterschiedlichen Modi miteinander verrechnet, was zu einer Konsequenz führt.

Sollwert: Diejenige Größe, deren Wert die zu regelnde Größe (Regelgröße) in einem System haben soll.

Stammhirn: Die phylogenetisch (→) alten Hirnteile der Wirbeltiere, bei Säugern vor allem das Mittelhirn, die Brücke und die Medulla oblongata.

Literatur

Adler, N. u. J. A. Hogan: Classical conditioning and punishment of an instinctive response in Betta splendens. Anim. Behav. *11*, 1963, 351–354.
Agranoff, B. W. u. P. D. Klinger: Puromycin effect on memory fixation in the goldfish. Science *146*, 1964, 952–953.
Albert, D. J.: Memory in mammals: Evidence for a system involving nuclear ribonucleic acid. Neuropsychol. *4*, 1966, 79–92.
Allen, J. F. u. R. A. Littleford: Observations on the feeding habits and growth of immature Diamondback terrapins. Herpetologica *11*, 1955, 77–80.
Angermeier, W. F.: Kontrolle des Verhaltens. Das Lernen am Erfolg. Springer: Berlin, Heidelberg, New York, 1972.
Azrin, N. H. u. W. C. Holz: Punishment. In: Operant Behavior: Areas of research and application. Ed. W. K. Honig, Appleton-Century-Crofts: New York, 1966.
Babich, F. R., A. L. Jacobson, S. Bubash u. A. Jacobson: Transfer of a response to naive rats by injection of ribonucleic acid extracted from trained rats. Science *149*, 1965a, 656–657.
Babich, F. R., A. L. Jacobson u. S. Bubash: Cross-species transfer of learning: Effect of ribonucleic acid from hamsters on rat behavior. Proc. Nat. Acad. Sci. *54*, 1965b, 1299–1302.
Baker, R. E. u. M. Jacobson: Development of reflexes from skin grafts in rana pipiens: Influence of size and position of grafts. Development Biol. *22*, 1970, 476–494.
Bally, G.: Vom Ursprung und den Grenzen der Freiheit; eine Deutung des Spiels bei Tier und Mensch. Birkhäuser: Basel, 1945.
Barlow, G. B.: Ethology of the asian teleost Badis badis. Trans. Illinois Acad. Sci. 54, 1967, 175–188.
Bateson, P. P. G.: The characteristics and context of imprinting. Biol. Rev. *41*, 1966, 177–220.
Becker-Carus, Ch., Ch. Buchholtz, A. Etienne, D. Franck, J. Medioni, H. Schöne, P. Sevenster, R. A. Stamm u. B. Tschanz: Motivation, Handlungsbereitschaft, Trieb. Z. Tierpsychol. *30*, 1972, 321–326.
Bergius, R.: Psychologie des Lernens. Kohlhammer: Stuttgart, 1971.
Bergmann, H.-H.: Die Imitationsleistung einer Mischsänger-Dorngrasmücke (Sylvia communis Lath.) J. Orn., 1973 (im Druck).
Birjukow, D. A.: Zur vergleichenden Physiologie und Pathologie der bedingten Reflexe. Pawlow-Z. f. höh. Nerventät. *2*, 1952, 687–707.
Blauvelt, H.: Neonate mother relationships in goat and man. Group Processes, Josiah Macy Jr. Foundation: New York, 1955.
Blöschl, L.: Belohnung und Bestrafung im Lernexperiment. Julius Beltz: Weinheim, 1969.
Brestowsky, M.: Vergleichende Untersuchungen zur Elternbildung von Tilapia-Jungfischen (Cichlidae, Pisces). Z. Tierpsychol. *25*, 1968, 761–828.
Brookshire, H.: Comparative psychology of learning. In: Learning: Interactions. Ed. M. H. Marx, Macmillan Com. Collier-Macmillan: London, 1970, 310.
Buchholtz, Ch.: Untersuchungen über das Farbensehen der Hauskatze (Felis domestica L.). Z. Tierpsychol. 9, 1952, 462–470.
– Aeschna cyanea (Aeschnidae), Beutefang der Larven. Film-Enzyclopädie E 1605, Göttingen, 1970a.
– Der Beutefang der Larve von Aeschna cyanea. Zool. Verh. D. Zool. Ges. 1970. Ed. Rathmayer, Fischer: Stuttgart 1970b, 362–364.
– Verhaltensphysiologische Mechanismen des Lernens. Psychol. Beitr. *13*, 1971, 55–78.

Bürger, M.: Gewöhnung an fluchtauslösende Reize bei Nannacara anomala L., Cichlidae. Staatsexamensarbeit, eingereicht beim wiss. Prüfungsamt für das Lehramt an Gymnasien. Marburg, 1972, 1–52.
Burghardt, G. M.: The primacy effect of the first feeding experience in the snapping turtle. Psychonomic Sci. 7, 1967, 383–384.
Burghardt, G. M. u. E. H. Hess: Food imprinting in the snapping turtle Chelydra serpentina. Science *151*, 1966, 108–109.
Chapin, H.: Geheimnisvoller Delphin. Parey: Hamburg, Berlin, 1965.
Carr, A.: The navigation of the green turtle. Sci. Amer. *212*, 1965, 78–86.
Clayton, F. L. u. R. A. Hinde: Habituation and recovery of aggressive display in Betta splendens. Behaviour *30*, 1968, 96–106.
Coghill, G. E.: Anatomy and the problem of behaviour. Cambridge Univ. Press: Cambridge, 1929.
Collias, N. E. u. E. C. Collias: Some mechanisms of family integration in ducks. Auk *73*, 1956, 378–400.
Cowles, J. T.: Food-tokens as incentives for learning by chimpanzees. Comp. Psychol. Monogr. *14*, 1937.
Crawford, M. P.: The cooperative solving of problems by young chimpanzees. Comp. Psychol. Monogr. *14*, 1937.
Crespi, L. P.: Amount of reinforcement and level of performance. Psychol. Rev. *51*, 1944, 341–357.
Cross, H. A. u. H. F. Harlow: Observation of infant monkeys by female monkeys. Percept. Mot. Skills Res. Exch. *16*, 1963, 11–15.
Cullen, E.: Experiment on the effects of social isolation on reproductive behaviour in the three-spined stickleback. Anim. Behav. *8*, 1960, 235.
Daumer, K.: Reizmetrische Untersuchung des Farbensehens der Bienen. Z. vergl. Physiol. *38*, 1956, 413–478.
Di Cara, L. V.: Erlernen von vegetativen Reaktionen. Umschau *69*, 1969, 86.
Di Cara, L. V. u. N. E. Miller: Instrumental learning of vasomotor responses by rats: Learning to respond differentially in the two ears. Science *159*, 1968, 1485–1486.
Diebschlag, E.: Psychologische Beobachtungen über die Rangordnung bei der Haustaube. Z. Tierpsychol. *4*, 1940, 173–188.
Digeser-Knoll, M.: Über die Entwicklung einiger Funktionen im Auge des Grasfrosches (Rana temporaria L.) und ihre Beeinflußbarkeit durch Aufzucht in verschiedenen Lichtbedingungen. Z. vergl. Physiol. *38*, 1956, 219–237.
Döhl, J.: Über die Fähigkeit einer Schimpansin, Umwege mit selbständigen Zwischenzielen zu überblicken. Z. Tierpsychol. *25*, 1968, 89–103.
– Versuche mit einer Schimpansin über Abkürzungen bei Umwegen mit selbständigen Zwischenzielen. Z. Tierpsychol. *26*, 1969, 200–207.
– Zielorientiertes Verhalten beim Schimpansen. n + m 7, Nr. 34, 1970, 43–57.
Dollard, J. u. N. E. Miller: Personality and psychotherapy: An analysis of learning, thinking and culture. New York, 1950.
Doty, R. W. u. C. Giurgea: Conditioned reflexes established by coupling electrical exitations of two cortical areas. In: Brain mechanisms and learning. Ed. Fessard, Gerard, Konorski u. Delafresnaye. Blackwell: Oxford, 1961, 133–152.
Duncan, C. P.: The retroactive effect of electroshock on learning. J. comp. physiol. Psychol. *42*, 1949, 32–44.
Eibl-Eibesfeldt, I.: Grundriß der vergleichenden Verhaltensforschung. Piper: München, 1967.
Fabricius, E.: Zur Ethologie junger Anatiden. Acta zool. fenn. *68*, 1951, 1–175.
– Crucial periods in the development of the following response in young nidifugous birds. Z. Tierpsychol. *21*, 1964, 326–337.
Farris, H. E.: Classical conditioning of courting behavior in the japanese quail Coturnix coturnix japonica. J. Exp. Analysis Behav. *10*, 1967, 213–217.
Ferster, Ch. B.: Arithmetic behavior in chimpanzees. Sci. Amer. *210*, 1964, 98–106.
Ferster, Ch. B. u. B. F. Skinner: Schedules of reinforcement. Appleton-Century-Crofts: New York, 1957.

Fessard, A. u. H. Gastaut: Correlations neurophysiologiques de la formation des réflexes conditionnels. In: Le conditionnement et l'apprentissage. Ed. Fessard, Gastaut, Leontiev, Montpellier u. Piéron. Presses Univ. France, 1958, 15–90.
Fischel, W.: Tierpsychologie und Hundeforschung. Z. Hundeforsch. (N.F.) *17*, 1941, 1–71.
– Vom Leben zum Erleben. J. A. Barth-Verlag: München, 1967.
Fjerdingstad, E. J., Th. Nissen u. H. H. Røigaard-Petersen: Effect of ribonucleic acid (RNA) extracted from the brain of trained animals on learning in rats. Scand. J. Psychol. *6*, 1965, 1–5.
Foppa, K.: Lernen, Gedächtnis, Verhalten. Ergebnisse und Probleme der Lernpsychologie. Kiepenheuer u. Witsch: Köln, 1968.
Forgays, D. G. u. J. M. Read: Crucial periods for free-environmental experience in the rat. J. comp. physiol. Psychol. *55*, 1962, 816–818.
Franzisket, L.: Die Bildung einer bedingten Hemmung bei Rückenmarksfröschen. Z. vergl. Physiol. *37*, 1955, 161–168.
Freedmann, D. G., J. A. King u. O. Elliot: Critical period in the social development of dogs. Science *133*, 1961, 1016–1017.
Frisch, K. v.: Die Tanzsprache und Orientierung der Bienen. Springer: Berlin, Heidelberg, 1965.
Galambos, R.: Changing concepts of the learning mechanisms. In: Brain mechanisms and learning. Ed. Fessard, Gerard, Konorski u. Delafresnaye. Blackwell: Oxford, 1961, 231–242.
Gardner, R. A. u. B. T. Gardner: Teaching sign language to a chimpanzee. Science *165*, 1969, 664–672.
Geist, V.: Tradition und Arterhaltung bei Wildschaf und Elch. n+m 8, Nr. *37*, 1971, 25–35.
Giebel, H. D.: Visuelles Lernvermögen bei Einhufern. Zool. Jb.(Allg. Zool.) *67*, 1957, 487–520.
Glaser, E. M.: Die physiologischen Grundlagen der Gewöhnung. Thieme: Stuttgart, 1968.
Glaser, E. M., M. S. Hall u. G. C. Whittow: Habituation to heating and cooling the same hand. J. Physiol. *146*, 1959, 152–164.
Glaser, E. M. u. G. C. Whittow: Retention in a warm environment of adaption to localized coling. J. Physiol. *136*, 1957, 98–111.
Glasky, A. J. u. L. N. Simon: Magnesium pemoline: enhancement of brain RNA polymerases. Science *151*, 1966, 702–703.
Glees, P.: Ist das Gedächtnis strukturell deponiert? Umschau *62*, 1962a, 435–438.
– Hat das menschliche Gehirn eine Leistungsgrenze? Umschau *62*, 1962b, 497–500.
– Das menschliche Gehirn. Hippokrates Verlag: Stuttgart, 1968.
Glickmann, St. E. u. R. W. Sroges: Curiosity in zoo animals. Behaviour *26*, 1966, 151–188.
Gottlieb, G.: Development of species identification in birds. Univ. Chicago Press: London, 1971.
Grant, D. A.: The pseudo-conditioned eyelid response. J. Exp. Psychol. *32*, 1943, 139–149.
Grant, D. A. u. D. E. Schneider: Intensity of the conditioned stimulus and strength of conditioning: I. The conditioned eyelid response to light. J. Exp. Psychol. *38*, 1948, 690–696.
Greenwood, R. M. u. P. D. Lewis: Factors affecting habituation to localized heating and cooling. J. Physiol. *146*, 1959, 10P–11P.
Grether, W. F.: Pseudo-Conditioning without paired stimulation encountered in attempted backward conditioning. J. Comp. Psychol. *25*, 1938, 91–96.
Grohmann, J.: Modifikation oder Funktionsreifung? Z. Tierpsychol. *2*, 1939, 132–144.
Groos, K.: Die Spiele der Tiere. Fischer: Jena, 1933.
Großmann, K. E.: Erlernen von Farbreizen an der Futterquelle durch Honigbienen während des Anflugs und während des Saugens. Z. Tierpsychol. *27*, 1970, 553–562.
– Belohnungsverzögerung beim Erlernen einer Farbe an einer künstlichen Futterquelle durch Honigbienen. Z. Tierpsychol. *29*, 1971a, 28–41.
– Bienen in der Dressur. Bild d. Wiss. *1*, 1971b, 21–27.
– Das Erlernen unbelohnter Farbsignale durch Honigbienen. Z. Tierpsychol. *29*, 1971c, 449–466.

Grüsser, O.-J. u. U. Grüsser-Cornehls: Die Neurophysiologie visuell gesteuerter Verhaltensweisen bei Anuren. Verh. D. Zool. Ges. 1970, Ed. Rathmayer, Fischer: Stuttgart 1970, 201–218.
Guttman, N.: Operant conditioning, extinction, and periodic reinforcement in relation to concentration of sucrose used as reinforcing agent. J. Exp. Psychol. *46*, 1953, 213–224.
Halliday, M. S.: Effect of previous exploratory activity on the exploration of a simple maze. Nature *209*, 1966a, 432–433.
– Exploration and fear in rats. Symp. Zool. Soc. London *18*, 1966b, 45–59.
Hamburger, V.: Some aspects of the embryology of behavior. Quart. Rev. Biol. *38*, 1963, 342–365.
Hamburger, V., R. E. Wenger u. R. Oppenheim: Motility in the chickembryo in absence of sensory input. J. Exp. Zool. *162*, 1966, 133–160.
Harlow, H. F.: The nature of love. Amer. Psychol. *13*, 1958, 673.
Harlow, H. F. u. M. K. Harlow: The effect of rearing conditions on behavior. Bull. Menninger Clin. *26*, 1962a, 213–224.
– Social deprivation in monkeys. Sci. Amer. *207*, 1962b, 137–146.
– Affection in primates. Discovery Jan. 1966.
Harlow, H. F., M. K. Harlow, F. Dodsworth u. J. Arling: Maternal behavior of rhesus monkeys deprived of mothering and peer associations in infancy. Proc. Am. Phil. Soc. *110*, 1966, 58–66.
Harlow, H. F. u. B. Seay: Mothering in motherless mother monkeys. Brit. J. Social-Psychiatr. *1*, 1966, 63–69.
Harlow, H. F. u. R. R. Zimmermann: Affectional responses in the infant monkey. Science *130*, 1959, 421–433.
Hasler, A. D.: Wegweiser für Zugfische. Naturwiss. Rdsch. *15*, 1962, 302–310.
Hassenstein, B.: Abbildende Begriffe. Verh. D. Zool. Ges., 1954, Zool. Anz. Suppl. *18*, 1955, 197–202.
– Biologie des Lernens. In: Der Lernprozeß. Willmann-Institut, Herder: Freiburg, 1969, 107–136.
– Bedingungen für Lernprozesse – teleonomisch gesehen. Nova Acta Leopoldina *37* (206) 1972, 289–320.
– Das spezifisch Menschliche nach den Resultaten der Verhaltensforschung. In: Biologische Anthropologie, T. II. Thieme: Stuttgart, 1972, 60–97.
Hayes, C.: The ape in our house. Harper: London, 1952.
Hediger, H.: Tierpsychologie im Zoo und im Zirkus. Reinhardt: Basel, 1961.
Heiligenberg, W.: Ursachen für das Auftreten von Instinktbewegungen bei einem Fisch (Pelmatochromis subocellatus kribensis). Z. vergl. Physiol. *47*, 1963, 339–380.
– Versuch zur ganzheitsbezogenen Analyse des Instinktverhaltens eines Fisches (Pelmatochromis subocellatus kribensis). Z. Tierpsychol. *21*, 1964, 1–52.
– A quantitative analysis of digging movements and their relationship to aggressive behaviour in cichlids. Anim. Behav. *13*, 1965, 163–170.
Hernandez-Peon, R. u. H. Brust-Carmona: Functional role of subcortical structure in habituation and conditioning. In: Brain mechanisms and learning. Ed. Fessard, Gerard, Konorski u. Delafresnaye. Blackwell: Oxford, 1961, 393–412.
Hernandez-Peon, R., H. Scherrer u. M. Jouvet: Modification of electrical activity in cochlear nucleus during attention in unanesthetized cats. Science *123*, 1956, 331–332.
Hersher, L., J. B. Richmond u. U. A. Moore: Maternal behaviour in sheep and goats. In: Maternal behaviour in mammals. Ed. Rheingold. Wiley: New York, 1963.
Hess, E. H.: Space perception in the chick. Sci. Amer. *195*, 1956, 71–80.
– Imprinting, an effect of early experience. Science *130*, 1959, 133–141.
– Imprinting in birds. Science *146*, 1964, 1128–1139.
– «Imprinting» in a natural laboratory. Sci. Amer. *227*, 1972, 24–31.
Hess, R.: Das Gedächtnis als biologisches Organisationsproblem. Naturwiss. Rdsch. *17*, 1964, 167–175.

Hilgard, R. u. G. H. Bower: Theories of learning. Appleton-Century-Crofts: New York, 1967.
Hinde, R. H.: Animal behaviour. A synthesis of ethology and comparative psychology. McGraw-Hill: New York, 1966.
Holst, E. v.: Über den Prozeß der zentralen Koordination. Pflügers Arch. *236*, 1935, 149–158.
– Versuch zur Theorie der relativen Koordination. Pflügers Arch. *237*, 1936, 93–121.
– Die relative Koordination als Phänomen und als Methode zentralnervöser Funktionsanalyse. Erg. Physiol. *42*, 1939, 228–306.
Holst, E. v. u. U. v. St. Paul: Vom Wirkungsgefüge der Triebe. Naturwiss. *18*, 1960, 409–422.
Hubel, D. H. u. T. N. Wiesel: Receptive fields, binocular interactions and functional architecture in the cats visual cortex. J. Physiol. *160*, 1962, 106–154.
– Receptive fields and functional architecture in two nonstriate visual areas of the cat. J. Neurophysiol. *28*, 1965, 229–289.
Hull, C. L.: A behavior system. Yale Univ. Press: New Haven, 1952.
Hutt, P. J.: Rate of bar pressing as a function of quality and quantity of food reward. J. comp. physiol. Psychol. *47*, 1954, 235–239.
Hyden, H.: Behavior, neural function, and RNA. Progr. Nucleic Acid Res. Molecular Biol. *6*, 1967, 187–218.
Hyden, H. u. E. Egyhazi: Nuclear RNA changes in nerve cells during a learning experiment in rats. Proc. Nat. Acad. Sci. *48*, 1962a, 1366–1373.
Hyden, H. u. E. Egyhazi: Changes in RNA content and base composition in cortical neurons of rats in a learning experiment involving transfer of handedness. Proc. Nat. Acad. Sci. *52*, 1962b, 1030–1035.
Immelmann, K.: Experimentelle Untersuchungen über die biologische Bedeutung artspezifischer Merkmale beim Zebrafinken (Taenopygia castanotis G.). Zool. Jb. (Syst.) *86*, 1959, 437–592.
– Biologische Bedeutung optischer und akustischer Merkmale bei Prachtfinken (Aves: Spermestidae). Verh. D. Zool. Ges. 1962, Zool. Anz. Suppl. *25*, 1962, 369–374.
– Zur ontogenetischen Gesangsentwicklung bei Prachtfinken. Verh. D. Zool. Ges. 1966, Zool. Anz. Supp. *30*, 1967, 320–332.
– Über den Einfluß frühkindlicher Erfahrungen auf die geschlechtliche Objektfixierung bei Estrildiden. Z. Tierpsychol. *26*, 1969, 677–691.
– Lernen durch Prägung. n + m 7, Nr. 31, 1970a, 15–29.
– Zur ökologischen Bedeutung prägungsbedingter Isolationsmechanismen. Verh. D. Zool. Ges. 1970, Ed. Rathmayer, Fischer: Stuttgart 1970b, 304–314.
– Das Phänomen der Prägung. Biol. in uns. Zeit *1*, 1971a, 35–42.
– Ontogenetische Entwicklung sozialer Beziehungen bei Mensch und Tier. Naturwiss. Rdsch. *24*, 1971b, 325–334.
Inhelder, E.: Zur Psychologie einiger Verhaltensweisen – besonders des Spiels von Zootieren. Z. Tierpsychol. *12*, 1955a, 88–144.
Isaacs, W., J. Thomas u. I. Goldiamond: Application of operant conditioning to reinstate verbal behavior in psychotics. J. Speech Hearing Disorders *25*, 1960, 8–12.
Jacobson, A. L., C. Fried u. S. D. Horowitz: Planarians and memory: I. Transfer of learning by injection of ribonucleic acid. Nature *209*, 1966a, 599–601.
– Planarians and memory: II. The influence of prior extinction of the RNA transfer effect. Nature *209*, 1966b, 601.
Jacobson, M. u. R. E. Baker: Development of neuronal connections with skin grafts in frogs: Behavioral and electrophysiological studies. J. Comp. Neurol. *137*, 1969, 121–141.
James, H.: Flicker an unconditioned stimulus for imprinting. Can. J. Psychol. *13*, 1959, 59–67.
Jander, R.: Ein Ansatz zur modernen Elementarbeschreibung der Orientierungshandlung. Z. Tierpsychol. *27*, 1970, 771–778.
Jennings, H. S.: Behavior of the lower organisms. Columbia Univ. Press: New York, 1906.

Jouvet, M.: Recherches sur les mécanismes neurophysiologiques du sommeil et de l'apprentissage négatif. In: Brain mechanisms and learning. Ed. Fessard, Gerard, Konorski u. Delafresnaye. Blackwell: Oxford, 1961, 445–479.
Jouvet, M. u. F. Michel: Aspects électroencéphalographiques de l'habituation de la réaction d'éveil. J. Physiol. (Paris) *51*, 1959, 489–490.
Kapune, Th.: Untersuchungen zur Bildung eines «Wertbegriffes» bei niederen Primaten. Z. Tierpsychol. *23*, 1966, 324–363.
Kassatkin, N.: Frühe bedingte Reflexe beim Kind. Pawlow-Z. f. höh. Nerventät. *2*, 1952, 757–768.
Katz, D. u. A. Toll: Die Messung von Charakter- und Begabungsunterschieden bei Tieren. Z. Psychol. *93*, 1923, 287–311.
Kawai, M.: Newly acquired pre-cultural behavior of the natural troop of japanese monkeys on Koshima island. Primates *6*, 1965, 1–30.
Kawamura, S.: The process of sub-cultural propagation among japanese macaques. In: Primate social behavior. Ed. Southwick, van Nostrand: New York, 1963, 82–90.
Kellogg, W. N. u. L. A. Kellogg: The ape and the child. McGraw-Hill: New York, 1933.
Klinghammer, E.: Factors influencing choice of mate in altricial birds. In: Early behavior. Ed. Stevenson, Wiley: New York, 1967, 5–42.
Klopfer, P. H.: Ökologie und Verhalten. Grundbegriffe der modernen Biologie *1*, G. Fischer: Stuttgart, 1968.
Koehler, O.: Vom Erlernen unbenannter Anzahlen bei Vögeln. Naturwiss. *29*, 1941, 201–218.
– «Zähl»-Versuche an einem Kolkraben und Vergleichsversuche an Menschen. Z. Tierpsychol. *5*, 1943, 575–712.
– «Zählende» Vögeln und vorsprachliches Denken. Verh. D. Zool. Ges. 1949, Zool. Anz. Suppl. *13*, 1950, 219–238.
– Der Vogelgesang als Vorstufe von Musik und Sprache. J. Orn. *93*, 1951, 3–20.
– Vom unbenannten Denken. Verh. D. Zool. Ges. 1952, Zool. Anz. Suppl. *17*, 1953, 202–211.
– Das Lächeln als angeborene Ausdrucksbewegung. Z. menschl. Vererb.- u. Konstitut. Lehre *32*, 1954a, 390–398.
– Das Lächeln des Säuglings. Umschau *54*, 1954b, 321–324.
– Vorbedingungen und Vorstufen unserer Sprache bei Tieren. Verh. D. Zool. Ges. 1954, Zool. Anz. Suppl. *18*, 1955a, 327–341.
– Zählende Vögel und vergleichende Verhaltensforschung. Congr. Ornith. Basel, Acta *11*, 1955b, 588–598.
– Vom Spiel bei Tieren. Freiburger Diss. Univ. *13*, F. Schulz: Freiburg, 1965/66, 1–32.
Koenig, O.: Kultur und Verhaltensforschung. dtv: München, 1970.
Köhler, W.: Intelligenzprüfungen an Menschenaffen. J. Springer: Berlin, 1921.
Koltermann, R.: Lern- und Vergessensprozesse bei der Honigbiene – aufgezeigt anhand von Duftdressuren. Z. vergl. Physiol. *63*, 1969, 310–334.
– Zeitkoppelung bei Lern- und Erinnerungsprozessen. Umschau 70, 1970, 855.
Konishi, M.: Effects of deafening on song development in american robins and black-headed grosbeaks. Z. Tierpsychol. *22*, 1965a, 584–599.
– The role of auditory feedback in the control of vocalization in the white-crowned sparrow. Z. Tierpsychol. *22*, 1965b, 770–783.
Konorski, J.: Conditioned reflexes and neuron organization. Cambridge Univ. Press: Cambridge, 1948.
Kortlandt, A.: Behaviour research on the evolution of apes and man. Arch. Neerl. Zool. *8*, 1960, 585–586.
– Chimpanzees in the wild. Sci. Amer. *206*, 1962, 128–138.
Kramer, P.: Das Erkundungsverhalten und seine Beeinflußbarkeit durch Vorerfahrung bei der weißen Ratte (Rattus norvegicus). Behaviour *37*, 1970, 170–204.
Krasnogorski, N. J.: Bedingte und unbedingte Reflexe im Kindesalter und ihre Bedeutung für die Klinik. Ergeb. Inn. Med. *39*, 1931, 613–730.

Kriston, I.: Das Lernen von unbiologischen Düften bei Apis mellifica. In: Apimondia-Kongressber., XXII. Internat. Bienenzüchterkong. München, 1969.

Kupalow, P. S.: Die physiologische Organisation der Erregungs- und Hemmungsprozesse in der Großhirnrinde bei der bedingt-reflektorischen Tätigkeit. Pawlow-Z. f. höh. Nerventät. *5*, 1955, 257–268.

Lannoy, J. de: Zur Prägung von Instinkthandlungen (Untersuchungen an Stockenten Anas platyrhynchos L. und Kolbenenten Netta rufina Pallas). Z. Tierpsychol. *24*, 1967, 162–200.

Lashley, K. S.: Brain mechanisms and intelligence. Chicago Univ. Press: Chicago, 1929.

– In search of the engram. In: Society of experimental biology symposium No 4: Physiological mechanisms in animal behaviour. Ed. Danielli u. Brow. Cambridge Univ. Press: Cambridge, 1950, 454–482.

– The problem of serial order in behavior. In: Cerebral mechanismus in behavior. Wiley: New York, 1951.

Lauer, J. u. M. Lindauer: Genetisch fixierte Lerndispositionen bei der Honigbiene. Abh. Akad. d. Wissensch. u. d. Liter. Mainz. Inf. Org. *1*, 1971, 1–87.

Lawick-Goodall, J. van: Wilde Schimpansen. Rowohlt: Hamburg, 1971.

Lawick-Goodall, H. u. J. van: Unschuldige Mörder. Rowohlt: Hamburg, 1972.

Lehr, E.: Experimentelle Untersuchungen an Affen und Halbaffen über Generalisation von Insekten- und Blütenabbildungen. Z. Tierpsychol. *24*, 1967, 208–244.

Lehrmann, D. S.: A critic of Konrad Lorenz's theory of instinctive behavior. Quart. Rev. Biol. *28*, 1953, 337–363.

Leong, C. Y.: The quantitative effect of releasers on the attack readiness of the fish Haplochromis burtoni (Cichlidae). Z. vergl. Physiol. *65*, 1969, 29–50.

Lester, D.: Effects of habituation to fear on the exploratory behaviour of rats. Nature *220*, 1968, 932.

Lettvin, J. Y., H. R. Maturana, W. S. McCulloch u. W. H. Pitts: What the frog's eye tells the frog's brain. Proc. Inst. Radio Engineers *47*, 1959, 1940–1951.

Lettvin, J. Y., W. H. Pitts u. W. S. McCulloch: Two remarks on the visual system of the frog. In: Sensory communication. Ed. Rosenblith. M. I. T. Press, 1961, 757–776.

Leyhausen, P.: Über die Funktion der relativen Stimmungshierarchie (dargestellt am Beispiel der phylogenetischen und ontogenetischen Entwicklung des Beutefangs von Raubtieren). Z. Tierpsychol. *22*, 1965, 412–494.

Liddell, H. S.: The conditioned reflex. Comp. Psychol., 1934, 247–296.

Lilly, J. C.: Ein Delphin lernt Englisch. Rowohlt: Hamburg, 1971.

Lindauer, M.: Lernen und Gedächtnis – Versuche an der Honigbiene. Naturwiss. *57*, 1970, 463–467.

Löhrl, H.: Zur Frage des Zeitpunktes einer Prägung auf die Heimatregion beim Halsbandschnäpper (Ficedula albicollis). J. Orn. *100*, 1959, 132–140.

Lorenz, K.: Der Kumpan in der Umwelt des Vogels. J. Orn. *83*, 1935, 137–213 u. 289–413.

– Über die Bildung des Instinktbegriffes. Naturwiss. *25*, 1937, 289–300, 307–318, 325–331.

– Die angeborenen Formen möglicher Erfahrung. Z. Tierpsychol. *5*, 1943, 235–409.

– Phylogenetische Anpassung und adaptive Modifikation des Verhaltens. Z. Tierpsychol. *18*, 1961, 139–187.

– Über tierisches und menschliches Verhalten, Bd. 1 u. 2. Piper: München, 1965.

Lorenz, K. u. N. Tinbergen: Taxis und Instinkthandlung in der Eirollbewegung der Graugans. Z. Tierpsychol. *2*, 1938, 1–29.

Maher, W. B. u. D. D. Wickens: Effect of differential quantity of reward on acquisition and performance of a maze habit. J. comp. physiol. Psychol. *47*, 1954, 109–116.

Manning, A.: An introduction to animal behaviour. Arnold: London, 1967.

Marler, P.: Inheritance and learning in the development of animal vocalizations. In: Acoustic behaviour of animals. Ed. Busnel. Elsevier Publ. Comp.: Amsterdam, 1963, 228–243.

Marler, P. u. W. J. Hamilton: Mechanisms of animal behaviour. Wiley: New York, 1967.

Marler, P. u. P. Mundinger: Vocal learning in birds. In: The ontogeny of vertebrate behavior. Ed. Moltz. Acad. Press: New York, London, 1971, 389–450.

Maturana, H. R., J. Y. Lettvin, W. S. McCulloch u. W. H. Pitts: Anatomy and physiology of vision in the frog (Rana pipiens). J. gen. Physiol. *43*, 1960, 129–175.
Mazochin-Porshnvakov, G. A.: Die Fähigkeit der Bienen, visuelle Reize zu generalisieren. Z. vergl. Physiol. *65*, 1969, 15–28.
McConnell, J. V.: Memory transfer through cannibalism in planarians. J. Neuropsychiat. *3*, 1962, 42–48.
– Factors affecting the «transfer of training» effect in rats. J. Biol. Psychol. *9*, 1967, 40–48.
– Biochemie des Gedächtnisses. Med. Prisma *3*, 1968, 1–24.
McGaugh, J. L.: Time-dependent processes in memory storage. Science *153*, 1966, 1351–1358.
– Wie funktioniert das Gedächtnis? Umschau *68*, 1968, 289–294.
Menzel, R.: Untersuchungen zum Erlernen von Spektralfarben durch die Honigbiene (Apis mellifica). Z. vergl. Physiol. *56*, 1967, 22–62.
– Das Gedächtnis der Honigbiene für Spektralfarben. I. Kurzzeitiges und langzeitiges Behalten. Z. vergl. Physiol. *60*, 1968, 82–102.
– Das Gedächtnis der Honigbiene für Spektralfarben. II. Umlernen und Mehrfachlernen. Z. vergl. Physiol. *63*, 1969, 290–309.
Meyer-Holzapfel, M.: Das Spiel bei Säugetieren. Kükenthal's Hdb. Zool. *8* (10), 1956a, de Gruyter: Berlin, 1–36.
– Über die Bereitschaft zu Spiel- und Instinkthandlungen. Z. Tierpsychol. *13*, 1956b, 442–462.
– Spiel in biologischer Sicht. ibw-J., Inform. D. Inst. Bildg. u. Wiss. *8*, 1970, 1–7.
Messmer, E. u. I. Messmer: Die Entwicklung der Lautäußerungen und einiger Verhaltensweisen der Amsel (Turdus merula merula L.) unter natürlichen Bedingungen und nach Einzelaufzucht in schalldichten Räumen. Z. Tierpsychol. *13*, 1956, 341–441.
Meves, Ch.: Vergleichbare Strukturen von Verhaltensstörungen bei Kindern und Tieren. Prax. Kinderpsychol. *16*, 1968, 237–281.
– Seelisch bedingte Verhaltensstörungen bei Kindern, ihre Ursachen und ihre Therapie. In: Das Kind – eine Anthropologie der Kindheit. Ed. Behler. Herder: Freiburg, 1971.
Miller, N. E.: Theory and experiment relating psychoanalytic displacement to stimulus response generalisation. J. abnorm. soc. Psychol. *43*, 1948, 155–178.
Moltz, H.: Imprinting: Empirical basis and theoretical significance. Psychol. Bull *57*, 1960, 291–314.
– Imprinting: An epigenetic approach. Psychol. Rev. *70*, 1963, 123–138.
Morris, D.: The biology of art. Methuen u. Co.: London, 1962.
Mottershead, G. S.: Experiments with a chimpanzee colony at Chester zoo. Internat. Zoo Yearb. *1*, 1959, 18–20.
Müller-Schwarze, D.: Play deprivation in deer. Behaviour *31*, 1968, 144–162.
Myers, A. K. u. N. E. Miller: Failure to find a learned drive based on hunger; evidence for learning motivated by «exploration». J. comp. physiol. Psychol. *47*, 1954, 428–436.
Myrberg, A. A.: An analysis of the preferential care of eggs and young by adult cichlid fishes. Z. Tierpsychol. *21*, 1964, 53–98.
Nicolai, J.: Zur Biologie und Ethologie des Gimpels (Pyrrhula pyrrhula L.). Z. Tierpsychol. *13*, 1956, 93–132.
– Familientradition in der Gesangsentwicklung des Gimpels (Pyrrhula pyrrhula L.). J. Orn. *100*, 1959, 39–46.
– Der Brutparasitismus der Viduinae als ethologisches Problem. Z. Tierpsychol. *21*, 1964, 129–204.
Nikitina, G. M.: Über die Wechselbeziehung in der Entwicklung der Orientierungsreaktion und der bedingten motorischen Reaktion in der Ontogenese. Pawlow-Z. f. höh. Nerventät. *4*, 1954, 230–239.
Nottebohm, F.: Auditory experience and song development in the chaffinch Fringilla coelebs. Ibis *110*, 1968, 549–568.
Oppenheim, R.: Amniotic contractions and embryonic motility in the chick embryo. Science *152*, 1966, 528–529.

Pawlow, I.: Sämtliche Werke. Akademie-Verlag: Berlin, 1953/54.
Pantschenkowa, E. F.: Die Entwicklung der bedingten Reflexe bei weißen Ratten in der Ontogenese. Pawlow-Z. f. höh. Nerventät. *6*, 1956, 154–161.
Peeke, H. V. S.: Habituation of conspecific aggression in the three-spined stickleback (Gasterosteus aculeatus). Behaviour *35*, 1969, 137–156.
Peeke, H. V. S. u. S. C. Peeke: Habituation of conspecific aggressive responses in the siamese fighting fish (Betta splendens). Behaviour *36*, 1970, 232–245.
Penfield, W. u. L. Roberts: The recording of consciousness and the function of interpretive cortex. In: Speech and brain mechanisms. Princeton, N.J., II. u. III. Kap., 1959.
Peterson, N.: Control of behaviour by presentation of an imprinted stimulus. Science *132*, 1960, 1395–1396.
Pickenhain, L.: Grundriß der Physiologie der höheren Nerventätigkeit. Volk u. Gesundheit: Berlin, 1959.
Pimentel, D., G. J. C. Smith u. J. Soans: A population model of sympatric speciation. Amer. Natur. *101*, 1967, 493–504.
Ploog, D.: Kommunikation in Affengesellschaften und deren Bedeutung für die Verständigungsweisen des Menschen. In: Biologische Anthropologie, T. II., Thieme: Stuttgart, 1972, 98–178.
Polikanina, R. J. u. L. J. Probotowa: Entwicklung der Orientierungsreaktion und des motorisch bedingten Nahrungsreflexes bei Licht auf Frühgeburten. Pawlow-Z. f. höh. Nerventät. *7*, 1957, 418–429.
Prechtl, H. F. R.: Zur Physiologie des angeborenen Auslösemechanismus. Behavior *5*, 1953, 32–50.
Premack, A. J. u. D. Premack: Teaching language to an ape. Sci. Amer. *227*, 1972, 92–99.
Rabinowitch, V. E.: The role of experience in the development of food preferences in gull chicks. Anim. Behav. *16*, 1968, 425–428.
Ramsay, A. O. u. E. H. Hess: A laboratory approach to the study of imprinting. Wilson Bull. *66*, 1954, 196–206.
Rensch, B.: Die Wirksamkeit ästhetischer Faktoren bei Wirbeltieren. Z. Tierpsychol. *15*, 1958, 447–461.
– Die höchsten Lernleistungen der Tiere. Naturwiss. Rdsch. *18*, 1965a, 91–101.
– Über ästhetische Faktoren im Erleben höherer Tiere. n + m *2*, Nr. 9, 1965b, 43–57.
Rensch, B. u. R. Altevogt: Visuelles Lernvermögen eines indischen Elefanten. Z. Tierpsychol. *10*, 1953, 119–134.
Rensch, B. u. J. Döhl: Spontanes Öffnen verschiedener Kistenverschlüsse durch einen Schimpansen. Z. Tierpsychol. *24*, 1967, 476–489.
– Wahlen zwischen zwei überschaubaren Labyrinthwegen durch einen Schimpansen. Z. Tierpsychol. *25*, 1968, 216–231.
Rensch, B. u. G. Dücker: Versuche über visuelle Generalisation bei einer Schleichkatze. Z. Tierpsychol. *16*, 1959, 671–692.
Riesen, A. H.: Effects of stimulus deprivation on the development and atrophy of the visual sensory system. J. Orthopsychiatr. *30*, 1960, 23–26.
Roeder, K. R.: Nerve cells and insect behavior. Harvard Univ. Press: Cambridge, Mass., 1968.
Rosenblatt, F., J. T. Farrow u. W. F. Herblin: Transfer of conditioned responses from trained rats to untrained rats by means of a brain extract. Nature *209*, 1966, 46–48.
Rosenblatt, J. S. u. D. S. Lehrmann: Maternal behavior in the laboratory rat. In: Maternal behavior in mammals. Ed. Rheingold. Wiley: New York, 1963.
Rosenzweig, M. R., E. L. Benett u. M. C. Diamond: Brain changes in response to experience. Sci. Amer. *226*, 1972, 22–30.
Rusinov, V. S.: EEG studies in conditional reflex formation in man. In: The central nervous system and behavior. Ed. Brazier, New York, 1959, 249–310.
Russell, E. M.: Changes in the behavior of Lebistes reticulatus upon repeated shadow stimulus. Anim. Behav. *15*, 1967, 574–585.
Russell, W. R.: Brain, memory, learning. Fair Lawn, N.J., Kap. IX, «Epilepsy», 1959.

Sackett, G. P.: Monkeys reared in isolation with pictures as visual input. Evidence for an innate releasing mechanism. Science *154*, 1966, 1468–1473.
– Some persistent effects of different rearing conditions on preadult social behaviour of monkeys. J. comp. physiol. Psychol. *64*, 1967, 363–365.
Sargent, T. D.: The role of experience in the nest building of the Zebra Finch. Auk *82*, 1965, 48–61.
Saxena, A.: Lernkapazität, Gedächtnis und Transpositionsvermögen bei Forellen. Zool. Jb. (Allg. Zool.) *69*, 1960, 63–94.
Schaefer, H. H. u. E. H. Hess: Colour preferences in imprinting. Z. Tierpsychol. *16*, 1959, 161–172.
Schaltenbrand, G.: Grenzen der Maschinentheorie des Nervensystems. In: Regelungsvorgänge in der Biologie. Ed. Mittelstaedt. Oldenbourg: München, 1956.
Schleidt, M.: Untersuchungen über die Auslösung des Kollerns beim Truthahn. Z. Tierpsychol. *11*, 1954, 417–435.
Schleidt, W. M.: Über die Auslösung der Flucht vor Raubvögeln bei Truthühnern. Naturwiss. *48*, 1961, 141–142.
– Die historische Entwicklung der Begriffe «Angeborenes auslösendes Schema» und «Angeborener Aulösemechanismus» in der Ethologie. Z. Tierpsychol. *19*, 1962, 697–722.
– Wirkung äußerer Faktoren auf das Verhalten. Fortschr. Zool. *16*, 1964, 469–499.
Schmalohr, E.: Frühe Mutterentbehrung bei Mensch und Tier. Reinhardt-Verlag: München, Basel, 1968.
Schneirla, T. C.: Interrelationships of the «innate» and the «acquired» in instinctive behavior. In: L'instinct dans le comportement des animaux. Ed. Grassé. Paris, 1956, 387–452.
– Behavioral development and comparative psychology. Quart. Rev. Biol. *41*, 1966, 283–302.
Schuh, G.: Insel der Götter. Morgarten: Zürich, 1941.
Schutz, F.: Die Bedeutung früher sozialer Eindrücke während der «Kinder- und Jugendzeit« bei Enten. Z. exper. u. angew. Psychol. *11*, 1964a, 169–178.
– Über geschlechtlich unterschiedliche Objektfixierung sexueller Reaktionen bei Enten im Zusammenhang mit dem Prachtkleid des Männchens. Verh. D. Zool. Ges. 1963, Zool. Anz. Suppl. *27*, 1964b, 282–287.
– Homosexualität und Prägung, Psychol. Forsch. *28*, 1965a, 439–463.
– Sexuelle Prägung bei Anatiden. Z. Tierpsychol. *22*, 1965b, 50–103.
– Sexuelle Prägungserscheinungen bei Tieren. In: Die Sexualität des Menschen. Handb. med. Sexualforschung, Stuttgart, 1968, 284–317.
– Prägung des Sexualverhaltens von Enten und Gänsen durch Sozialeindrücke während der Jugendphase. J. Neuro-Visceral Relat., Suppl. *10*, 1971, 339–357.
Seay, B., B. K. Alexander u. H. F. Harlow: Maternal behavior of socially deprived rhesus monkeys. J. abnorm. soc. Psychol. *69*, 1964, 345–354.
Segundo, J. P., C. Galeano, J. A. Sommersmith u. J. A. Roig: Behavioural and EEG effects of tones reinforced by cessation of painful stimuli. In: Brain mechanisms and learning. Ed. Fessard, Gerard, Konorski, Delafresnaye. Blackwell: Oxford, 1961, 265–292.
Seitz, A.: Die Paarbildung bei einigen Cichliden. Z. Tierpsychol. *4*, 1940, 40–84.
Skinner, B. F.: The behavior of organisms; an experimental analysis. Appleton-Century-Crofts: New York, 1938.
– The experimental analysis of behavior. Amer. Scient. *45*, 1957, 343–371.
– Operant behavior. Amer. Psychol. *18*, 1963, 503–515.
Smith, F. V., C. van Toller u. T. Boyes: The critical period in the attachment of lambs and ewes. Anim. Behav. *14*, 1966, 120–125.
Smitt, F. O.: Makromolekulare Datenverarbeitung im Zentralnervensystem. Klin. Wschr. *45*, 1967, 863–868.
Sperry, R. W.: The growth of nerve circuits. Sci. Amer. *201*, 1959, 68–75.
– Cerebral organization and behavior. Science *133*, 1961, 1749–1757.
Spitz, R.: Vom Säugling zum Kleinkind. Klett: Stuttgart, 1967.

Steinbuch, K.: Lernende Automaten. Elektronische Rechenanlagen *1*, 1959, 112–118 u. 172–175.
– Die Lernmatrix. Kybernetik *1*, 1961, 36–45.
– Automat und Mensch. Kybernetische Tatsachen und Hypothesen. Springer: Berlin, Heidelberg, 1965.
Szlep, R.: Change in the response of spiders to repeated web vibrations. Behaviour *23*, 1964, 203–239.
Taub, E., St. J. Ellmann u. A. J. Berman: Desafferentiation in monkeys. Effects on conditioned grasp response. Science *151*, 1965, 593–594.
Tembrock, G.: Spielverhalten beim Rotfuchs. Zool. Beitr. N.F. *3*, 1958, 423–496.
– Spielverhalten und vergleichende Ethologie. Z. Säugetierk. *25*, 1960, 1–14.
– Verhaltensforschung. VEB Gustav Fischer: Jena, 1964.
– Grundlagen der Tierpsychologie. Akad. Verlag: Berlin, 1967.
– Grundriß der Verhaltenswissenschaften. Gustav Fischer: Stuttgart, 1968.
Thielcke, G.: Ergebnisse der Vogelstimmenanalyse. J. Orn. *102*, 1961, 285–300.
– Waldbaumläufer (Certhia familiaris) ahmen artfremdes Signal nach und reagieren darauf. J. Orn. *113*, 1972, 287–296.
Thompson, R. F. u. W. A. Spencer: Habituation: a model phenomenon for the study of neuronal substrates of behavior. Psychol. Rev. *73*, 1966, 16–43.
Thompson, T. J. u. T. Sturm: Classical conditioning of aggressive display in Siamese fighting fish. J. exp. Anal. Behav. *8*, 1965, 397–403.
Thorpe, W. H.: The learning of song patterns by birds, with especial reference to the song of the Chaffinch Fringilla coeleps. Ibis. *100*, 1958, 535–570.
– Learning. Ibis *101*, 1959, 337–353.
– Some characteristics of the early learning period in birds. In: Brain mechanisms and learning. Ed. Fessard, Gerard, Konorski u. Delafresnaye. Blackwell: Oxford, 1961, 75–94.
– Learning and instinct in animals. Methuen: London, 1963.
Thorpe, W. H. u. F. G. W. Jones: Eiablage bei einer parasitischen Insektenart. Proc. Royal Soc. Series B *124*, 1938, 56–80.
Tinbergen, N.: Social releasers and the experimental method required for their study. Wils. Bull. *60*, 1948, 6–52.
– The study of instinct. Univ Press: Oxford, 1951.
Tinbergen, N. u. D. J. Kuenen: Über die auslösenden und richtunggebenden Reizsituationen der Sperrbewegung von jungen Drosseln (Turdus m. merula L. und T. e. ericetorum Turton). Z. Tierpsychol. *3*, 1939, 37–60.
Tretzel, E.: Über das Spotten der Singvögel, insbesondere ihre Fähigkeit zu spontaner Nachahmung. Verh. D. Zool. Ges. 1964, Zool. Anz. Suppl. *28*, 1965, 556–565.
Ungar, G.: Transfer of learned behavior by brain extracts. J. Biol. Psychol. *9*, 1967, 12–27.
– Das Gedächtnis in biochemischer Sicht. Umschau 1971, 588–592.
Walter, G. W.: The living brain. Duckworth: London, 1957.
Walton, D.: Behavior therapy and the neuroses. Ed. Eysenck. New York, 1960.
Warriner, C. C., W. B. Lemon u. T. S. Ray: Early experience as a variable in mate selection. Anim. Behav. *11*, 1963, 221–224.
Wehner, R.: Zur Physiologie des Formensehens bei der Honigbiene. Z. vergl. Physiol. *55*, 1967, 145–166.
Wehner, R. u. M. Lindauer: Zur Physiologie des Formensehens bei der Honigbiene. I. Winkelunterscheidung an vertikal orientierten Streifenmustern. Z. vergl. Physiol. *52*, 1966, 290–324.
– Die optische Orientierung der Honigbiene (Apis mellifica) nach der Winkelrichtung frontal gebotener Streifenmuster. Verh. D. Zool. Ges. 1966, Zool. Anz. Suppl. *30*, 1967, 239–246.
Weiss, P.: Self-differentiation of the basic patterns of coordination. Comp. Psychol. Monogr. *17*, 1941a, 1–96.
– Autonomous versus reflexogenous activity of the central neuvous system. Proc. Amer. Philos. Soc. *84*, 1941b, 53–64.

Weiss, P.: Does sensory control play a constructive role in the development of motor coordination? Schweiz. Med. Wschr. *71*, 1941c, 591–595.

Wickler, W.: Vergleichende Verhaltensforschung und Phylogenetik. In: Die Evolution der Organismen. Ed. Heberer. Gustav Fischer: Stuttgart, 1967, 420–508.

Wittgenstein, L.: Philosophische Betrachtungen. Oxford, 1953.

Wolfe, J. B.: Effectiveness of token-rewards in chimpanzees. Comp. Psychol. Monogr. *12*, 1936, 1–72.

Zeamann, D.: Response latency as a function of the amount of reinforcement. J. Exp. Psychol. *39*, 1949, 466–483.

Zeier, H.: Über sequentielles Lernen bei Tauben mit spezieller Berücksichtigung des «Zähl»-Verhaltens. Z. Tierpsychol. *23*, 1966, 161–189.

– Das Lernen von Sequenzen visueller Zweifachwahlen mit Hilfe auditiver Rückmeldungen. Z. Tierpsychol. *24*, 1967, 201–207.

Zeier, H., G. Tschannen, H. Seitz u. K. Akert: Programmierung und Auswertungsergebnisse des sequentiellen Lernens bei Tauben. Naturwiss. Rdsch. *19*, 1966, 453–459.

Zoll, M. A.: Meine Nachbarn die Affen. Piper: München, 1971.

Autorenregister

(Kursive Zahlen betreffen die Abbildungen)

Sachregister

(Kursive Zahlen betreffen die Abbildungen)